D1871855

प्रियांजलि

प्रियांजलि

उपन्यास संग्रह

मीना सप्रे

KALPAZ

Cataloging in Publication Data—DK
Courtesy: D.K. Agencies (P) Ltd. <docinfo@dkagencies.com>
Sapre, Mina.
Priyanjali : upanyasa sangraha / Mina Sapre.
p. cm.
Novels.
In Hindi.
Contents: Priyanjali — Nirjana nimantranòa.
ISBN : 9788178359748
1. Women—Fiction. 2. Hindi fiction. I. Sapre, Mina.
Nirjana nimantranòa. II. Title.
DDC 891.433 23

प्रियांजलि

ISBN: 978-81-7835-974-8

भारत में सन् 2013 में प्रकाशित
कल्पज़ पब्लिकेशन,
सी-30, सत्यवती नगर,
दिल्ली - 110052

Phone : 9212142040

ई-मेल : kalpaz@hotmail.com

टंकण सम्पादन कार्य: अवधेश कम्प्यूटर्स

मुद्रित: जी. प्रिंट प्रोसेस, दिल्ली

समर्पित

मेरी त्रिगुणात्मक ममता के प्रकटरूप
सौभाग्यवति सुनेरी, चिरंजीव रूपेश, चिरंजीव मुनेश,
जिनसे साँसों की डोर बंधी
और पलट कर मार्गस्थ हुआ
मृतगामी जीवन।

आभार

मेरी परम मित्र सुश्री सरिता फड़नवीस

श्री आशुतोष श्रीवास्तव

सुश्री उर्मिला जहानाबादी

सुश्री प्रभा नवरे

श्री विजय बखले

इन सबके निःशर्त, निःस्वार्थ स्नेहसिक्त सहयोग का।

प्रियांजलि

“यह आपने अच्छा नहीं किया सर”

कमिश्नर यशोदीप सिंह की आँखों में आँखें डालते हुए कलेक्टर अवस्थी ने स्वभावानुकूल बेबाकी से कहा।

आश्चर्य से उसे देखते हुए, आँसुओं से भीगी अपनी तेजस्वी आँखें पोंछ डालीं। उनके चेहरे पर की विलक्षण आभा से न चाहकर भी शिल्पा एक बार प्रभावित हो गई। युवा एस. पी. देवशरण शुक्ला यशोदीप के आगे सिर झुकाकर बैठा था। उसके चेहरे पर कोई भाव नहीं था। लेकिन आज वेदना की धारा को शिल्पा स्पष्ट रूप से देख रही थी। वह चाहती थी सिर अपने गोद में लेकर अपने दुपट्टे से उसका आन्तरिक रुदन लेकिन यह सब वह कैसे करे? वहाँ आसनस्थ थे, कलेक्टर शिल्पा, शरण और कमिश्नर यशोदीप, अधिकारी, परिचित और अन्य। कुछ नहीं किया जा सकता इस समय।

बहुत माथापच्ची के बाद प्रियांजलि का पोस्टमार्टम रुकवाने में सफ़ल रही। कागजों पर रिपोर्ट बनी स्वाभाविक मृत्यु की। डॉक्टरों ने उनकी चिरफाड़ किये बिना आवश्यक कार्यवाही पूरी करके उसे त्रासदी से बचा लिया। संकट के समय उनमें से कईयों की कमिश्नर यशोदीप ने सहायता की थी। मेडिकल की होनहार छात्रा होंने के नाते प्रियांजलि का अपना था। उस दारुण दुःख की बेला में सब उनके असीम वेदना का भार अपने प्रयासों से हल्का करना चाहते थे। कानूनन कोई त्रुटि न रहे इसकी शिल्पा स्वयं वहन कर रही थी। कोई प्रश्न नहीं उठे और प्रिया को समर्पित किया गया। रातोरात गाँव से आये यशोदीप के भाइयों ने इनसे किसी प्रकार अग्नि संस्कार संपन्न कराया। दहनभूमी में सन्नाटा था। उपस्थित सभी के आँसू अविरल बह रह थे।

केवल घर के लोगों को जाने कि अनुमति मिली। यशोदीप के परम मित्र दयाल को छोड़ बाहर के किसी भी व्यक्ति को शरण के सिपाहियों भीतर जाने नहीं दिया। पुलिस के अमले ने चारों तरफ ऐसा घेरा बना लिया था परिंदा भी पर न मार सके। शिल्पा स्वयं वॉकीटॉकी पकड़े, चौकन्नी नज़रों से पहरा दे रही थी। जब अग्नि की लपटें आकाश की ओर अग्रसर हुईं तब थोड़ी बहुत राहत पाकर वह हताशा में बुदबुदाई,

"सर आपने ये अच्छा नही किया।" बंगले पर लौटने के पश्चात इन्ही शब्दों को दोहराकर उसने अपनी नाराजगी व्यक्त की।

कमिश्नर साहब ने हाथ जोड़कर सभी को धन्यवाद दिया एवं वे दिवानखाने से उठकर भीतर जाने के लिए खड़े हो गए। छह फ़ीट, लम्बी उनकी रोबीली छवि का सम्मोहन उस करुण प्रसंग पर भी विद्यमान था। शिल्पा उनसे लड़ना चाहती थी। लेकिन यशोदीप को और अधिक दुःख देना उससे बर्दाश्त नहीं हुआ। वह उन्हें अपना प्रशासनिक गुरु मानती थी। अपने सुख-दुःख में इस परिवार का निःशर्त साथ उसने पाया था। उनके प्रति मन में असम्मान का भाव आविर्भावित होने देना उसे स्वीकार नहीं था। "शिल्पा अम्मा के पास जाओ।" कमिश्नर साहब ने भीगी आवाज से कहा और शिल्पा अम्मा के पास जाने लगी।

यशोदीप सिंह की धर्मपत्नी जिन्हे सारी अफ़सर बिरादरी अम्मा कहती थी, उनसे ठीक विपरीत रूपरंग की थी। काली साँवली, चेहरे पर चेचक के कई दाग और नाटे कद की अम्मा उतनी निरुप नहीं लगती, यदि वे बद्‌मिजाज नहीं होती। उनका पूरा समय नौकरों को डाँट-डपट करने में व्यतीत होता। घर गृहस्थी के विषय में वे हद से अधिक स्वामित्व भक्त थी। उनकी तीखी आवाज बँगले में गूँजती रहती और कोई - न - कोई नौकर, चपरासी, ड्राइवर उनके क्रोध पर बलि चढ़ता रहता। देहाती रहन सहन वाली विरूप अम्मा यशोदीप की दुल्हन क्यों

बनी इसका लोग अपने-अपने तर्क देते थे। किसी समारोह या आयोजन में दोनों को साथ आते-जाते कभी देखा नहीं गया। शहर के लोग अम्मा को अधिकतर कलेक्टर साहिबा के साथ देखते थे और कई दिनों तक इस गलतफहमी में रहे, कि वे शिल्पा कि माँ हैं। अम्मा शिल्पा को बेतहाशा चाहती थीं। शिल्पा भी अम्मा से खूब लड़ियाती। जिस किसी इतवार को संभव होता, वह बँगले पर आती। अम्मा के हाथों से पकी रसोई का लुत्फ उठाती, उनके कमरे के फर्श पर लेट कर, पल्लू से अपना चेहरा ढँककर चैन की नींद सो जाती। उसकी बलाइयाँ लेते हुए अम्मा कहती "ऐसी एक बेटी पर एक करोड़ बेटे वारी।"

अपने कमरे में फ़र्श पर बैठी अम्मा को देखते ही सीना चीरकर शिल्पा की रुलाई फट पड़ी। उनसे लिपट कर वह सुबक-सुबक कर रोने लगी। उसकी आँखें अपने भीगे पल्लू से पोंछने का प्रयास करती हुई अम्मा भी दहाड़ मारकर रोने लगी। "मार डाला रे कसाई ने, मार डाला," शिल्पा और जोर से रोने लगी। "रो ले, खूब रो ले। जब रो लेगी, उसे फ़ाँसी पर लटका देना, शिल्पा का आँसुओं से भीगा चेहरा तमतमा उठा। "अम्मा, ये सब मत कहिये। कोई सुन लेगा। प्रसंग का कुछ तो लिहाज करिये।"

"किसका लिहाज करूँ? उस शिकारी का? देख रही हो न दिवारों पर टँगे जानवरों के सिर? यदि उसका बस चलता तो वो मन्नो और प्रिया का सिर भी यूँ ही दीवार पर लटका देता।"

शिल्पा ने प्रतिवाद नही किया, तैश में आकर ऊठकर वह बाहर निकल गई। शरण अभी तक सिर झुकाए वैसा ही बैठा था... बुत बना।

"एस. पी. साहब, आप क्या विशेष संदेश की प्रतीक्षा में बैठे हैं? घर जाइये।" शिल्पा की तल्ख आवाज सुनकर शरण होश में आकर उठ गया।

"अम्मा से न मिलूँ?" उसको उत्तर दिये बिना ही शिल्पा अपनी जिप्सी में जाकर बैठ गई। बाहर प्रेसवालों का ताँता लगा हुआ था। उन सबको धैर्य रखने की समझाइश देते उसने कहा, "एस. पी. साहब उत्तर देगें आपके प्रश्नों का।" शिल्पा के पीछे शरण ने अपनी जिप्सी लगाई थी। रुक कर उसने सबको मनाया और 'कल' का वादा करते हुए उनसे छुट्टी पाई। घर पहुँचकर उसने पाया कि उसकी वृद्ध माँ बँगले के बरामदे में खड़ी हैं। चिन्ता से अभिवेष्टित उनका चेहरा देखकर उसका दिल पसीज गया। "क्यों जग रही हो माँ? आप जानती थीं न मुझे देर होगी?"

"सब कैसे हैं शरण? मैं जाना चाहती थी लेकिन हिम्मत नही जुटा सकी।"

"आपका न जाना ही ठीक था। अम्मा न जाने कैसा लेती।"

"शिल्पा का फोन आया था। बात करने को कहा है।"

"जी माँ, कर लूँगा। आप खाना लगवा दीजिए। थक गया हूँ।"

शरण इस वक्त किसी से बात नहीं करना चाहता था लेकिन कलेक्टर साहिबा का क्या करता? बेकार फोन करने की उन्हें आदत नहीं है। कुछ आवश्यक बात होगी। वही सब पूछताछ शायद करेंगी। रिपोर्ट चेक की या नहीं? पत्रकारों को क्या कहोगे? और कई प्रश्न वह करेंगी। कोई उपाय भी नही था। जरा सी असावधानी सबको कानून के शिकंजे में फ़ँसा सकती है। उज्वल कैरिअर पर दाग लगा सकती है। शरण जानता था सब व्यवस्था शतप्रतिशत सही हो गई थी। अतः नहाने के बाद बात करने की सोच कर वह भीतर चला गया। पानी की ठण्डी बौछार ने उसे कुछ राहत पहुँचाई। डायनिंग टेबल पर सजी साग-सब्जी देखकर वह समझ गया की माँ ने आज भी व्यंजनों की भरमार कर रखी है उसके लिए। मन इस कदर उच्छिन्न था कि खाने के विचार से उसे मतली आ रही थी। किसी प्रकार पानी के साथ दो कौर निगल कर वह

सोने चला गया। उसे डर था, कोई-न-कोई फोन आयेगा। कोई चोरी डकैती, कोई खून खराबा, कोई मिनिस्टर का निजी काम। एक अन्तहीन सिलसिला। उसने ईश्वर को मनाया कि कम से कम आज उसे बख्श दे। उसे चैन की नींद सोने दे। वह जानता है ऐसा होगा नहीं। ड्यूटी से एक बार उसे छुटकारा मिल जायेगा लेकिन प्रियांजलि से आज बच नही सकेगा। जाने कब रैकेट ले कर दौड़ आएगी और लगेगी वार करने। शरण की तकिया बहते आँसुओं से भीग गई। कल ही की तो बात थी। कह रही थी। "क्या एकदम पागल हो गए हो? मेरी जान किसे कह रहे हो? सच तो! पूरे पागल हो।" यह आवाज प्रिया की। कहाँ से आ रही है? शरण पागलों की भाँती प्रिया को इधर उधर खोजने लगा। उसकी माँ हताशा से अपने इकलौते बेटे का ठिकरा-ठिकरा होता हृदय देखती रही।

उन्होंने चाहा था शिल्पा को बहू बनाना। उनके बिरादरी से थी। आकर्षक व्यक्तित्व की धनी थी। एक यशस्वी प्रभावशाली अधिकारी थी। शरण से जरा उम्र में अधिक थी तो क्या हुआ। शिल्पा के विवाह विच्छेद को भी वे कोई महत्त्व नहीं देती थी। उनका यह अनुमान था कि शिल्पा जैसी विकसित व्यक्तित्व संपन्न स्त्री ही शरण को मानसिक संतुष्टी दे सकेगी जिसे वे सफल वैवाहिक जीवन का आधार मानती थी। कुछ समय तक उन्हे लगा शिल्पा शरण को पसंद करती है। लेकिन अब उनके मन में प्रश्नचिन्ह उठने लगे थे। इधर शरण कुछ समय से प्रियांजलि के निकट जाने का प्रयास कर रहा था। शरण की माँ प्रियांजलि से जितनी दूरी बनाकर रखती, शरण की उससे उतनी ही नजदिकियाँ बढ़ने लगी थी। यशोदीप का शरण के प्रति लगाव भी उन्हे डराता था। एक पिता से ले देकर पीछा छूटा था तो अब एक और पिता बनकर खड़ा हो गया था। न जाने किस क्षण बेटे को छीन ले? ख़ैर अब इन बातों का कोई औचित्य नहीं रहा। प्रिया अपने साथ सब प्रश्न और

सब उत्तर ले गई। "ऐसे तो कोई जाता नहीं प्रिया, कुछ तो बता जाती! शरण को अपने मन की बात समझ जाती।" कहते-कहते वे रो पड़ी।

प्रियांजलि का जन्म हुआ उस दिन यशोदीप को लगा स्वर्ग धरती पर उतर आया। उसे सीने से लगाकर उन्होंने पूरे बँगले में धमाचौकड़ी मचा दी। आयाबाई, जो अम्मा के मायके से उनके साथ आई थी और पूरे परिवार पर जिन का हुकूम चलता था यशोदीप को डाँटने लगी। "बावले हो गए क्या कुँवर साहब! लाइये, बच्ची को हमें दीजिए। नन्ही - सी जान है। डर जाएगी आपके उछल-कूद से।" आयाबाई को बच्ची सौंपकर ठाकुर साहब दबी आवाज से बोले।" इसे हमारे पास वापस ले आइये। जब जरूरत होगी, अम्मा के पास ले जाइये।"

आयाबाई उन्हे डपटते हुए बोली, "सारी रात क्या यहीं करती रहूँगी? अभी तो इसे माँ की जरूरत है।" अम्मा सुन रही थी। मुँह बिचकाकर बोली, "कैसा नाच रहा है बन्दर। कितना भी नाच ले, है तो लड़की जात! छोड़कर चली जाएगी एक दिन और ये बन्दर छाती पीटकर रोता रहेगा।" यशोदीप ने अम्मा की कड़वी बातें निगल ली। आज वे कोई अप्रिय कहा सुनी नहीं चाहते थे। अपनी बेटी के जन्म का उत्सव मनाना चाहते थे। उस वक्त वे कलेक्टर के पद पर थे। पूरे कार्यालय में उन्होंने मिठाई बाँटी।

उनकी प्रथम सन्तान, उनका पुत्र प्रद्युत, अपने ननिहाल में था। अम्मा नहीं चाहती थी पिता-पुत्र करीब रहें। उनके सख्त पहरे के रहते हुए भी पिता और पुत्र की एक दूसरे के लिये तड़प उनसे छिपी नहीं थी। जब तक सम्भव हो, वह उन्हें यह सुख मिलने नही देगी। सम्भवतः कभी नही। उन्हे उम्मीद थी दूसरी सन्तान भी पुत्र रूप में आएगी। वे यशोदीप को और अधिक तड़पा सकेगी पुत्र वियोग में। जब कन्या रत्न प्राप्ति का समाचार मिला और जब बच्ची का पितृमुखीं सलोना रूप उन्होने देखा,

मुँह फेरकर वे सो गई। कन्या की उदर तृप्ति को छोड़ उन्होंने सारा भार आयाबाई पर डाल दिया। यशोदीप के हाथ सप्तस्वर्ग आ गए कलेक्टरेट में लोग बाग देखकर चकित रह जाते की विलायती बाबा गाड़ी में सोकर नन्ही परी-सी जिलाधीश सुपुत्री उनके साथ कार्यालय तक आती जाती। उसे बुरी नजरों से बचाने आयाबाई ने आठ दस गण्डे डोरे बाबा गाड़ी को लपेटे होते। ठाकुर यशोदीप सिंह की छत्रछाया में प्रियांजली नामक कमलिनी पंखुड़ी दर पंखुड़ी मुकुलित होने लगी। पिता से मिलने आने वाले लोगों के साथ उसका उठना बैठना होता, प्रश्नोत्तर होते। पिता का सलीके दार व्यवहार, संयत संवादशैली, कुशाग्रबुद्धि, आदि गुण शायद उसे विरासत में प्राप्त थे। यशोदीप की निगरानी में इन प्रकृति प्रदत्त गुणों का यथोचित विकास हुआ। अम्मा दूर से ही अपने बेटी का खिलता सँवरता बचपन देखती और व्यंग भरी मुस्कान से कहती, "ये सब दिखावा है। काँच की गुड़िया बना रहा है उसे। अभी तो अपना कवच पहना दिया है। जिस समय ये झुठा कवच उतर जायेगा, न बच सकेगी ये काँच की गुड़िया।" आयाबाई उन्हे ऐसे अशुभ वचन बोलने से रोकने का यथासंभव प्रयास करती किन्तु अम्मा नहीं मानती।

ननिहाल में हुई गंभीर नाव दुर्घटना के कारण प्रद्युत को एक वर्ष के लिए अपने माता-पिता के पास रहना पड़ा। नन्हे भाई बहन के लिए वह एक वर्ष वरदान सिद्ध हुआ। जब तक यशोदीप कार्यालय में रहते दोनों एक दूसरे में मग्न रहते। दादा का लाड़ दुलार प्रियांजलि आजीवन भूली नहीं। छोटी - सी उम्र थी, लेकिन भाई की ममता का स्रोत विशाल था। जैसे ही स्कूल से लौटता, बहन को गोद में लिये सारे बँगले में उछल कूद मचाता। उसे अपने कंधों पर बिठाकर लॉन पर दौड़ता, घोड़ा बनकर सवारी करवाता। बगीचे के रंग-बिरंगे फूल उसके बालों में खोसता। दिया बत्ती का समय होने पर खुद उसके हाथ-पाँव गरम पानी से साफ करता।

संध्या ढलते अम्मा की रसोई में खीर पकती जिसे चाँदी की तश्तरी में डलवाकर स्वयं उसे खिलाता। यशोदीप की गाड़ी की आहट पाते ही उनका साथ छूट जाता। अम्मा तेज आवाज देकर बेटे को अपने कमरे में बुला लेती। आयाबाई प्रिया को उठाकर पोर्च में ले जाती। बच्ची बेबसी से भाई को आवाज देती, रोती, लेकिन वह अम्मा की कैद से न निकल पाता। प्रिया को गोद में उठाकर कमिश्नर यशोदीप खिन्न मन से उसे बहलाने की कोशिश करते। बेटे को भी गले लगाने के लिए वे व्याकूल हो जाते किन्तु अम्मा से लड़ाई किये बिना वह सम्भव नही होता और उनकी चिल्ल-पों से सहमें बच्चों के चेहरे उनसे देखे नहीं जाते। अतः प्रिया को पाकर वे दोनो सन्तानों को पाने की संतुष्टी मना लेते। अम्मा के कमरे की खिड़की खोलकर प्रद्युत विभ्रान्त आँखों से पिता और पुत्री को देखता रहता। उसका रोम-रोम पिता के स्पर्श के लिए तरसता। उस क्षण कहीं यशोदीप उसे देख लेते तो पिता-पुत्र की आँखें एक-दूसरे पर चाँदनी बरसा लेती। फिर अचानक उसे बोर्डिंग स्कूल भेज दिया गया। प्रिया के 'क्यों' का सही उत्तर उसे मिल नही सका और शेष रह गया प्रिया के जीवन में दादा के नाम पर एक सन्नाटा। पिता के सुघड़ व्यक्तित्व की तुलना में अम्मा का बिघड़ व्यक्तित्व उसे विचित्र लगता। शनैः शनैः वह अपनी जन्मदात्री से संपूर्णतः विलग हो गई। उसका अस्तित्व केवल पिता में सिमट गया।

फिर भी बालिका का भोला मन किसी दिन विशेष की बाल सुलभ आकांक्षा से अपनी जननी से अनुनय करता। "अम्मा आप आंटी की तरह साड़ी क्यों नहीं बाँधती।" या फिर "अम्मा, आप पापा के साथ बगीचे में चाय लिजीये न!" अम्मा अपनी बेटी को घूरती हुई लताड़ती। "तेरे बाप की है न वैसी चाय पानेवाली। मुझे कहती है! करमजली कहीं की।" प्रिया के समझ में कुछ नहीं आता। न 'करमजली' का अर्थ न

वैसी चाय पीनेवाली' का। उसे भीतर तक बिंध डालती माँ की आवाज में घुली नफ़रत। दौड़ कर वह आयाबाई की गोद में छिप जाती और कहती, ''अम्मा क्यों प्यार नहीं करती हमें?'' आयाबाई बच्ची को बहलाती, सहलाती। ''करमजले होंगे तेरे दुश्मन, तू तो हमारी सबकी रानीपरी है, हमारी लाडली दुलारी है।'' गोद में लेकर थपथपा कर उसे सांत्वना देती। मौका पाकर अम्मा को वह भला बुरा कहती। ''किसी दिन मार डालेगी तुम दोनो की लड़ाई इस मासूम को याद रखना। फिर बैठी रहना रोती चिल्लाती। मन तो करता है चली जाऊँ इस मनहूस जगह से। चौका बरतन करके दो जून रोटी तो कहीं भी जुट जाएगी।''

प्रियांजलि को पता था पिता को कार्यवश दौरे पर जाना पड़ता है। वे जहाँ भी जाते, प्रति दिन घर से उनका संपर्क बना रहता। आयाबाई उन्हें दिनभर का हाल सुनाती और यशोदीप उसे आवश्यक सूचनाएँ देते। जैसे-जैसे प्रिया बड़ी होती गई वह स्वयं बातें कर लेती। ऐसा करने से पिता के गैरमौजूदगी का उसका दुःख कुछ कम हो जाता। प्रिया पिता के उन विशेष दौरों से बहुत घबराती थी जब यशोदीप से उसका संपर्क पूरी तरह से टूट जाता। उन विशेष दिनों में ना तो पापा का फोन आता, ना कोई संदेश। अम्मा के कमरे में गुमसुम-सी वह किसी कोने में बैठी रहती। उन दिनों में अम्मा नरम पड़ जाती। प्रिया को नहलाती धुलाती, खाना खिलाती, उसके बाल सँवारती। प्रिया सहमी-सहमी उनके बिस्तर पर लेटी रहती।

उस दिन पिता को सूटकेस जमाते देखकर मुँह फुलाकर उसने पूछा, ''पापा कल फिर आप उसी दौरे पर जाएँगे, है न?'' स्नेहमय दृष्टी से पुत्री को देखते हुए वे मुस्कुराएँ। ''जाना तो है बिटवा।'' उसका फूला हुआ चेहरा देखकर बोले, ''अब तुम बड़ी हो गई हो। चलोगी हमारे साथ?

खुशी से नाचते हुए अविश्वास से उसने पूछा, ''सच पापा?''

लेकिन अम्मा के तेवर देखकर उन्हे अपना विचार बदलना पड़ा।

"मेरी लाश पर करमजली को ले जाओगे, कहे देती हूँ। दोबारा उसे साथ चलने कहोगे तो मरा मुँह देखोगे मेरा।"

अपनी याददाश्त में पहली बार माँ को पिता से बात करते, उनके कमरे में उनकी उपस्थिती में प्रवेश करते प्रिया ने देखा। और वह प्रथम साक्षात्कार ही इतना दुर्दान्त कि निर्जीव दिवारें तक काँप गई। प्रिया को लगा माता-पिता के निजी जीवन की किसी अत्यंत संवेदनशील तार को उसने अनजाने से आंदोलित कर दिया है। एक कर्कश, विसंवादी ध्वनी उठी और दोनों के अप्रिय मनोभावों को उजागर कर गई। स्वभर्त्सना से उसका कोमल हृदय विदीर्ण हो गया। उसे क्या हक था उन दोनों की आपसी जुगुप्सा का प्रगट तमाशा बनाने का? प्रिया तब आयु के विचित्र मुकाम पर थी। दाम्पत्य जीवन की जटीलता सुस्पष्टता से समझ नहीं पा रही थी लेकिन दोनों के बीच विद्यमान खाई स्पष्टतः देख रही थी। उस रात प्रिया ने निश्चय कर लिया, की उस जुगुप्सा की तार को वह फिर नहीं छेड़ेगी। पापा का असीम प्यार उसकी झोली खुशियों से भरने के लिए पर्याप्त है और वह अपना दामन किसी और के आगे नहीं फैलाएगी। वह प्रतिभाशाली छात्रा थी, होनहार खिलाड़ी थी। अपने पापा, अपनी शिक्षा और अपना टेनिस इन्ही दायरों में उसने जिन्दगी की फुलवारी महका दी। यशोदीप ने राहत तो अनुभव की परन्तु भीतर ही भीतर अस्वस्थता भी छाइ रही। प्रिया को अपने जीवन की वस्तुस्थिति का बोध कराना उनकी निजी जरूरत थी, अपने निकट मित्र दयाल से वे अपनी बेबसी का जिक्र करते और विषण्णता से कहते, "वह बेटी है हमारी। क्या समझाये उसे? लेकिन न बताऊँ तो भी उसका गुनहगार बनूँगा।" दयाल उनका हौसला बढाते और समझाते की वक्त आने पर बताना उचित होगा। प्रिया की उम्र अभी कच्ची है।

समय खरगोश की रफ़्तार से कुदते-फाँदते बीत गया। प्रिया ने मेडिकल कॉलेज में दाख़िला लिया और अंतिम वर्ष पूरा करने में जी-जान

से जुट गई। यशोदीप की कार्यालयीन जिम्मेदारियाँ बढ़ गई थी। प्रिया के मेडिकल कॉलेज में दाखिले के साथ ही यशोदीप की राजधानी में नियुक्ति हो गई। इस प्रकार उसे होस्टल में रखने की चिंता से वे मुक्त हो गये। दैनंदिन जीवन की आपाधापी में प्रिया को अपनी बात कहने का अवसर वे ढूँढ नही पाये।

पिता के साथ प्रिया प्रतिदिन टेनिस खेलने क्लब जाती। सुदर्शन व्यक्तित्व संपन्न पिता और उनके कदमों से कदम मिलाती हुई उतनी ही सुरम्या उनकी पुत्री प्रियांजलि सुडौल पग भरते हुए क्लब में प्रवेश करते तब अनायास उपस्थितों की नजरें उनपर ठहर जाती। जिस किसी कार्यक्रम, समारोह में दोनों उपस्थित होते, आगंतुकों के कौतुहल तथा प्रशंसा के पात्र होते। शालिनी, मितभाषी प्रियदर्शिनी प्रियांजलि को देखकर यशोदीप के परिचित उनसे कहते, "लक्ष्मी, सरस्वती, महामाया, क्या कहें आपकी प्रिया को? इसे देखकर त्रिगुणात्मक शक्ती का आभास होता है।" अपनी आकर्षक मुस्कुराहट के साथ यशोदीप कहते, "महाकाली कहिये तो ठीक होगा। इसका रौद्र रूप तो पापा के लिये बचाकर रखती है। बाबा रे! आप कभी देखिये तो जानेंगे।"

यशोदीप संपन्न परिवार से थे। पूर्वा पर चली आई खेत-जमीनें, घर-मकान सब कुछ था। उनके भाई, भाभीयाँ, भतिजे, माता-पिता, भरा-पूरा परिवार था। वे सब प्रसंगवश उनके पास आते-जाते थे किन्तु प्रिया को लेकर वे कभी अपने गाँव नहीं गए। अम्मा और वो, साल में एक बार वहाँ अवश्य जाते। दो कारें सजती। एक में अम्मा और दूसरी में ठाकुर साहब! प्रियांजलि को आयाबाई के पास रहना पड़ता। प्रिया रो-रो कर घर सिर पर उठा लेती लेकिन उसे रुकना पड़ता। आयाबाई उसे समझाती, "जमीन जायदाद का काम होता है बेबीरानी।" प्रिया अविश्वास से कहती, "अम्मा क्यों जाती है?" "व्वा! आपकी अम्मा किसी रानी से कम

है? उन्हीं की तो हवेली है।" आयाबाई हवेली, कोठी, बेतवा नदी, उसके किनारे का जंगल इस प्रकार बहुत लम्बी-लम्बी कहानियाँ किस्से गढ़कर उसे बहलाने का प्रयास करती और उससे छिपाकर अपनी आँखें पल्लू से पोंछती।

जब कभी यशोदीप के माता-पिता या भाई, भाभियाँ उनके पास आते प्रियांजली दौड़कर दादा-दादी के गोद में बैठ जाती। ताई-ताऊ, चाचा-चाची सबके साथ घुलना मिलना चाहती। ताई के आँचल में छिप जाना चाहती लेकिन एक दूरी सदा बनी रही। वे सब खानदानी, अदब पसंद लोग थे। अम्मा के साथ कोई टकराव नहीं चाहते थे। अम्मा की मेहमाननवाज़ी में कोई कसर नहीं होती। सबका यथोचित नेग खाना-पीना करती, उठना-बैठना, सब औचित्यपूर्णता से होता। अप्रिय स्थितियाँ टालने के प्रयास में सब संतुलित व्यवहार करते। दादा-दादी की अम्मा से एकतरफा बातचीत होती। वे बोलते रहते और अम्मा चुप रहती। अंगार बरसाती आँखों से घूँघट के आड़ से निःशब्द गालियाँ बरसाती। जेठानी, देवरानी बात न बिगड़े, इसलिये प्रिया से नपा-तुला व्यवहार करती। इतने सारों के बीच प्रिया अपने आपको अकेला पाती। तब रो-रो कर सिर छिपाने उसके लिए मात्र पिता की गोद बाकी रह जाती।

जब से शिल्पा उसी राजधानी में कलेक्टर बनकर आई और शरण युवा एस.पी... यशोदीप के बँगले पर विशेष चहल-पहल रहने लगी। शिल्पा की प्रथम नियुक्ति उनके अधीन हुई थी। उनके परिवार से, विशेषतः अम्मा से उसका खास रिश्ता बन गया था। उसके जीवन के सबसे कठीन दौर में ठाकुर साहब का परिवार शिल्पा का आधार स्तंभ बना रहा। जैसे ही मौका मिला, दोबारा उन्होंने शिल्पा की नियुक्ति अपने अधीन करवा ली। सी. एम. स्वयं भी यही चाहते थे।

शरण से एक बार मिलते ही कमिश्नर यशोदीप ने उसके भीतर के

कार्यकुशल पुलिस अधिकारी को पहचान लिया। उसी क्षण उन्होंने मन बना लिया की वह प्रियांजलि के लिए उपयुक्त वर है। शिल्पा और शरण दोनों कमिश्नर साहब के कार्यशैली से प्रभावित थे। दोनों उन्हे गुरुतुल्य मानते थे। शरण शायद उनमें आदर्श पिता की छबी ढूँढने लगा था और सारी सावधानियों को ठेल कर, यशोदीप उसमें प्रद्युत को खोजने लगे थे। कभी-कभी खीजकर प्रिया पिता से कहती, "पापा, शरण आपका बेटा नही हैं। दादा आपका बेटा हैं। ये सारी ममता मेरे दादा के हिस्से की हैं। बेकार में आप शरण पर लुटा रहे हैं। मेरे दादा तक पहुँचने का प्रयास आपको करना चाहिए। क्यों नहीं बुलाते उन्हें?" बेटी का आक्रोश उन्हे विव्हल करता। उनके लाख प्रयासों के बावजूद प्रद्युत लौटा नहीं। वह गाँव जाता, परन्तु अपने माता-पिता के घर कभी लौटकर आया नही। अम्मा ने उसे बचपन में ही हद्‌पार कर दिया था। आपसी मनमुटाव के बेदी पर माता-पिता ने उसके मूल अधिकारों की बली चढ़ा दी। माता पिता की जिस ममता पर बच्चे का जन्मसिद्ध अधिकार होता है, उसी वात्सल्यस्रोत से उसे वंचित किया गया। शिल्पा पर अपनी माया ममता लुटाती अपनी ही अम्मा को देखकर प्रिया विस्मित हो जाती। अम्मा उसे अपने पास बिठाती... उसके बालों में तेल डालती (यदी कलेक्टरीन के पास समय हो तो)... और शिल्पा उनका आँचल सिर पर डालें, उनके कमरे की चमकती काली फ़र्श पर चैन की नींद सोती। अम्मा के कमरे में पुरुषों का प्रवेश वर्जित था। अतः शिल्पा वहाँ बेहिचक आराम फ़रमाती। अर्थात व्यस्त कार्यशैली के रहते ऐसे प्रसंग कम ही आते फिर भी शिल्पा अम्मा की ममता की छाँव में अधिकाधिक समय बिताने का प्रयास करती। अपने साथ उन्हें सार्वजनिक कार्यक्रमों में ले जाती। प्रियांजलि स्वयं शिल्पा का सम्मान करती थी। फिर भी माँ का उसके प्रति उमड़ता स्नेह और अपने प्रति वितृष्णा उसे स्तिमित करती, उद्वेलित

करती। अम्मा शरण को शिल्पा के भावी पति के रूप में देखती, और दोनों को भावनिक स्तर पर करीब लाने का प्रयास करती। यशोंदीप शरण और प्रियांजलि को साथ लाने का हर सम्भव प्रयास करते। तीनों युवाजन उन पति-पत्नी के उत्तर-दक्षिण ध्रुवीय प्रयासों का मन ही मन खूब मखौल उड़ाते। शरण मातृभक्त था। माँ को उनके शेष जीवन में कोई दुःख दर्द झेलना न पड़े यही उसके जीवन का प्रमुख लक्ष्य था। फिर भी विवाह के विषय में उसकी अपनी मान्यताओं पर वह अडिग था। शरण की माँ कट्टर जातिवाद से ग्रसित थीं और शिल्पा के प्रति उनके रूझान का वह एक प्रमुख कारण था। इसी कट्टरता के कारण अपने गांधीवादी पति से उनका अंतिम क्षणों तक विवाद रहा। पति के जीवन काल में उनका विलगाव भद्रता की सीमाओं को पार करके चौराहे पर आकर तमाशा बना रहा। विश्वबंधुत्व का पाठ जीवन में उतारने वाले उसके पिता अपनी पत्नि की कट्टरता का तिरस्कार करते शे। दिन का आरंभ रसोई की छुआछूत को लेकर होता और रात होते-होते कितने मुद्दों पर विवाद कर वे पत्नि को लज्जित करते। शरण का शैशव माता-पिता के भिन्न विचारधाराओं में बँट गया। खान-पान, कपड़ा गहना रहन-सहन सबकुछ दोनों के भिन्न थे। और किसी एक का समर्थन करना उसके बालशक्ति के परे था। पंडित जी की आश्रम आधारित जीवन शैली में संचय निषिद्ध था। उबली सब्जियाँ, रागी, बाजरे या ज्वार की रोटियाँ, चाय कॉफी पर पाबंदी, मिष्ठान्न का अभाव, इस तरह की आहार प्रणाली को शरण की माँ कभी स्वीकार नही कर सकी। सुबह के नाश्ते पर तश्तरी भर-भर के तरीके तरीके के पकौड़े या पूरी कचौड़ी हलवा खाने की आदि उसकी माँ इन सब व्यंजनों को कभी पकाती तो पंडित जी उस दिन खाने का बहिष्कार करते। उनके खाये बिना शरण की माँ खा नहीं सकती। शरण का मन खाने को ललचाता था और दूर भी भागता था।

माँ-पिता दोनों ने खाया नही तब बेचारा बालक कैसे खाता? सारे व्यंजन बाँट दिये जाते और पूरा परिवार भूखे पेट सो जाता। पिता के देहान्त के बाद श्राद्ध कर्म इत्यादि क्रियाएँ हो नहीं सकी। उन्होंने वैसा लिखित प्रावधान कर रखा था। देहदान प्रक्रिया की वैधानिक कार्यवाही कर चुके थे अतः उनकी मृत्यु के पश्चात् एक विचित्र खालीपन वातावरण में छाया रहा। पति के न रहने पर न किसी ने उनसे चुड़ियाँ तुड़वाई न उनकी माँग का सिन्दूर पोछा। उस रात शरण की माँ ने अपने बेटे से वचन लिया, "जो क्रिया कर्म तेरे पिता ने मेरे जीते जी मेरे संस्कारों का किया, वैसा तू मेरे साथ मत करना। मेरी धारणाओं को, मेरे जीते जी तिलांजली न देना। तुझे मेरी सौगन्ध।" शरण ने अपनी माँ की हर चाहत पूरी की। उनकी श्रद्धा, निष्ठा के अनुकूल अपनी जीवन शैली बना ली।

टिमटिमाती रात में टेनिस कोर्ट पर तेज रोशनी थी और यशोदीप साँसें रोककर प्रिया और शरण का गेम देख रहे थे। दोनों किसी बात पर खिलखिला कर हँसे। कितना सुदर्शन जोड़ा है। यशोदीप सोचने लगे। किस तरह इनके विवाह की बात चलाएँ? वे जानते थे कि शरण कि माँ प्रिया को पसंद नहीं करती। माँ की अनुमती के बिना वह कभी शादी नहीं करेगा। क्या करें?

रात में अपने पिता को सूटकेस जमाते देख उसने आश्चर्य से पूछा, "पापा आपने कहीं जाने का जिक्र तो नहीं किया था... ये पैकिंग क्यों हो रही है?"

"हमें बम्बई जाना है बिटवा।"

"कुछ काम आ गया क्या?"

पिता का गंभीर चेहरा देखकर वह चुप हो गई। एक ही अवसर पर उसे वे अपना सूटकेस जमाने नहीं देते। उनके विशेष निजी बम्बई यात्रा

के समय। क्या सच है पापा वहाँ जाते हैं? या लोगों का गढ़ा एक झूठ? उसे रुलाइ आने लगी और वह तेजी से कमरे से बाहर निकली। कुछ दिन पहले शरण ने कहा था ''शादी-विवाह सब दिखावा होता है। केवल समझौता। क्यों करते हैं लोग शादी?''

''क्या कहा शरण?'' तल्खी से प्रिया ने पूछा

''झूठ कह रहाँ हूँ? हमारे अपने पेरेंट्स का हाल देखकर तुम्हे नहीं लगता ऐसे?''

प्रिया ने रैकेट से शरण के हाथ पर चोट की। तिलमिला कर शरण ने कहा था, ''माय गॉड! पुलिस अफ़सर होना चाहिए था तुम्हे, क्यों बेकार डॉक्टर बन रही हो?''

अपनी पर्स से ऑइंटमेंट निकाल कर प्रिया ने शरण की चोट पर मल दिया। बैरा को आवाज देकर बर्फ लाने को कहा और शरण के हाथ कि सिकाइ कर दी। आस-पास के परिचित करीब आकर पूछ परख करने लगे तब प्रिया ने गंभीर मुद्रा बनाते हुए कहा, ''लगता है आज लॉकअप में किसी की अच्छी धुनाइ हुई है। एस.पी. साहब को डॉक्टर की जरूरत पड़ गई।'' शरण कुछ कहने जा रहा था की प्रिया बोल पड़ी, ''क्या कह रहे थे तुम शरण?''

''यह की मुझे अपनी जान प्यारी है। जा रहा हूँ। कसाई हो पूरी।''

''कसाई तो तुम हो! मर्द जो ठहरे!''

और तुम्हारे पापा? वे भी तो मर्द है!'' कहते हुए शरण पूरी ताकत से बाहर की ओर दौड़ा। प्रिया उस प्रसंग को याद कर सोचने लगी शरण की दाम्पत्य जीवन पर की हुई टिप्पणी शायद सही होगी।

यह शरण का बच्चा कुछ ज्यादा ही बकवास करने लगा है। कल कोर्ट पर आएगा तब चखाऊँगी मजा। इस विचार मात्र से वह मुस्करा दी।

यशोदीप उसे भोजन करने के लिए आवाज दे रहे थे अतः प्रिया विचारों को लगाम देते हुए भोजन-कक्ष में गई। खाना खाकर वह अपने कमरे में लौटी ही थी, की खिड़की में से उसने शिल्पा की जिप्सी को बँगले के पोर्च में आते देखा। इस वक्त उसका बँगले पर आना किसी आपात स्थिती का द्योतक था। तब क्या पापा आज बम्बई नहीं जाएँगे? उसका मन हुआ पिता से बात करे। कमिश्नर साहब का कमरा प्रिया के कमरे से लगा हुआ था। दोनों कमरों को जोड़नेवाला दरवाजा सामान्यतः बंद रहता था लेकिन प्रिया जब रात-रात पढ़ाई करती तब यशोदीप दरवाजा खोल कर अपनी आरामकुर्सी बीच में रखकर कुछ-न-कुछ पढ़ते रहते। बेटी की उन्हे सख्त ताकीद थी, की पढ़ाई के दौरान उसे सोने नहीं दिया जाय। आयाबाई प्रिया को चाय बना देती और प्रिया के टेबल के बगल में सोती। इस प्रकार दो-दो पहरे बिठाकर प्रिया की पढ़ाई अबाधित रूप से चलती। इस वक्त खिड़की में से उसने देखा शिल्पा दीवान खाने तक गई नहीं। यशोदीप के कक्ष का एक दरवाजा सीधे सामने वाले बरामदे में खुलता था। उसने उसी दरवाजे पर दस्तक दी और भीतर प्रवेश किया। प्रिया और कमिश्नर साहब के कक्षों के बीच का दरवाजा खुला था अतः शिल्पा की कही हुई बातें उसने स्पष्ट रूप से सुनी। "सर अब आपको वहाँ नहीं जाना चाहिए। प्रियांजलि के विवाह का समय आ रहा है। आप उसका रिश्ता कैसे तय कर सकेंगे? कल को वह आपसे अनचाहा सवाल पूछेंगी तो क्या बतायेंगे उसे?"

"इस समय तो जाना पड़ेगा।"

"आप मेरे गुरु हैं। कलेक्टरी का हर हुनर मैंने आपसे सीखा है। आपसे यह सब कहना मरणप्राय है मेरे लिए। वे भी मेरे लिए मातृवत है। लेकिन अब वहाँ जाना जोखिम भरा है। आपके लिए भी, प्रिया के लिए भी। प्रार्थना करती हूँ आपसे, प्रिया को सब बता दिजिए। और अब न जाइये वहाँ।"

प्रियांजलि दबे कदमों से कमरे से बाहर निकल आई। अब तक उसने शिल्पा के चरित्र का यह रूप नहीं देखा था। अपने वरिष्ठ अधिकारी से इस प्रकार की बात कहने का हौसला रखना असाधारण सदाशयता का प्रमाण था। प्रिया जानती थी शिल्पा एक बेहद अनुशासनप्रिय, मौलिक तथा निडर अधिकारी थी। जिलाधिकारी के रूप में लोकप्रिय थी। उसका रौबीला व्यक्तित्व राजनेताओं को भी प्रभावित किये बिना नहीं रहता। फिर भी कमिश्नर बँगले में वह एक बिगड़ैल बालिका के समान मनमुक्त विचरती। उसकी छोटी-छोटी ख्वाइशों को अम्मा सिर आँखों पर रखती और शिल्पा के मुक्त हास्य से बँगला गूँजता। इस समय पिता के समक्ष निर्भिकता से सत्य की अभिव्यक्ति करनेवाला शिल्पा का यह अभिनव धीर गंभीर रूप देखकर प्रिया उस पर नये सिरे से मोहित हो गई। कमिश्नर यशोदीप सिंह को उनके निजी जीवन के विषय में अपनी राय बताना और सुझाव देने का साहस करना शिल्पा के उदात्त मनोवृत्ति का परिचायक है ऐसा प्रिया को लगा। प्रिया ने परमात्मा को धन्यवाद दिये की दोनों में से किसी का ध्यान उसकी ओर नहीं गया। अनजाने में वह उनकी अपराधी बन गई थी। किसी दूसरे का संभाषण बिना उसके अनुमति के सुनना प्रिया की दृष्टी में अभद्रता थी। एक लम्बे समय से यशोदीप से वह जानना चाहती थी, क्यों वे जाते हैं बम्बई? बचपन की उस मनहूस रात को पिता ने उससे पूछा था, चलोगी साथ? अम्मा के अकांड तांडव से सहम कर पिता पुत्री ने विचार छोड़ दिया था। फिर उस विषय को छेड़ने का साहस उसे नहीं हुआ। जो उसे प्राप्त था उसी को पर्याप्त मानकर प्रिया जीती रही। शिल्पा शरण जैसे गैरपारिवारिक व्यक्ति भी पिता के जीवन का सत्य जानते थे... एक वही थी जिसने आँखे बंद कर लीं थीं, कान बंद कर लिये थे। प्रिया ने निश्चय किया इस बार वह पापा के साथ जाएगी और सच से साक्षात्कार करेगी।

आलमारी खोलकर उसने दो जोड़ी कपड़ा और अन्य आवश्यक वस्तुओं को एक छोटे से बैग में जमा लिया। पिता के समक्ष जाकर उसने कहा, "पापा मैं भी आपके साथ चलूँगी।" अकस्मात आए प्रिया के इस प्रस्ताव से वे अचम्भित हुए। कुछ पल स्तब्ध रहने के पश्चात उन्होंने पूछा, "और अम्मा?"

"मैं मना लूँगी,"

न जाने उसने अम्मा से क्या कहा। अम्मा बुत बनी खड़ी रही फिर मुँह फेरकर बोली, "जा बिटवा" अम्मा के इस संबोधन से वह विचलित हो गई। न जाने क्यों उसकी अंतरात्मा ने चेताया की वह कोई लक्ष्मण रेखा लाँघने जा रही है और स्थितियाँ रावण बन उसका अपहरण कर लेंगी। अम्मा का 'जा' कहना उसे ऐसा लगा जैसे उन्होने कोई अंतिम निर्णायक बात कह दी हो! जैसे उसपार जाकर कर वह फिर नहीं लौट सकेगी। प्रिया की अंतरात्मा कहने लगी, क्या आवश्यकता है वहाँ जाने की? बिटवा... कभी कहा नही अब क्यों कहा? 'करमजली' सुनना अब कानों के लिए स्वाभाविक हो गया था। 'बिटवा' न जाने किस अप्रियता का संकेत दे रहा था?

"बिटवा, आ जाइये, देर हो जाएगी।" पापा का बुलाना। जाना पड़ेगा। कदम बढ़ा दिया है। जाना पड़ेगा।

"आई पापा, चलिए।"

एअरपोर्ट पर शरण को देखकर उसने सोचा पापा को बिदा करने आया होगा। शरण भी चौका।

"प्रिया जाना चाहती थी।" यशोदीप की बात पर उसने कोई प्रतिक्रिया व्यक्त नहीं की।

"सर, चलें?" शरण को हवाई जहाज में अपने साथ चढ़ते देखकर प्रिया का मन हुआ वह तत्काल लौट जाए। लेकिन संभव नहीं था।

कमिश्नर साहब का इन्तजार हो रहा था और हवाई जहाज उड़ने को तैयार खड़ा था। अब न जाने की बात कहने से एक तमाशा खड़ा होता। जैसे ही वे भीतर आए सीढ़ियाँ हटा दी गई और हवाई जहाज ने उड़ना आरंभ कर दिया। खिड़की से उसने देखा हवाई अड्डा दूर रह गया था। उड़ान भरते ही शरण ने टोपी चेहरे पर खींच ली और सो गया। यशोदीप ने भी आँखे मूँद ली। अकेली प्रिया हजारों सवालों का बोझ अपने पंखुड़ी समान पलकों पर लादे जागती रही।

बम्बई हवाई अड्डे के कनवेअर बेल्ट के पास जाते ही पिता का कोट खींचते हुए प्रिया बोली, "ये क्यों आया है हमारे साथ?"

"हमें जरूरत है बिटवा"

"फिर मुझे क्यों लाए?"

"तुम आना चाहती थी न?"

"आपके साथ शरण आएगा मुझे नहीं पता था।"

अचानक यशोदीप आपा खो बैठे। सख्ती से उन्होंने कहा, "अपनी विवेकबुद्धि से निर्णय कर लो। हमारे संग चलना है या कहीं और जाना चाहोगी?"

प्रिया पर जैसे गाज़ गिरि। पिता की निर्ममता कोड़े की फटकार के समान उस पर बरसी। उसने चाहा धरती दुभंगकर उसे अपने भीतर समा लें। जिस पिता ने आज तक उसकी बड़ी से बड़ी भूल को अपनी क्षमाशील मुस्कान से परिमार्जित किया था वही प्राणप्रिय पिता ने आज उन की अपनी विमनस्कता का लक्ष्य उसे, अपनी लाड़ली को बनाया। बम्बई जैसे अनजाने शहर में उससे कह दिया, "कहीं और जाना चाहोगी?" आधी रात गए वह कहाँ जा सकती है? क्यों आई वह यहाँ? "इतनी रात गए मुझे कहीं और जाने को कह रहे हो पापा? कहाँ जा

सकती हूँ? जानते है टैक्सीवाला सीधे कोठे पर भी ले जा सकता है? चली जाऊँ? क्या कुछ भी शर्म बाकी नही रही आपमें?"

प्रिया का आक्रोश शब्दों में फूट पड़ा। यशोदीप अपनी असंयतता पर शर्मसार हुए। उनकी आँखें छलछला गई। सामान लेकर वापस लौटे शरण ने प्रिया के उद्दंड वचन सुन लिए थे। घूरते हुए उसने प्रिया की बाह को सख्ती से पकडा, "सर चलिए। गाड़ी आ चुकी। चलें प्रिया?" शरण ने प्रिया को साथ चलने को विवश किया और कार में उसे बिठाकर ही दम लिया। मन ही मन वह सोचने लगा आज इसे लाने की जरूरत नहीं थी। अब क्या-क्या मेला-ड्रामा होगा! रोना-गाना और न जाने क्या? जिस प्रयोजन से कमिश्नर साहब आये हैं उसमें व्यवधान पड़ेगा। जरूरी है प्रिया की हर जिद पूरी करना?

कार बम्बई के घने इलाके से निकल कर प्रमुख राष्ट्रीय मार्ग पर दौड़ने लगी। शरण लगातार ड्राइवर से बातें करता रहा। शायद अच्छी पहचान थी। प्रिया का हृदय अनामिक पूर्व संकेतों से विकल था। सीट के कोने में बैठी वह आशंका-कुशंकाओं के बीच हिचकोले ले रही थी। लक्ष्मण रेखा लांघने का निर्णायक समय आ चुका था। कुछ ही समय बाद न जाने रावण कौन सा कपट वेष धारण किये अब तक सुरक्षित संचित को हर लेगा? फिर क्या मैं निर्वासित होकर किसी अनजाने अशोक वन में कैद हो जाऊँगी? मैं नहीं सह सकूँगी अशोक वन का एकांतवास जो मेरे पापा से मुझे अनंत दूरी पर कायम करेगा। मेरा कोई राम तो है नहीं जो मुझे रावण के कारावास से मुक्त करेगा! और करेगा तो अग्निदिव्य की अपेक्षा रखेगा। पापा का गतकाल मेरे वर्तमान से जोड़ेगा। किसी की कुशंकाओं के आग में स्वयं को झोंक कर अपने आपको पवित्र सिद्ध करना मेरे बस की बात नही। प्रिया के मनोदधि की लहरें उफान पर थीं। उसने पिता की ओर देखा इस आशा से कि उनकी

ममता का किनारा पाकर लहरें अपना उफान निष्कृत कर ले किन्तु यशोदीप किसी और विश्व में प्रवेश कर चुके थे। उन तक पहुँचने का कोई मार्ग प्रिया के दृष्टिपथ में नही आया। दाँत भींच उसने अतंर्मन का रुदन रोक लिया।

मुख्य मार्ग को छोड़कर गाड़ी गलीनुमा सड़क पर मुड़ गई। कुछ समय बाद लोहे के गेट से प्रवेश करती हुई पोर्च में जाकर रुकी। यशोदीप तेजी से नीचे उतरे और बँगले में चले गए। प्रिया की तरफ का दरवाजा खोलकर शरण ने उसे उतरने का संकेत किया। भारी कदम और भारी मन से प्रिया उतर कर शरण के साथ भीतर आ गई। दिवान खाने से लगकर जो कमरा था उससे सिसकियों की दबी-दबी आवाजें आ रही थीं। प्रिया को लगा एक आवाज उसके पिता की है और वह दरवाजे की ओर अनायास जाने लगी। शरण ने लपककर उसका रास्ता रोका।

"हम यहीं बैठते हैं।"

"मैं भीतर जाऊँगी।"

"सर बुलाएँगे तब जाना।"

"मैं अभी जाऊँगी।"

"प्रिया, पछताओगी।"

"मैं जाऊँगी।"

शरण को ठेलकर प्रियांजलि दरवाजे को खोलते हुए कमरे में प्रवेश कर गई। सामने बिस्तरे पर बैठे कमिश्नर यशोदीप किसी औरत का सिर गोद में रखकर बच्चे की तरह सुबक-सुबक कर रो रहे थे। उनके पास खड़ी, प्रिया का प्रतिरूप एक युवती, उनसे लिपटकर रो रही थी। बिस्तरे पर रुग्णावस्था में लेटी अस्थिपंजर महिला जीवित है या नहीं इसका अनुमान लगाना कठीन था। हठात् उस महिला के पास जाकर प्रिया

उसकी नब्ज देखने लगी। 'इन्हे तुरन्त अस्पताल ले जाना होगा।''

यशोदीप ने बहते आँसुओं के बीच एक अबोध शिशु की तरह प्रिया की ओर देखा। शायद प्रिया कह दे की रूग्णा बच जाएगी।

''माँ जाना नहीं चाहती।''

प्रिया समझ गई। शांतिपूर्वक अपने घर में प्राणत्याग करना चाहती है। आदतन उसने रुग्णा की पलकें उठाकर आँखे देखी। मृत्यु तैयार बैठा था। बस समय, घटिका, पल का इन्तजार कर रहा था।

''पापा आज रुकेंगे न?'' प्रिया के प्रतिरूप ने पूछा।

उस अचेतन-सी महिला ने आँखें खोली। प्रिया झुककर उनकी आँखे ही देख रही थी। इसलिये पास से उन अनुपम नयनद्वयों के लावण्य का अवलोकन कर सकी। वे किसी रुग्णा के नही थे। जीर्ण शीर्ण शरीर और स्वस्थ आलोकित नयनद्वय। इस विरोधाभास का स्पष्टीकरण किसी मेडिकल की किताब में मिलना असंभव था।

''नहीं रुकेंगे'' उस हिरण्याक्षी ने धीमी किन्तु दृढ़ आवाज में कहा, प्रिया की ओर पलभर देखकर उन्होंने उलाहना भरी नजरों से यशोदीप को देखने का प्रयास किया। ''माँ कुछ कहना है?'' उस युवती के प्रश्न के उत्तर में उन्होंने प्रिया को पास आने का संकेत किया। युवती ने उनके हाथों को उठाया और प्रिया के चेहरे का स्पर्श करवाया। आत्यंतिक कष्ट से उन्होंने कहा, ''प्रणाम बेटी'' प्रिया सहम गई। ''ये क्या कह रही हैं आप'' उनमें अधिक बात करने की शक्ति नहीं थी। क्षण भर उनकी नजरें उस पर ठहरी। चिरशांति से ओत-प्रोत। न कोई आशा न अपेक्षा। न प्यार न नफ़रत। भवसागर के मान अपमानों से मुक्त। उनमें डूबकर प्रिया किसी स्वप्नलोक में चली गई। उसने देखा चारों ओर जगमग दीपक जल रहें हैं। बनारसी साड़ियाँ पहनी अनजान महिलाएँ चमकीले आभूषणों से सजधज कर इतरा रहीं है। विचित्र से लगने वाले पुरुष

रंगबिरंगी अचकनें और उँची टोपियाँ पहन कर दौड़भाग रहे हैं। रेशमी जरीवाला अचकन पहने, लाल साँफा सिर पर बाँधे युवा यशोदीप और हल्के गुलाबी रंग का भारी बनारसी लहँगा चोली पहने यही कमलाक्षी युवती, धीरे-धीरे मुस्कुरा रहे हैं। युवती कोई रंभा अप्सरा नहीं है। उसे देखने वाले इस वास्तविकता को समझ नहीं पाते क्यों कि उसके नयनचक्षु उन्हे कैदकर लेते हैं और वे सम्मोहित हो जाते हैं। कोई बुजुर्ग महिला तानपुरा छेड़कर गा रही है। "श्याम सुन्दर बनमाली..." स्वर्ग-सा सुन्दर दृष्य। अचानक तेज हवाएँ आयी। दीपक बुझ गए। अँधेरा छा गया। कहीं से यशोदीप जोर से आवाज देने लगे प्रिया... प्रिया... फिर एक जानलेवा सन्नाटा, बर्फीली हवाओं के थपेड़े। प्रिया... प्रिया... यशोदीप धीरे से पुकार रहे थे। उसे नहीं, उस असाधारण आँखों वाली को।

प्रिया... प्रिया... प्रिया ने एक बार अपने पिता की हताशा देखी और एक बार उस प्रिया की चिरशांति को। उस कमरे में, उस क्षण उस घटनाक्रम में, उन लोगों की परम वेदना में, वह एक आगंतुक थी। न पिता की कोई थी, न उस रुग्णा की कोई, न उस युवती की। प्रिया ने रावण को उसके छद्म वेष में देख लिया। अपने निर्वासन को प्रत्यक्ष होते देख लिया। अशोक वन की कैद का दुर्दान्त एकांतवास अनुभव किया। वह कमरे से निकल कर बरामदे में आयी और बगीचे में जाकर रुकी हुई साँस लेने का प्रयास किया। आधा अधूरा चाँद आकाश में आधी अधूरी चाँदनी फैला रहा था। उसे देखकर प्रिया को लगा इसी अधूरेपन का नाम है जिन्दगी। बचपन से देख रही है। धन दौलत, रौब, बुद्धि, चातुर्य सब था। लेकिन जिस ममता का गुणगान सबने किया है वह माँ की ममता नहीं मिली। अम्मा पूर्व तो पापा पश्चिम अम्मा उत्तर तो पापा दक्षिण। अम्मा पापा के बिना अधुरी, पापा इस प्रिया के बिना अधूरे। और पापा की यह प्रिया? कुछ न होते हुए भी पूर्ण चन्द्रमा की

तरह प्रकाशमान थी। मृत्यु के करीब थी फिर भी पूर्णतः चेतन थी। पापा से अलग-थलग रह कर इसी चैतन्य को थामकर पापा से मुक्त हो गई और मेरी अम्मा सत्ताधीश हैं लेकिन पानी के बाहर फेंकी हुइ मछली की तरह तड़पती रही। भीतर कमरे में पापा के साथ उनके प्रिया के विवाह की तस्वीर लगी हुइ है। पत्नी कौन है? अम्मा या वह प्रिया? सारे कमिश्नरी को न्याय देने वाले पापा अपने ही जीवन से संबंधित दो औरतों पर अन्याय कर बैठें हैं! शरण कहता है वैसे शादी विवाह क्या केवल दिखावा होता है? समझौता बस्स.... भूचाल से ध्वस्त मनोभूमी के उजड़े आँगन में बैठी प्रिया पर टूटे घरौंदे से पत्थरों की वर्षा होने लगी।

प्रिया सोच रही थी, पापा के निजी जीवन के रहस्य को मैंने आज लाँघ लिया। प्रश्न और बढ़ गए। पापा से उत्तर पूछने की निर्लज्जता कहाँ से लाऊँ? पिता की सर्वोपरी ममता जिस पर मैं अपना एकाधिकार मानती थी क्या मात्र एक छलावा थी? उनकी जिन्दगी का एक हिस्सा केवल उनका अपना है जिसमें मेरा कोई स्थान नही है। अब अनबूझी पहेलियों का और अधिक अंबार लग गया है और बुझानेवाला कोई नहीं। न अम्मा, न दादा, न साथी संगी, न रिश्तेदार! केवल पापा ही तो थे! उनकी प्रिया कोई और है लेकिन मेरे तो बस यही एक पिता हैं। अब आसमान तले मैं अकेली रह गई हूँ। सूरज की तपीश या मूसलाधार बारिश की बेरहम मार सहने। बादल फट चुका है। क्या रौद्र बरसात मुझे बहा ले जाएगी अपने साथ? वह शून्य मन से अँधेरे में प्रकाश किरण ढूँढ़ने लगी।

"प्रिया चलो, नाश्ता करने माँ बुला रही है।" उसकी प्रतिरूप कह रही थी।

"मुझे भूख नहीं है।"

"माँ का आदेश हम सब मानते हैं। तुम मना न करना प्लीज़। पापा कमरे में नही हैं। आओ प्रिया..."

प्रिया यंत्रवत् उस युवती के साथ भीतर जाने लगी। पलंग के करीब एक मेज़ और कुर्सी लगाई गई थी। मेज़ पर व्यंजनों की भरमार थी। युवती ने आवाज दी "माँ....". क्षणभर कमलनयन खुलें और प्रिया को संकेत से पास बुलाया, बैठने के लिए कहा। फिर उन्होंने वैसा ही संकेत युवती को दिया। "मैं सर्वप्रिया हूँ प्रिया" कहते हुए उसने चाँदी की कटोरी में खीर डाली। बड़ी प्लेट में आलू की साग, कचौरी, चटनी और न जाने क्या-क्या व्यंजन परोसे और एक निवाला तोड़कर प्रिया की ओर बढ़ाया। प्रिया ने आँखे मूँद ली। सामने उसका दादा बैठा था और चाँदी की कटोरी से उसे खीर खिला रहा था। एक-एक कौर लेते हुए प्रिया ने पूरी, कचौरी सब खा लिया।

"बस अब और नहीं। आप ने तो पूरा खाना खिला दिया। क्या बुताऊँ आपको? कौन है आप मेरी?"

"कुछ भी कह लो। पापा सर्वा कहते हैं।"

"मेरे पापा?"

"तुम्हारे पापा।"

"आपके भी?"

"नहीं, केवल तुम्हारे।"

"आपकी शक्ल सूरत सबको बताएगी की वे आपके जन्मदाता हैं। मेरी जुड़वा बहन होती तो आपके समान होती।"

"बहन कह सकती हो लेकिन हम चुड़वा नही हैं। मेरी माँ वो हैं।" बिस्तरे पर लेटी रुग्णा की तरफ सर्वा ने इशारा किया।"

"हम दोनों इतनी पितृमुखी कैसे बनी? माताओं का नामोनिशान भी हम में नहीं।"

"किसका रूप रंग कैसा हो ये तो महज प्रकृति का अपना कारनामा

होता है। कोई क्या करे? माँ जूस पी लो थोड़ा सा।"

उनकी आँखों से आँसू बहने लगे। प्रियांजलि पास जाकर खड़ी हुई और आँसू अपने दुपट्टे से पोंछ दिए।

"आपसे पापा का विवाह हुआ था न? पापा ने अम्मा से विवाह क्यों किया फिर?" बोलने की शक्ति उनमें थी नहीं फिर भी प्रयासपूर्वक कहा, "वे सिर्फ़ तुम्हारे हैं।"

इस झूठ के आड़ में सच छिपाने की उनकी नेकी को प्रिया ने समझ लिया। मृत्यु सामने खड़ी थी फिर भी उन्होंने प्रिया की खुशी का सोचा, और वही कहा जो प्रिया सुनना चाहती थी। दरवाजा किसी ने खटखटाया। अनुमति पाकर शरण भीतर आया। "तुम दोनों को सर बुला रहे हैं।" फिर वह आत्मियता से रुग्णा से मिला। उनका हाथ अपने हाथों में लेकर सहलाया। फिर बाहर चला गया। प्रिया भी उठ गई।

"आप बताइये न क्यों पापा ने जी ऐसी दोहरी जिन्दगी?" प्रिया ने सर्वा से मनुहार भरा प्रश्न किया।

"क्या जरा भी नही जानती उन्हें? मैं कैसे बता सकती हूँ? इस प्रकार तुमसे चर्चा करूँगी तो मुझे पापा क्षमा नही करेंगे। उनसे सीधी बात करो। तुम्हे उनसे प्रश्न करने का पूरा हक है। बेटी हो उनकी।"

शरण ने फिर आवाज लगाई, "ये शरण का बच्चा क्यों आता है यहाँ?" प्रिया ने खीज कर कहा।

"उसी से पूछ लो। प्रिया, जिसकी बात उसी से पूछना सीखो। अच्छा, माँ से बिदा लो, पापा बुला रहे हैं न?"

प्रिया ने झुककर उनके मूँदे कमलनयनों को चूग लिया और रुलाई रोक कर कमरे से निकल आइ। यशोदीप तैयार बैठे थे। पोर्च में गाड़ी लग गई थी। उत्तर रात्री की चाँदनी गुमसुम-सी आकाश में विराजमान

थी। वह चुपचाप कार में जाकर बैठ गई। सर्वप्रिया यशोदीप से लिपट कर रो रही थी। किसी भी क्षण उसकी माँ जीवन के पार चली जाएगी। तब वह अकेली ही मृत्यु की दारुणता से लड़ने यहाँ रह जाएगी। यही उसकी नियती थी। यशोदीप की जायज सन्तान होकर भी नाजायज की गुमनामी वह भोगेगी अकेली।

कार चलने लगी। शरण नही चढ़ा। शायद सर्वप्रिया की सहायता करे। यशोदीप पूर्णतः संयत थे। जैसे किसी दौरे से लौट रहे हो। कुछ समय पहले बेबस शिशु की तरह रूदन करने वाले क्या यही थे? प्रिया जिस संवेदनशील इन्सान को अब तक पिता के रूप में जानती थी वह ये नहीं था। उनके किस रूप को सच मानूँ? मृत्युशैय्या पर जिस कमलनयना को छोड़ आए उसे पलभर में तनमन से निर्वासित कर दिया। खुश हो जाऊँ या मातम मनाऊँ ऐसी बेरहमी का? प्रिया का सिर फटने लगा।

बंगले पर पहुँचते-पहुँचते प्रातः के आठ बज गए। उसने अम्मा को बरामदे में बाँट जोहते पाया। हवाई जहाज़ जरा देरी से उतरा था। प्रिया का आज प्रैक्टीकल था। हर हाल में उसे समय पर कॉलेज पहुँचना था। "अम्मा जल्दी नाश्ता लगाओ। नहाकर अभी आयी।"

"टेबल लगा हुआ है।" प्रिया को सामान्य अवस्था में देखकर अम्मा ने राहत की साँस ली। दो दिनों तक प्रिया पढ़ाई में डूबी रही। तिसरे दिन उसका सारा बदन टूटने लगा। यशोदीप के साथ वह क्लब चल दी और सीधे टेनिस कोर्ट का रुख किया। शरण किसी के साथ खेल रहा था। प्रिया को देख उस व्यक्ति ने कोर्ट छोड़ दिया। "लो एस.पी. साहब। आपकी पार्टनर आ गयी।"

"अरे आप खेलिए न। हम बाद में खेल लेंगे।"

"बाद में हम खेल लेंगे। आप तो जल्दी निकल जाएँगी न?"

खूब तेज गेम हुआ। पसीने से तर प्रिया को शरण ने पूछा ''बीयर लोगी?''

''शरण के बच्चे अभी चखाती हूँ बीयर। पापा, शरण मुझे बीयर...''

''चुप हो जाओ प्रिया। अक्ल नाम की कोई चीज़ तुम्हे भगवान ने दी है या नही?''

''ये तो भगवान से ही पूछ लो। कब लौटे?''

''कल सुबह'' प्रिया और भी जानना चाहती थी लेकिन उस संदर्भ में शरण से कुछ पूछना उसे अनुचित लगा। पापा से पूछना संभव नहीं था। क्या हुआ होगा वहाँ? कैसे सहा होगा सर्वप्रिया ने उस अंतिम घड़ी को? फिर वही प्रश्न उसे घेरने लगे जिनसे निज़ात पाने वह क्लब आई थी। थकावट से चूर प्रिया ने पिता से कहा, ''पापा मैं जाऊँ घर? बहुत थक गई हूँ।''

''हाँ हाँ, निकल जाओ बिटवा। शरण छोड़ देगा।''

''शरण क्यों छोड़ेगा? मैं कार ले जा रही हूँ।'' प्रिया की तल्ख आवाज शरण तक पहुँच गई। कल की घटनाओं का बोझ अभी उस पर हावी था। अतः वह चुप-चाप अपनी कार की ओर बढ़ गया किन्तु प्रिया की मानसिक अवस्था के लिए वह चिंतित हो उठा। पहली बार उसे लगा, दूर क्षितिज पर कोई अप्रिय घटना का साया मँडराने लगा है। प्रिया का सामान्य व्यवहार उसे असामान्य लगा। न जाने क्यों शरण का दिल बैठ गया।

घर आकर प्रिया ने अम्मा को फिर बरामदे में बाट जोहते देखा। वह बिना कुछ कहे कमरे में गईं और रैकेट फेककर बिस्तरे पर निढ़ाल हो गई। न नहाया, न जूते खोले, न कपड़ा बदला। अम्मा दरवाजे की चौखट से देख रही थी। भीतर आकर उन्होंने प्रिया के टेनिस शूज खोले,

अपने आँचल से उसका पसीने से लथपथ चेहरा पोंछा। आयाबाई की मदद से गीले कपड़े से उसके हाथ-पाँव साफ़ किये। "कल को ये डाक्टरीन बनेगी। मिज़ाज देखो जरा इसका।" आयाबाई के बडबड़ाने पर अम्मा ने कुछ कहा नहीं। उनके चेहरे पर चिन्ता की रेखाएँ उभर आयी थी। वे खूब पहचानती थी आने वाले तूफान के पदचिन्हों को।

प्रिया बेहोश-सी सोती रही। दो दिन पहले की घटनाओं ने उसे शनैः शनैः ग्रसना आरम्भ कर दिया था। वह सामान्य रहकर अपनी दिनचर्या में व्यस्त अवश्य थी, परन्तु वर्तमान स्थितियों में उसका यह व्यवहार असामान्य था। यशोदीप पर उसकी सार्वभौमिक सत्ता थी, अतः उनके समक्ष प्रिया अपनी भावनाओं को बेझिझक अभिव्यक्त करने की आदि थी। इस प्रकार कुढ़ना, घुटना, उद्रेक को रोकना उसके स्वभाव के विपरीत था। बहती नदी को पूर्वसूचना दिये बिना बाँधने से आस आपके इलाके में तबाही मचती है। अम्मा को डर था प्रिया का इस प्रकार सिमटना कहीं उन सबको तबाह न कर डालें।

पढ़ाई का बहाना करके प्रिया ने क्लब जाना बंद कर दिया। अपने पिता की छाया बनकर रहने वाली प्रिया रफ़्ता-रफ़्ता उनसे दूर भागने लगी। यशोदीप को अचानक दिल्ली का बुलावा आ गया। प्रधानमंत्री स्वयम् चाहते थे की वे उनकी किसी योजना का सफल संयोजन एवं क्रियान्वयन करें। न चाहते हुए भी उन्हे स्वीकृती देनी पड़ी। दिल्ली जाने के दिन प्रिया बगैर बताए सुबह कॉलेज चली गयी। उन्हें छोड़ने हवाई अड्डे तक जाने की जिद नहीं की। न रोई गाई, न बच्चे की तरह 'पापा जल्दी आना' की रट लगाई। बेटी के असामान्य व्यवहार से यशोदीप चिंतित भी हुए और दुःखी भी।

"सर कॉलेज होकर चले?" उनके मन की बात को समझकर शरण ने पूछा। जब कभी कमिश्नर साहब उसे छोड़ने कॉलेज जाते, प्रिया

मुख्य फाटक पर उतर जाती। मुख्य ईमारत फाटक से दूर थी लेकिन प्रिया उन्हे अंदर नही आने देती। "आपके कमिशनरी का रौब यहाँ नही चलेगा। यह मेरा कॉलेज है।" यशोदीप मुस्कुरा देते और प्रिया पैदल निकल जाती। "ना बाबा, वैसे ही मूड उखड़ा हुआ है।" यशोदीप ने दुःखी मन से कहा।

हवाई अड्डे पर शिल्पा की जिप्सी खड़ी थी और शिल्पा के साथ प्रियांजलि भी। यशोदीप ने चैन की साँस ली।

"सर गुड आफ्टरनून"

"गुड आफ्टरनून कलेक्टर साहिबा। हमार बिटवा को ले आइ आप!"

प्रिया बगलें झाँकने लगी। हवाई जहाज उनके लिए रुका हुआ था। अतः तत्काल बेटी से बिदा लेते उन्होने कहा "चलें बिटवा?"

"पापा, अम्मा मना करती है न चलें कहने?" यशोदीप मुस्कुराए, बेटी को सीने से लगाया और उसके सिर पर हाथ रख कर चल दिये।"

"बड़ी बहादुर बन रही हो प्रिया! न रोना गाना, न जल्दी लौटने अनुनय, विनय! क्या बात है भला?" शिल्पा के इस ठिठोली पर प्रिया मुस्कुरा दी। शिल्पा अवाक् होकर देखती रही उसे। माय गॉड! बाप-बेटी दोनों किस कदर एक से हैं! इनकी ये जहरीली मीठी मुस्कान हलाल कर डालती हैं कर्मठ से कर्मठ व्यक्ति को। मेरी तौबा इनसे!

आदत के अनुसार यशोदीप दिल्ली से प्रतिदिन फोन करते। प्रियांजलि उनसे नपी तुली शिष्ट बातें करती। बाहर से फोन आने पर हर समय अम्मा के हजार शिकवें शिकायतें वह पिता से करतीं थी। अब केवल औपचारिक बातें। कमिश्नर साहब जब भी बाहर होते अम्मा बेटी के माध्यम से उनका हालचाल समझ लेती थी लेकिन इस बार प्रिया

केवल "हाँ," "ना," में उन्हे उत्तर देती। अम्मा भी परेशान रहने लगी।

शिल्पा के पास कमिश्नरी का अतिरिक्त प्रभार आ जाने से उसकी व्यस्तता दोगुनी बढ़ गई। बँगले पर आने का समय अब वह नही निकाल पाती। प्रिया ने क्लब जाना बंद कर दिया था और यशोदीप शहर से बाहर थे अतः शरण बँगले पर आता नही। उससे प्रिया की भेट प्रायः बंद हो गई। बँगले में सन्नाटा छाया रहता। अब अम्मा से रहा नही गया। शिल्पा के कार्यालय में वे कभी फोन करती नही थी किन्तु विवशता से आज किया।

"कलेक्टरीन कितनी बड़ी बनेगी और? बहुत हो गया तेरा रौब रुतबा। आज शाम खाने पर आना, समझी?" अम्मा की डाँट डपट सुनकर शिल्पा खिलखिला कर हँस दी। "हाय राम! कितना सुकुन मिला! मेरी अम्मा, रही सही डाँट शाम को सुनुँगी, मिलती हूँ।"

शिल्पा को पता है अम्मा का समन्स आना मानी मुसीबत का ऐलान। कुछ विशेष परिस्थितियों में ही वह फोन करती। सर नहीं हैं और वह सिरफिरी लड़की इनसे सम्हलने वाली नहीं। साथ गई थी सर के। जाने किस सदूमें में होगी? सर शेर तो ये सवा शेर। शेरों की खूँखार औलादें! जरा नहीं दबेंगी या झुकेंगी। बस दबे पाँव घंटों मौके का इन्तजार करेंगी। इस दौरान कोई धूर्त शिकारी इन पर गोलियाँ दाग दे तो इन्हें पता भी न चले।

संध्या समय किसी प्रकार कामकाज का जोड़ तोड़ बिठाकर शिल्पा बँगले पर गई। "अम्मा आपने प्रिया को क्यों जाने दिया सर के साथ? बम्बई? आप समझती नहीं कितनी ज्यादती कर रहें हैं आप दोनों उसके साथ?"

"मेरी तो मती मारी गई थी उस दिन। कलेक्टरीन, कुछ कर मेरी रानी। कसाई नही है और ये लड़की मेरे बस में नहीं।"

"आप दोनों अपनी लड़ाई में बच्ची को मार डालेंगे। फिर रोते बैठना।" शिल्पी की संयत आवाज अचानक असंयत हो उठी। "अम्मा, क्यों जाने दिया आपने उसे?" अम्मा के गले पड़कर शिल्पा रोने लगी। "लो! तुझे बुलाया कि थोड़ा चैन सुकुन मिले तो उल्टे तूहीं रोने लगी। चुप कर मेरी रानी और उसे समझा जा कर। कलेक्टरीन, अब तो तेरा ही आसरा है।" कहते-कहते अम्मा स्वयं रो पड़ी।

"आप माँ हैं उसकी। सर ने उसे पाला है तो क्या? आपने उसे समझना चाहिये। स्त्री के मन को समझना किसी पुरुष के बस का नही। सर चाहते होंगे प्रिया उनका कोर्ट मार्शल करें। सवाल-जबाब करें। इतनी निर्ल्ज्जता वह मासुम कहाँ से लाएगी? कैसे पूछेगी उस दूसरे रिश्ते के बारे में? सर्वप्रिया जो प्रिया का प्रतिरूप बन आसमान से उस पर गिरी होगी, एक दुःस्वप्न की तरह, क्या पूछेगी उसके विषय में? अपने पिता का प्यार कभी आपके साथ भी उसने नही बाँटा और अचानक छितरने लगा दो-दो अनजानों के बीच! उसके सामने अकस्मात् उनके प्यार के अनजान दाँवेदार खड़े कर दिए गए। क्या बीती होगी उस पर जरा सोचिए तो। पिता नही समझ सकेंगे, पुरुष हैं, लेकिन आप तो माँ हैं, स्त्री हैं।

आपको भी परवाह नहीं?" शिल्पा के कठोर वचनों को सुनकर अम्मा बुत बनी बैठी रही।" दनदनाती हुई शिल्पा जाकर अपने वाहन में बैठ गई। रात आठ बजे शिल्पा फिर लौट आई। बगैर दरवाजा खटखटाए उसने प्रिया के कमरे में प्रवेश किया। किसी मोटी किताब में आँखें गड़ाकर प्रिया पढ़ रही थी। शिल्पा ने उस पर हल्ला बोल किताब बंद करवा दी। "चलो, तैयार हो जाओ। हम पिक्चर देखने जा रहे हैं।"

"अभी? आठ बज रहा है।"

"तो क्या? बीच से देख लेंगे, हिन्दी पिक्चर कहीं से भी देखी जा सकती है। याद है हमने दीवार कैसे देखी थी? इन्टरवल से शुरू की थी

और फिर इन्टरवल होने तक देखी थी। आज पहले चाट खातें हैं गिरधारी के ठेले पर फिर जलेबी और जगन् के समोसे। चायनीज भी खाए?''

''बाप रे! इतनी खिचड़ी! क्यों न थोड़ा इतलवी भी खा लें?''

''वो तो मैं भूल ही गयी।''

''दीदी, बहुत पढ़ना है।''

''चलना तो तुम्हें पड़ेगा। अब तुम जानो ऐसे ही चलोगी या चेंज करोगी?''

प्रिया ने देखा शिल्पा ने नीचे का होठ कुछ दबा लिया है। सब जानते हैं कलेक्टर साहिबा जब इस मुद्रा में होती हैं तब उनका शब्द टाला नहीं जा सकता। उसे उठना पड़ा। शिल्पा अपनी निजी फिएट में आई थी। चाबियाँ प्रिया को सौपतें हुए वह दूसरी तरफ़ से बैठ गई। ''आज तुम चलाओगी।''

''मेरे पास लाइसेन्स नहीं है।''

''तब तो चालान कर तुम्हे सीधे जेल में डाल दिया जाएगा। शरण को फोन कर दूँ? पकड़वा देगा।'' बहुत दिनों बाद प्रिया खिलखिला कर हँसी। तेज रफ़्तार से कार चलाना प्रिया की कमजोरी थी अतः यशोदीप उसे अकेले चलाने नही देतें। न उसका लाइसेन्स बनवातें। प्रिया के मनःस्थिती को अनुकूल तेज गती से उसने कार कमिश्नर बंगले से बाहर निकाली। संत्री घबराकर रास्ते से हट गया। शिल्पा प्रिया की तेज ड्राइविंग से जरा भी विचलित नही हुई। दोनो ने चाट खाई, जलेबी खाई और समोसा पैक करवाकर थिएटर में बैठ गई। कलेक्टर साहिबा के लिए पिछे की लाइन खाली कर दी गई थी। पिक्चर शुरू हो गई थी और हीरो हीरोइन कुछ बेतके संवाद फूहड़ता से बोल रहे थे। ''राम-राम। लगता

है इससे तो घर जाना अच्छा।" शिल्पा माथा पकड़ कर बोली। "सच दीदी, चलिए। पिक्चर है या मुसिबत!"

वे लोग शिल्पा के बँगले पर आ गई। "आज मेरे साथ रुकोगी? अम्मा से कह देती हूँ।" प्रिया को शिल्पा का साथ अच्छा लगता था। वो मान गई। शिल्पा ने स्वयं कॉफी बनाई और दोनों बगीचे में टहलने लगी। "आप थकी नहीं दीदी? इतना काम, फिर घुमना-फिरना और अब चहलकदमी।"

"अरे यही तो मेरा पसंदीदा आराम है। वैसे राज की बात बताऊँ? काम ही मेरा आराम है। मुझे मजा आता है कलेक्टरी के काम काज में। ये सब तुम्हारे पापा की ट्रेनिंग है। मेरी पहली पोस्टींग उनके अधीन हुई थी और अब फिर उनके साथ हूँ। हूँ न नसीबों वाली?"

"आ गई बात फिर पापा पर"

उसके सिर पर प्यार से हल्की चपत मारते हुए शिल्पा ने उसे भीतर चलने को कहा। नाम की तरह शिल्पा का शयन कक्ष किसी शिल्प से कम नहीं था। कमरे की हल्की, दबी सी रंगसंगती में फर्नीचर घुल-सा गया था। वहाँ की हर वस्तु सुकुनदेह थी। पूरा कक्ष राहतभरी लोरी गा रहा हो ऐसा लगता था। शिल्पा का ढीला-ढाला नाइट ड्रेस प्रिया को आरामदेह लग रहा था। "सो तो नही गई प्रिया?"

"न दीदी। आपका कमरा देख रही हूँ। जितने बार देखती हूँ चकित रह जाती हूँ आपकी कलादृष्टी से।"

"सच तो ये है कि यह सब प्रवीण की देन है। डॉक्टर होकर भी वह गजब की कलादृष्टी रखते हैं।"

"उनके बारे में आप इतनी सहजता से कैसे बात कर सकती हैं? जैसे प्रवीण नही, कोई त्रयस्थ हो!"

"त्रयस्थ तो नही लेकिन वे मेरा अतीत है। प्रिया, जिन्दगी को इतनी संगीनता से भी नही जीना चाहिए की सारी सुरावट बेसूरी हो जाए। अपना तन और मन हवा की तरह तरल रखो। उसे सारे सुराखों से बहने के लिए खुला छोड़ दो। बाँधो मत।"

"मतलब?"

"वीणा की एक ही तार जिन्दगी नहीं होती। पूरी वीणा छेड़ो। संगीत की ओर बढ़ो। बाँसुरी में सात सुराख होते हैं। सातों में प्राण फूँकने से संगीत निर्मित होता है। एक ही सूर पकड़ कर नीरसता क्यों निर्मित करें?"

"अब मुश्किल है। मेरी संपूर्ण जिन्दगी मेरे पिता में सिमटी रही। और कुछ कभी मिला ही नही। न अम्मा, न भाई न रिश्तेदार न सहेली साथी। आँखें खुलती तो पापा को देखती। बंद करती तो आखरी चेहरा उनका होता। अब सोचती हूँ तो घबराती हूँ। मुझे किसी और की चाहत न रहना विचित्र जान पड़ता है। मेरे कभी कोई दोस्त नहीं बने। दादा दूर चले गए। अम्मा ने अपना आँचल खींच लिया। क्यों हुआ ऐसा? मेरे पापा मेरे हैं इतने में ही मैने सन्तोष करना सीख लिया। पापा का मेरे अतिरिक्त भी कहीं और मन लगा हुआ है इस सत्य को मैंने अपने से दूर रखा। कई बार लगता था पापा कुछ कहना चाहते हैं। लेकिन मैंने कभी पूछा नही। शायद डर था की जानने से उन्हें खो बैठूँगी। उस रात किसी मंत्रमुग्ध भूत की तरह चल दी उनके पीछे और रिश्तों पर का नकाब उठते देखा। पापा को उस महिला का सिर गोद में रखकर बच्चों के समान बिलखते देखा। उस युवती को पापा से लिपटकर रोते देखा। मैं उस प्रसंग के एकदम बाहर खड़ी थी। मेरा कोई संबंध नहीं था उस घटना से। अचानक मैं धँस गई दलदल में। वर्तमान की दलदल, अतीत की दलदल और भविष्य उसमें दफन होता नज़र आया। पापा से कुछ पूछने का विचार मात्र मुझे शर्मसार कर देता है और न पूछूँ तो मन पर

बोझ बनते प्रश्न।''

''हर प्रश्न का उत्तर पाना जिन्दगी का एकमात्र लक्ष्य नही हो सकता। हम सब अपनी अपनी सोच के कैदी होते हैं। तुम्हारी अम्मा ने एक जेल अपने लिए बना लिया। एकदम खिड़की भी बंद कर ली की तुम झाँक भी न सको। तुम्हारे पापा ने तुम्हें ही अपनी बन्दीशाला बना लिया!''

''दीदी....।''

''और क्या कहूँ? ममता की दिवारें इस कदर ऊँची कर दिये कि तुम समझ न सकी की दिवारों के पार जाया जा सकता है। अब वे तुम्हारे पंखो को उड़ान का हौसला देना चाहते हैं। चाहते हैं दिवारों के पार तुम उड़कर जाओ।''

''और मैं पार नही जा सकती। परों को बल देने का समय निकल गया।'' उदास स्वर में प्रिया ने कहा।

उसे झकझोरते हुए शिल्पा ने कहा, ''मत कहो ऐसी डरावनी बातें। प्रिया, पापा से बात करो। किसी एक को कदम बढ़ाना पड़ता है। तुम जानती हो न हमारी बात? प्रवीण बहुत सुलझे हुए और धीर-गम्भीर इन्सान हैं। फिर भी बात करने का साहस मुझे दिखाना पड़ा। नामी डॉक्टर है। हमारा बेटा है जिसे तुम्हारे परिवार ने ही आरंभ के दिनों में पाला। मेरे पिता शादी के खिलाफ़ थे। जानते थे न मुझे? कहते थे मत पड़ो इस चक्कर में। निभा नहीं सकोगी। मैंने प्रवीण से स्पष्ट रूप से कहा था की मैं कभी अपनी नौकरी नहीं छोडूँगी, न बदलूँगी। वे एक स्थान पर रहकर प्रैक्टीस करना चाहते थे और मेरा उनके साथ हर समय रहना असम्भव था। प्रवीण के माता-पिता भी विवाह को लेकर खुश नहीं थे। मुझे बहुत चाहते थे लेकिन जानते थे बात बनेगी नही। लेकिन हम दोनों पर तो प्रेम का भूत सवार था, नचा रहा था हमें मदारी बनाकर।

खूब नाचे हम। मैंने तीन महिनों की छुट्टी ले ली। प्रवीण के साथ बम्बई में रही। उनके अस्पताल का नवीनीकरण एन्जॉय किया। एक दिन अचानक सर से मुलाकात वहीं पर हुई। उनके साथ वे थी। अत्यधिक / जानलेवा बीमारी के बावजूद उनमें कोई असाधारण बात थी। उनके डॉक्टर विदेश जाने से पहले प्रवीण को केस रेफर कर गए थे। उनकी रीढ़ की हड्डी का ऑपरेशन करना पड़ा। जटिल सर्जरी थी लेकिन तुम्हारे पापा को उन्होंने अपने पास रुकने नहीं दिया। उन आठ दस दिनों में मैंने उन्हें नजदीक से देखा। वह विलक्षण थी। सर को उन्होने मुक्त रखा। कहती थी मेरी बेटी को उनके परिवार ने स्वीकार कर लिया, अब उनसे मुझे दूर रहना चाहिए। सर से कहती थी आप न आया करें। मेरी छुट्टियाँ पूरी होते हीं मैं काम पर लौट गई। पेट में वरूण आ गया था। मैने अपनी प्रेग्नेन्सी का हर पल आनंद लिया। कोई परेशानी हुई नहीं। प्रवीण में आनेवाले बदलाव की सुगबुगाहट मैं धीरे-धीरे महसूस करने लगी थी। वह बात-बात पर अपनी डॉक्टरी मुझ पर लादते। मै तो रमता जोगी हूँ। प्रेग्नेन्सी में भी रम गइ। वरुण का जन्म भी कितनी सहजता से हुआ। महाशय तीन सप्ताह पहले इस दुनिया में पधारें! मैं दौरे पर थी कि पेन्स आने लगे। ब्लॉक अस्पताल में, वगैर किसी तामझाम के दाई ने मेरी डिलिवरी संपन्न कराई। चन्द घंटों में मैं शहर लौट भी आयी। अस्पताल के कपड़ों में बच्चा अपना स्वस्थ अस्तित्व रो-रो जाहिर कर रहा था और मैं आराम फ़रमा रही थी कि अम्मा आ धमकी। मेरी पोस्टिंग फिर एक बार तुम्हारे पापा के अधीन थी। खूब डाँट फटकार हुई और उनकी तीमारदारी शुरू हुई। इस घटना पर प्रवीण का रवैय्या तीखा था। अपने बच्चे के जन्म की कहानी ने उन्हे सोच विचार में डाल दिया। सुसज्जित नर्सिंग होम के स्वामी, बम्बई के सुप्रसिद्ध डॉक्टर प्रवीण के प्रथम पुत्र का जन्म एक अति साधारण सरकारी दवाखाने में हुआ, इस

साधारण-सी बात को उन्होंने असाधारण महत्त्व दिया। मुझे और सद्यःजात बच्चे को लेने पहुँच गए। बम्बई में हम दोनों पर क्या-क्या ईलाज किये। मैं और मेरा वरुण निसर्गदत्त स्वस्थ प्राणी थे। मुझे लगा हम दोनों उनकी तीमारदारी से बीमार हो जाऐंगे। तीन महिनों तक किसी प्रकार उनका मन रखने सब नाज़ नखरे सहें। फिर छुट्टी समाप्ति का कारण बताकर लौट आयी। अगले तीन महीने विवाद में बीते और एक दिन उन्होंने साफ़ शब्दों में मुझे रिज़ाईन करने को कहा। वरुण इतना स्वस्थ बच्चा था। उसे मैं दौरे के समय साथ रखती थी और बाकी वक्त अम्मा और कमिश्नर सर कितनी हिफ़ाजत से उसे रखते थे इसका गवाह सारा शहर है। फिर भी बात बिगड़ती गई। तुम्हारे घर में बच्चे का रहना प्रवीण को पसंद नही था और मेरा दौरे पर उसे ले जाना भी उन्हें नामंजूर था। वह इस पॅरोनीया के शिकार हो गए की उनका बच्चा किसी जानलेवा बीमारी से ग्रस्त हो जाएगा। कहाँ तो घंटों तक हम फोन पर प्रेम का राग अलापते थे और अब बस बहस, आरोप-प्रत्यारोप, झगड़ा फ़साद। मेरे काम पर इस का विपरीत असर पड़ते देख सर ने खुद प्रवीण से बात की लेकिन वे और नाराज हो गए। फिर एक रात मैने शांति से सोचा। और मैने सोचा बच्चा उनका भी तो है। मेरा संगोपन का ढंग उन्हे मंजूर नही। मै कभी नौकरी छोडूँगी नहीं। हो सकता है वे मुझसे अधिक कारसाज पालक बनें। मैने उनसे बहुत गहन चर्चा की और मेरी समझ में आ गया ये आर-पार की लड़ाई है। वे चाहते हैं मैं केवल माँ और पत्नी की भूमिका में रह कर बम्बई में रहूँ। या फिर.... हमारे रास्ते विलग हो जाएँ। उनकी पहली बात स्वीकारना मेरे लिए सम्भव नही था। अंततः विच्छेद का मार्ग ही बचा। तलाक के बाद वरुण कानूनन मेरे पास रहता। लेकिन मैंने प्रवीण को वरुण देने का फैसला कर लिया। मैने उनसे निःशर्त प्रेम किया था। मैं उनके लिए कैरियर नही छोड़ सकती

थी। लेकिन बच्चा समान रूप से दोनों का था। मै जितना वरुण को चाहती थी उतना ही वे चाहते थे। यदि बच्चा मेरे पास रह सकता था तो उनके पास क्यों नहीं? मैंने केवल इतनी शर्त रखी की मिसराइन उसके साथ रहेंगी। वरुण को माता पिता का पूरा लाड दुलार मिल गया। मिसराइन बताती हैं उनकी दूसरी पत्नी घरेलू महिला हैं। बड़ी ममता से लालन-पालन कर रही हैं। उसका बच्चा हुआ नहीं लेकिन वह वरुण को ही अपना सगा बेटा मानती हैं। सब कुशल मंगल है। वरुण से मैं नही मिलती। उसके मन में दुविधा क्यों पैदा करूँ?''

''लेकिन बड़ा होगा तब सोचेगा। दुःखी होगा। क्यों माँ ने मेरा त्याग किया?''

''या फिर सोचेगा, क्यों माँ ने मेरे पिता को छोड़ दिया? पिता को दूर किया मुझसे? किसी एक को तो खोना ही था उसे। पिता का साया उस पर है यही मेरे लिए अधिक महत्वपूर्ण है। जिनता प्यार मैं उसे करती हूँ, प्रवीण भी करते हैं। उन्हें हक था उसे पाने का। ये मेरे किस्से कहानियाँ तुम जानती तो हो। फिर भी समग्रता से समझ सकों इसलिए सुनाया तुम्हें। इसलिये भी कि तुम जान जाओ, मात्र कुछ घटनाएँ हमारा सारा जीवन नही होती। प्रिय-अप्रिय घटनाएँ जीवन का एक हिस्सा मात्र होती हैं, संपूर्ण जीवन नही। इस बात को अच्छी तरह समझ लो।''

''वरुण से कभी न मिलोगी?''

''नेव्हर''

''नेव्हर से आपको घबराहट नहीं होती? मैंने कहीं पढ़ा था, 'नेव्हर इज अ लाँग-लाँग टाइम, नेव्हर से नेव्हर'...''

''नेव्हर मेरा मार्ग है, वरुण कुछ और सोच सकता है। बड़ा होने के बाद मिलना चाहे जन्मदात्री से तो उसकी मर्जी। फिलहाल मैं प्रवीण

और उनकी पत्नी के लिए या मेरे लिए बेकार की उलझनें पैदा नहीं करना चाहती।''

''आपकी तत्वनिष्ठा और साहस के कारण आप इतना निःस्वार्थ और स्वस्थ निर्णय ले सकीं। मैं आपका सम्मान करती हूँ... और अधिक।''

''थैंक्यू प्रिया। मुझे समझने के लिए। मेरे माता-पिता सोचते हैं की मेरा निर्णय मेरे स्वार्थ का परिणाम है। मेरा कैरियर, मेरी नौकरी, मेरा जिम्मेदारी से पलायन और न जाने कितना कुछ। सोचतें है मैंने वरुण से पीछा छुड़ाया। माँ अपने बच्चे को खोकर क्षत विक्षत हो जाती है यह बात वे समझते नही हैं। वरुण का लालन-पालन न कर सकने का अफ़सोस क्या मुझे नही है? क्या मैं प्रवीण जैसी या थोड़ी अधिक ही सक्षम नही हूँ? पता है प्रिया, मुझे रात-बेरात अभी भी वरुण की किलकारियाँ सुनाई पड़ती हैं। उसके रोने की आवाज मेरे हृदय को निचोड़ती हैं वेदना से। भूल जाती हूँ वह बड़ा हो गया है और मेरे घर में नही है। पागल-सी हो जाती हूँ। घर की दीवारों से सिर टकराने लगता है। फिर याद करती हूँ वह जंगल में थोड़े न है! अपने ही घर में है। वह घर मेरा नही हो सका मेरी अपनी मान्यताओं के कारण। लेकिन उसका हो सका। सच कहूँ प्रिया? घर पिता से बनता है। मातृत्व की महिमा तो है लेकिन पितृत्व भी कम नहीं। तुम याद करो तुम्हारे प्रद्युत दादा को, कैसी प्यासी आँखों से देखता था अपने पिता को! एक घर में होकर भी तरसता था उनके स्पर्श को। फिर जीवन में कुछ पाना है तो कुछ खोना पड़ता है। मुझे जो पाना था उसकी कीमत मैंने वरुण को खोकर चुकाई।''

कुछ समय तक निःशब्दता छाई रही। फिर प्रिया ने पूछ ही लिया, ''आप शरण को पसंद करती हैं? विवाह करेंगी उससे?''

"पसंद, चाहत, जरूरत कहने को अलग-अलग अर्थ वाले शब्द हैं लेकिन भेद की रेखाएँ महीन हैं। मुझे भी अकेलेपन से कभी-कभी परेशानी होती है। जीवनसाथी की चाहत तो है। लेकिन फिर वही 'किस्सा शादी का' हो जाएगा।.... शरण ठहरे मातृभक्त! उसकी माँ मुझे कम और मेरे पद प्रतिष्ठा को अधिक चाहती हैं। शायद सोचती होंगी तलाकशुदा होने के कारण मैं उनके एहसानों तले दब जाऊँगी। आदर्श आज्ञाकारी बहू बनूँगी। मै ठहरी फ़क्कड मनचली। बात न बनेगी। फिर शरण जानता है शिल्पा अवस्थी किस मुसीबत का नाम है! क्यों बाँध लेगा गले?"

"तो फिर आप दोनों?"

"प्रिया-प्रिया... समय वैसे सब रिश्ते बहा देता है बहना। हमें काल प्रवाह के किनारे पर पाँव मजबूती से रोककर खड़े रहना है। बहना नहीं है। रिश्तों को बह जाने दो, हम खड़े रहें।"

"किनारे पर खड़े रहकर रिश्तों को बहने से न रोक सकूँ यह स्थिति मुझे भयावह लगती है दीदी। मेरे लिए रिश्ते पत्थर पर लकीर जैसे हैं। खड़े रहकर उन्हें बहते देखना मुझसे न होगा। मैं प्रवाह में कूदकर या तो रिश्तों को बहने से रोकूँगी या बह जाऊँगी धारा में।"

प्रिया का आक्रोश रुलाई में फूट पड़ा। "ऐसा कभी न करना प्रिया। जीवन से अधिक मूल्यवान कुछ भी नहीं होता। वचन दो, अपने आप को बहने न दोगी।" प्रिया का हाथ शिल्पा ने अपने सिर पर रखा। आसुँओं के बीच से आश्चर्य भरी आँखों से शिल्पा को देखते हुए प्रिया ने रोना भूलकर कहा, "आप गलत सोच रही हैं। पापा ने मुझे बन्दूक चलाना सिखाया शिकार खेलने के लिए। मै दूसरे पर गोली चला सकती हूँ, अपने पर नही।"

"गुड गर्ल। अच्छा शिकारिनी महोदया अब सोया जाय?"

आदत के अनुसार शिल्पा तुरन्त गहरी नींद सो गई। प्रिया नही सो सकी। उसे याद आने लगा जिले से सुदूर पहाड़ी इलाके का घना जंगल और वनांचल से बहती नदी सुदर्शना। काले पत्थरों का उबड़-खाबड़ तीर दोनों ओर। हरे वृक्षों का प्रतिबिम्बित रंग लिए भीतर समाया हरा नीर। और नीरव शांति। केवल वन की धीर गम्भीर आवाज बीच-बीच में ललकारती, दहाड़ती। नदी पर ब्रिटिशों के जमाने का बाँध था। वहीं टीले पर उसी जमाने का फौरेस्ट रेस्ट हाउस बना हुआ था। यशोदीप वहाँ रहना पसंद करते थे। आस-पास का दौरा हो तो यथासंभव प्रिया को साथ ले जाते। बाँध और बँगला दोनों ही बरसाती हवा पानी से टक्कर लेने में सक्षम थे। जंगल में शेर, चीता, जंगली भैंसा इस प्रकार के जीव अभी आबाद थे। किसी जमाने में शिकार के शौकिन कमिश्नर यशोदीप अब केवल सुरक्षा के उद्देश्य से अपनी बंदूक साथ रखकर जंगल घूमते। प्रिया अपनी बंदूक साथ लेकर पिता के वनभ्रमण में सहभागी होती। चीतल, मोर, जंगली सुअर, और अन्य वन्य जीव तब काफ़ी मात्रा में थे। शिकार पर प्रतिबंध होने के बावजूद जानवर मारे जाते थे। कार्य की माँग हो तो शिल्पा और शरण साथ जाते। यशोदीप फौरेस्ट बँगले के बरामदे में बिस्तरा लगाकर सोते। चौकीदार, फौरेस्ट गार्ड की आपत्तियों को, आयाबाई के भला बुरा कहने को अपनी जादुई मुस्कान से नेस्तनाबूद करते हुए वे आराम की नींद सोते। भीतर आयाबाई प्रिया से शिकायत करती, "किसी दिन अनहोनी हो जावेगी। क्या मुँह लेकर ठकुराईन के पास जाऊँगी तब। ऐसा बाप देखा नहीं हमने जो लड़की को जंगल में शेर-भालूओं के बीच झोंकने पर उतारू हो जावे हैं।" प्रिया का बस चलता तो वह भी बरामदे में सोती लेकिन आयाबाई और अम्मा तब उसे कभी ठाकुर साहब के साथ जाने न देती। रात को अलाव देर तक जलता। जंगली सियार, कुत्ते बँगले के पास आकर विचित्र आवाजों में भौंकते, चिल्लाते। कभी कभार शेर की दहाड़ सुनाई देती लेकिन पिता

पुत्री ऐसे सोते जैसे कोई लोरी सुना रहा हो। उस बार शिल्पा की मिटिंग देर रात तक नीचे की बस्ती में चली। शरण का उसी इलाके में दौरा था। अतः वे दोनों वहीं रुक गए। शिल्पा चाहती थी प्रिया उसके साथ जाए लेकिन प्रिया फौरेस्ट रेस्ट हाउस का मोह संवरण नही कर सकी। दूसरे दिन लौटते समय उसने महसूस किया शिल्पा का चेहरा ओंस में भीगे गुलाब फूल की तरह खिला-खिला है। शरण धीरे-धीरे सीटी बजा रहा था। यशोदीप को देखते ही चुप हो गया और गंभीर मुद्रा बनाकर बोला, "शुभ प्रभात सर।" यशोदीप मुस्कुराएँ.... जैसे शरण के किसी रहस्य के सहभागी हो।

"दीदी कितनी फ्रेश लग रही हो। सही में काम ही आप का टॉनिक है।" प्रिया के इस वक्तव्य पर लापरवाही से शिल्पा ने कहा, "जब डॉक्टर बन जाओगी, मेरे काम में हाथ बटाओगी न? नही तो पीटूँगी कान खीच कर।" शिल्पा ने प्यार से प्रिया का कान मरोड़ा।

"करुँगी कलेक्टर साहिबा। कितना टॉर्चर करेंगी अभियुक्त को?"

दोनों खुलकर खूब हँसीं और शिल्पा की जिप्सी में जा बैठी। गनमैन और ड्राइवर की परवाह किये बिना शिल्पा गुनगुनाने लगी, "शाम सुन्दरऽऽ बनमालीऽऽऽ".... खमाज की रस भरी बंदिश थी। शिल्पा की शहद से घुली आवाज से सब खटके, मुरकियाँ सहजता से निकल रही थी। प्रिया लुब्ध होकर सुनने लगी। और उसे याद आया उसका अपना संगीत अध्ययन। पिता शास्त्रीय संगीत के मर्मज्ञ थे। उन्होने प्रिया को संगीत सिखाने की जितनी कोशिश की प्रिया संगीत से उतनी ही दूर भागी। एक बार यशोदीप ऑफिस से लौटे तो देखा प्रिया अपने पलंग पर बैठी है और कहानी की किताब जोर-जोर से पढ़ रही है। नीचे बैठक पर मास्टर जी विराजमान हैं और तानपूरा छेड़ते हुए पलटे रट रहे हैं।

"मास्टर जी और जोर से गाईये। ये क्या मिन-मिन लगा रखी है।" प्रिया उद्दंडता से बोली। मास्टर जी यशोदीप के प्रशंसक थे और शास्त्रीय संगीत के पुजारी। उन्हे उम्मीद थी किसी दिन प्रिया का रवैय्या बदलेगा और वह संगीत सीखने लगेगी। बेचारे शांतिपूर्वक गाते रहे। उस दृश्य को देखकर यशोदीप खिन्नता से बोले, "ये क्या हो रहा है बिटवा?"

"आज यही सब होगा।" प्रिया ने किताब फेंक दी और सिर पर से चद्दर ओढ़ ली। क़मिश्नर साहब ने मास्टर जी से माफ़ी माँगी, उन्हे ससम्मान बिदा किया और प्रिया का कान मरोड़ते हुए उसे बिस्तरे से उठने का आदेश दिया। "गुरु से बदतमिजि न करना फिर कभी। इसकी माफ़ी नही मिलेगी बिटवा।"

"हमने कहा था आपसे हम नही सीखेंगे गाना। आप जबरदस्ती क्यों किए? पापा छोड़िये हमें। दर्द हो रहा है।" बेटी के तरफ़ देखकर वे मुस्कुराए बिना न रहे सके लेकिन लाडली ने सबक सीख लिया। गुरुजनों का निरादर पापा बरदाश्त नही करेंगे। संगीत के मास्टर जी को उन्होने आने से मना कर दिया। पिता की निराशा देखकर प्रिया का मन अस्वस्थ हुआ। उसने निश्चय कर लिया वह संगीत अवश्य सीखेगी। कुछ दिन पश्चात कमिश्नर साहब कार्यालय से लौटे तो हैरान रह गए। किशोरी आमोणकर की तरल लचीली आवाज प्रिया के कमरे में गूँज रही थी। सुमधुर सुर मल्हार की उमड़ती स्वर लहरियाँ गरज बरस रही थी और प्रिया एकचित्त होकर उनके सुर में सुर मिलाने का प्रयास कर रही थी। दूसरे ही दिन मास्टर जी को बुलावा भेजा गया। प्रिया लगन से शास्त्रीय संगीत सीखने लगी। फिर भी, ईश्वर प्रदत्त सुमधुर कण्ठ न होने के कारण उसे बहुत मेहनत करनी पड़ी। और इधर यह शिल्पा दी है। संगीत सीखी नही लेकिन पूर्वजन्म की स्वर साधना लेकर इस जन्म में

आयी हैं। जब तान छेड़ती हैं, मन नादलुब्ध होकर डोलने लगता है। "श्याम सुन्दरऽऽऽ बनमाऽऽ ली।" बेचारा ड्राइवर एकदम गंभीर मुद्रा बनाकर, रास्ते पर नजरें गड़ाएँ जिप्सी चला रहा था। पीछे बैठा गनमैन आगे झुककर कोशिश कर रहा था कि वह शिल्पा को सुन सके और पकड़ाए जाने के डर से उसका चेहरा सकपकाया हुआ था। उस क्षण एकाएक उसको यह खयाल पक्का हो गया की शिल्पा और शरण में कोई गहरा संबंध अवश्य है। शिल्पा का वह खिला-खिला चेहरा..., शरण का हल्का-हल्का सीटी बजाना, यशोदीप की रहस्य भरी मुसकान! उस प्रसंग को याद करके प्रिया सिहर उठी। पापा चाहते हैं ऐसी स्थिति के रहते हुए मैं शरण से विवाह करूँ। शरण स्वयं विवाह संस्था का विरोधी था। फिर भी मेरी जिंदगी को पापा दाँव पर क्यों लगाना चाहते हैं? प्रिया के पास इस प्रश्न का उत्तर नहीं था। अपने जीवनसाथी में बेवफ़ाई या तत्सम कोई अन्य दुगुर्ण सहने वालों में से प्रिया नहीं थी। चाहे प्रश्न एक रात का हो या हजार रातों का। प्रवंचना वह बरदाश्त नहीं कर पाएंगी। या तो उसे मार डालेगी या खुद मर जाएगी। अपनों को लेकर वह बहुत अधिक पजेसिव है। नही बाँट सकती अपनों को किसी के साथ। वैसा मौका जिन्दगी ने कभी दिया ही नही। अब अचानक उससे उम्मीद की जा रही है, पापा को बाँट ले, शरण को बाँट ले। क्यों करे वह यह बँटवारा? उसने शिल्पा को गाढ़ी नींद में सोते देखा और प्रेम से उसके बिखरे बालों को सहलाया। "आप बेमिसाल हो शिल्पा दी। लेकिन मैं आप से अलग हूँ। आप सहज, स्वाभाविक हैं। सही भी है। मै पैदाइशी असहज, अस्वाभाविक हूँ। लेकिन गलत नही हूँ। क्षमा करिए। बगैर बताएँ जा रही हूँ।" प्रिया ने घड़ी देखी। प्रातः के चार बजने वाले थे। वह चुपचाप उठी और कमरे से बाहर सो रही नौकरानी को जगाकर बोली, "अम्मा दरवाजा बंद कर लो।"

"बेबी, कहाँ जा रही हो?" नौकरानी ने घबराकर पूछा।

"हमारी ड्यूटी है अस्पताल में। दीदी जानती है।" कहते हुए प्रिया बाहर निकल गई और शिल्पा की फिएट लेकर गेट की ओर बढ़ गई। गार्ड को गेट खोलने का आदेश देकर वह मुख्य मार्ग पर आ गई। सुबह शिल्पा की चाय लेकर कमरे में आइ नौकरानी ने डरते हुए प्रिया के चले जाने का समाचार उसे सुनाया। "हाँ। जानती हूँ। बेबी की ड्यूटी है।"

शरण वर्दी पहन रहा था कि शिल्पा का फोन आ गया। रात गए पास वाले गाँव में एक युवती का नाले में पड़ा मृतदेह मिला था। पिछले तीन दिनों से शहर के नामी परिवार की युवा लड़की गायब थी। देह मिलने की ख़बर पुलिस तक आई तभी शरण समझ गया था की उसी युवती की होगी। परिवार की प्रतिष्ठा को देखते हुए निकट भविष्य में आने वाले राजनीतिक दबाव तथा सामाजिक प्रतिक्रियाएँ तीखी होती ये निश्चित था। प्रेस का दबाव भी निरंतर बना रहता। लेकिन ऐसी स्थितियों के योग्य समीकरण बैठाने का वह अभ्यस्त हो चुका था। इनसे उत्पन्न दबावों से स्वयं को निर्लिप्त रखना वह सीख गया था। लड़की के परिवार के युवक झगड़ा फ़साद खड़ा करने में माहिर थे। पूर्व अनुभव से शरण जानता था मामला ऑनर किलिंग का होगा और हत्या के पीछे कोई प्रेम प्रकरण होगा। जिस किसी अभागी परिवार से युवती का प्रेमी रहा होगा उस परिवार की तो अब खैर नही थी। गुनहगार सर ऊँचाकर के बेगुनाह को दोषी करार देंगे। पुलिस प्रशासन अपनी सारी ऊर्जा लीपापोती में झोंकेगा। चाहकर भी शरण उस अभागे लड़के की कोई सहायता नहीं कर सकेगा। शिल्पा जैसी बाल की खाल निकालने वाली सक्षम अधिकारी भी अंततः प्रशासनिक कूटनीति पर बलि चढ़ जाएगी। एक ओर उसे अपने वरिष्ठों को मिनिट-टू-मिनिट जानकारी देनी होगी। दूसरी ओर प्रेस, राजनायकों तथा सामाजिक संगठनों को संतोषजनक उत्तर देने होंगे।

शरण की जिप्सी जैसे ही चीरघर पहुँची प्रेस वाले उसे घेरने लगे। अनुभवी पुलिस जवानों ने चालाकी से युवती के परिवारवालों के पास अपने वरिष्ठ को पहुँचा दिया। गहमागहमी के बीच प्रसंग पर अपनी मजबूत पकड़ शरण ने बनाइ रखी और डॉक्टरों के बाहर आने की प्रतीक्षा करने लगा। जैसे ही युवती की चद्दर में लिपटी मृतदेह को बाहर लाया गया भीड़ को चीरते हुए एक दुबला पतला युवक उस पर गिर पड़ा। उसकी मर्मान्तक चीख से वातावरण दहल गया। उसी क्षण लड़की का परिवार युवक पर टूट पड़ा और लातों घूसों से उसे बेरहमी से कुचल डाला। पुलिस का महकमा हरकत में आता इससे पहले ही किसी ने चाकू से उस पर प्राणान्तक वार किया। अपने बेकाबू गुस्से पर नियंत्रण रखकर शरण ने निमिष मात्र में हल्लाखोर युवक को दबोच लिया। घायल लड़के को जीप में डालकर कुछ पुलिसवाले अस्पताल की ओर चल पड़े पकड़े गए युवक को मारती-पीटती पुलिस थाने ले जाने लगी। शरण ने इशारे से युवक को मारने से उन्हे मना किया। युवती के परिवार के अन्य लोग शरण से पुलिस की मारपीट को लेकर लड़ने लगे। शरण ने ताबड़तोब अधिक पुलिस फोर्स मँगाई और शिल्पा को रेडियो संदेश भेजा। घायल युवक के परिजन बड़ी संख्या में सरकारी अस्पताल में एकत्रित होंने लगे थे। पुलिस के अन्य वरिष्ठ अधिकारी भी दोंनों स्थानों पर पहुँचने लगे थे। दस मिनटों के भीतर शिल्पा स्वयम् अस्पताल पहुँच गई। लड़के की मौत हो चुकी थी परन्तु डॉक्टरों ने एलान नहीं किया था। चीरघर और अस्पताल, दोनों ही के परिवेष अति संवेदनशील बन चुके थे। ऐसे ही नाजुक स्थितियों को नियंत्रित कर उन पर विजय पाने हेतु उसने प्रशिक्षण पाया था। आज उसकी सारी प्रशासनिक कुशलता दाँव पर लगी थी। शरण ने अपने संयत व्यवहार को त्यागकर युवती के परिजनों के साथ आक्रामक तेवर अपनाए। पुलिस की लॉरी में उसकी देह को

रखवाकर उसने उन्हे अविलंब दाह संस्कार हेतु रवाना होने को विवश किया। परिवार वालों ने रस्मों रिवाजों की दुहाई दी तब उसने कठोर होकर कहा, ''तब आप लोग स्वयं जिम्मा लें। पुलिस की सहायता चाहिए तो मेरी राय से काम करें।'' बिगड़ती हुई स्थितियों का अंदेशा पाकर परिवार के बुजुर्गों ने पुलिस की बात मान ली। शरण ने इन्स्पेक्टर को आवश्यक दिशा निर्देश दिए और अस्पताल की ओर दौड़ा। तब तक लड़के की मृत्यु का एलान कर दिया गया था। पूरा वातावरण चीख पुकार से गमगीन था। फिर एक बार चीर घर का चक्कर! बेकाबू भीड़ की जोर जबरदस्ती...! वही समझाना, मनाना। दाह संस्कार को लेकर गणित बैठाना।

''आप बढ़िये मॅडम, अब मै यही हूँ।'' उसने शिल्पा को वहाँ से रवाना किया। गाड़ी में बैठी शिल्पा सोच रही थी यह घटना तो मात्र एक छोटी - सी परीक्षा थी। कई और समस्याएँ अपना राक्षसी जबड़ा फैलाए आतुर बैठी थी। उस जबड़े को बंद करने के लिए रोज कोई - न कोई उपाय-खोजना पड़ता है... फिर भी जबड़ा फैलता ही जाता है। जाने कब मुझे ही निगल ले!

वरिष्ठ पुलिस अधिकारियों की बात को मान मृत युवक के परिजनों ने शांतीपूर्वक न्यायिक प्रणाली अपनाने की सलाह मान ली। रोजमर्रा की जीवन मूलक परेशानियों के रहते लड़के की मौत का दुःख दर किनार करने के अतिरिक्त उनके पास कोई और चारा नहीं था। फिर शरण ने परिवार में से किसी एक को सरकारी नौकरी दिलाने का वादा किया। इस प्रकार की सौगातों के आगे झुकने के सिवाय कोई अन्य उपाय उनके पास नहीं था। अपराधी युवक दो-चार दिनों तक पुलिस हिरासत में रहता। कोई उसका बाल भी बाँका नहीं कर सकता। फिर जमानत पर छूट जाता। सीना तानकर सिरजोरी करता, सब मूकदर्शक बने रहते।

एक घिसी-पिटी ध्वनी मुद्रिका की तरह प्रशासनिक प्रक्रियाएँ चलती रहती! काबिलता के गुणगान होते। काबिल कमिश्नर यशोदीप, काबिल कलेक्टर शिल्पा, काबिल एस. पी. शरण! इतनी काबिलियत होने के बावजूद कुछ नही बदला अभी। न न्यायिक प्रक्रियाएँ, न प्रशासनिक प्रक्रियाएँ और न सामाजिक क्रौर्य। शरण को पक्का विश्वास है, इस विश्व में सबल निर्बल पर शासन करता है। बलवान बलहीन का न्याय करता है। बल गुण है। और बलहीनता अवगुण।

"सर आप चलिए अब। हम लोग हैं"। सिनियर सब इन्पेक्टर की बात को तत्काल मानकर और आवश्यक सूचनाएँ देकर शरण जिप्सी में जाकर बैठ गया। सुबह से अब तक भोजन, चाय वह सब भूल गया था। अब उसे सख्त सिर दर्द होने लगा। घर से उसने खाना मँगवा लिया और कार्यालय की ओर रुख किया। सतह पर वातावरण आलबेल लग रहा था किन्तु भीतर ज्वालामुखी धधक रहा हो इसकी पूरी संभावना थी। शरण ऐसी सभी खतरनाक संभावनाओं के पर काट देना चाहता था अतः लड़के का पता लेकर वह उसकी ओर निकल पडा। असिस्टेंट को उसने मृतका के घर भेज कर सद्यस्थिती की आँखोंदेखी ख़बर उस तक पहुँचाने का निर्देश दिया। शरण जब वहाँ पहुंचा तब मृत युवक के घर में सन्नाटा था। शरण ने परिवार को सांत्वना दी और हर प्रकार की सहायता उन्हे दिलाने का फिर वादा किया। लड़के के भाई को दूसरे दिन दफ़्तर आने को कहते हुए नौकरी की बात पक्की करवा दी। शरण के बाहर आते-आते संध्याछाया अपने पाँव पसारने लगी थी। सवा छः बज चुके थे। क्लान्त शरण घर जाकर सीधे फ़व्वारे के नीचे खड़ा हो गया। शीतल जलधाराओं ने उसके तन मन को ठंडक पहुँचाई। बाहर लॉन में बैठी माँ से बातें करने के पश्चात वह क्लब गया। टेनिस के दो सेट खेलने के बाद उसका तन मन फिर चुस्त दुरूस्त हो गया। बहुत दिनों

बाद प्रियांजलि को क्लब में देखकर उसने कुछ उल्लास अनुभव किया। पिछले कई दिनों से वह क्लब से नदारद रही। शरण भीतर ही भीतर उसकी कमी महसूस कर रहा था। जाने अनजानें में कब प्रिया उसकी जिन्दगी का हिस्सा बन गई वह नही समझ सका। टेनिस की रैकेट पकड़ कर प्रिया कोर्ट से दूर चमेली के चँदवे तले बैठी थी। चमेली पूरे शबाब पर थी। अपनी मदमस्त सुगंध मस्ती से छिटक रही थी। उदास प्रिया प्रकृति के बहार से बेखबर शून्य में नज़र लगाए गुमसुम बैठी थी। वहाँ जाकर शरण ने कहा "हाय प्रिया।"

"बाय शरण।"

"प्रिया?"

"बाय बाय शरण"

शरण ने चाहा पकड़ कर उसे झकझोरे और ऐसी बेतुकी बात का अर्थ पूछे। प्रिया उसे देख रही थी लेकिन नज़र में खालीपन था। बोझिल क्षणों का भारीपन कम करने के उद्देश्य से शरण ने कोर्ट की ओर इशारा करते हुए पूछा, "खेलना नही है?" प्रिया उठकर कोर्ट पर चल दी। उसका कोई शॉट सही नहीं आया। जैसे बॉल देखती ही न हो!। "रहने दो। तुम्हें खेलना नहीं है। पगला गई हो"

प्रिया ने रैकेट फ़ेक दी और चेहरा हथेलियों से ढाँक लिया।

"क्या हो गया है तुम्हें? चलो बँगले पर। सिन्हा साहब देख रहे हैं। तुम्हारे पापा तक बढ़ा-चढ़ा कर ख़बर पहुँचा देंगे और मेरा कोर्ट मार्शल हो जाएगा।"

"कहीं और नहीं जा सकते? प्लीज चलो।"

"बेहद थका हुआ हूँ"

"उस लड़के का चेहरा..."

“प्रिया! माय गॉड! क्या तुम...”

“मरने से पहले उसने कहा हमें एक साथ जलाना।”

“और केवल तुम जानती हो! केवल तुम साक्षी हो! कितनी बड़ी मुसीबत से बचा लिया तुमने सबको! लड़के के घर वालों को पता चलता तो बवाल मच जाता। सही मायने में सर की बेटी हो। दोनों का एक साथ क्रिमेशन असंभव था। प्रियांजलि ठाकुर हॅट्स ऑफ टू यू!”

“चलें?”

“कहाँ जाय? अखबार वाले भेड़ियों जैसे ताक में बैठे हैं।”

“तब तो बँगले पर हीं चलें। पापा के कमरे में बैठ सकते हैं। वहाँ कोई आता नहीं।”

“कलेक्टर साहिबा अम्मा के पास होंगी।”

“दीदी? वे तो खुश होंगी जानकर की तुम्हें चाबुक दिखाने का मन मैने अंततः बना लिया।”

बँगले पर पहुँचकर प्रिया ने अम्मा से कह दिया कि वह शरण के साथ पिता के कमरे में बैठेगी और उन्हे आवश्यक बातें करनी है। अम्मा शिल्पा के बालों में कंघी कर रही थी। हौसला बढ़ानेवाली नज़रों से उसे देखते हुए शिल्पा ने ‘आगे बढ़ो’ जैसी बात इशारे से कही। पिता के कक्ष में आकर प्रिया ने दरवाजा बंद कर लिया। उसे छेड़ते हुए शरण ने शरारत भरे अंदाज से कहा, “कहो, इरादे नेक तो हैं?”

“हम पापा के कमरे में बैठे हैं और मैं शिल्पा नहीं हूँ।”

शरण चुप हो गया।

“अच्छा झगड़ा खत्म करते हैं। सॉरी। बताओ, तुम पापा के साथ बम्बई क्यों जाते थे?”

"अच्छा! तो पूछताछ होगी।"

"मै मर जाऊँगी शरण, अब सहा नहीं जाता। जानना ही मेरे जीवित रहने का संभाव्य उपाय है। प्लीज़ बताओ।"

प्रिया का उजड़ा चेहरा देखकर शरण भावुक हो गया। "इतनी परेशान न हो। बताता हूँ। यदि तुम्हे सुनकर चैन आए। वे लोग एक दम अलग थलग, अकेले थे। सर्वप्रिया की माँ को तुमने देखा न? असाध्य बीमारी के रहते भी सर का अपने साथ रहना वे पसंद नहीं करती थीं। मैं माध्यम बना, अति आवश्यक उन तक पहुँचाने का।"

"वर्दी पहन कर?"

"ओ गॉड! समय नहीं मिला बदलने का। किसलिए बाल की खाल निकाली जा रही है? ऐसे बेहुदे सवालों के उत्तर देने मेरे पास समय नहीं है, जा रहा हूँ।"

"प्लीज शरण, बताओ न! पापा ने क्यों किया वह सब?"

"इसका उत्तर मैं नहीं दे सकता। मुझे गर्व है की सर ने मुझे इतना अपना समझा। असहाय की सहायता करने का अवसर दिया। मैं महज सर का दूत बनकर गया लेकिन आत्मियता से बच नहीं सका। वे क्या थी मैं नही कह सकता। इतना ही कहूँगा, उनकी स्नेह आभा से शूचीर्भूत न होने का कोई उपाय नही था। ये सब बातें प्रकृति की मर्जी से होती है। प्रकृति की देन होती है। क्यों मत पूछो। पापा से इतनी सख्ती न करना प्रिया.. हम सब सामान्य लोग है। गलतियाँ कर सकते हैं। कभी कभी निहायत स्वकेंद्रीय बन जाते हैं। फिर भी हम एक-दूसरे को चाहते हैं। एक-दूसरे के लिए जीते हैं। इस चाहत का नाम ही जीवन है। तुम सिमटना मत किसी भी वेदना में प्रिया। सिमटना ठहराव है। और ठहराव का अर्थ है मौत। निरंतर बहना ही जीवन है। मेरे विचार से आज के लिए इतना डोज काफी है। क्यों डॉक्टर महोदया? चलें अब?"

"बड़ी जल्दी है तुम्हे जाने की। मेरी उलझनें ज्यों की त्यों हैं। दूसरों की सहायता करते फिरते हो, मैं कोई नहीं?"

शरण उठकर उसके पास आया। उसके हाथ अपने हाथों में थाम कर मृदुल स्वर से बोला,

"भूल जाओ उस रात को। भूल जाओ न। बख्श दो उन सबको मेरी जान।"

"मेरी जान? क्या एक दम पगला गए हो?"

हँसते हुए शरण ने कहा, "चलो, होश तो ठिकाने आए तुम्हारे!"

"शरण के बच्चे अभी मजा चखाती हूँ।' शरण तेजी से दरवाजा खोलते हुए बाहर की ओर भागा। उसका तन बदन थकावट से चूर हो रहा था। अभी माँ के प्रश्नों के उत्तर देने होंगे। प्रिया के साथ उसका समय बिताना उन्हे पसंद नही। वह प्रिया को नापसंद करती हैं और शिल्पा को बहू बनाने के सपने देख रही हैं। शरण के हृदय को शनैः शनैः प्रिया ग्रसने लगी थी। चाहत अपना जाल बुनने लगी थी और शरण फँसना नहीं चाहता था। उधर माँ है कि शिल्पा की आस लगाए बैठी है। किस तरह समझाऊँ उन्हें कि शिल्पा का मोह छोड़ दे? वह अपने कैरिअर को सर्वोपरी मानती है। फिर वह स्वयं एक दीपस्तंभ है। किसी और से पथनिर्देश लेना उसे स्वीकृत नहीं। और प्रियांजलि? अपने प्रियजनों पर निज प्राणों की अंजली चढ़ाकर ही दम लेगी। मिट जाएगी और मिटा देगी। आज के उस युवक की तरह। दिवाना जानता था लड़की के अभिभावक जान ले लेंगे फिर भी कूद पड़ा उनके क्रोधाग्नि में और भस्म हो गया! प्रिया आफ़त, शिल्पा मुसीबत! माँ को समझाना तोहमत!

शरण के जाने के बाद उद्वेग से प्रिया अम्मा के कमरे के दरवाजे पर जा खड़ी हुई। भीतर शिल्पा पटे पर बैठकर ख़ाना खा रही थी। सामने

चौकी पर उसकी थाली रखी थी और अम्मा लाड़ प्यार से उसे परोस रहीं थी।

"अम्मा बस भी करिए, अब नही खा सकूँगी।"

"अरे व्वा! अभी तो एक ही परौठा दी हूँ। तेरा ऑर्डर यहाँ न चलेगा कलेक्टरीन।" अम्मा ने शिल्पा की थाली में एक और परौठा परोसा। मजबूरन शिल्पा को थाली में जूठन छोड़नी पड़ी अन्न का इस प्रकार निरादर करना उसे नापसंद था लेकिन अम्मा को रोकना उसके बस में नहीं था। प्रिया दरवाजे की चौखट से देख रही थी और आँखों से झड़ी लगी थी पावस की। अम्मा की दिशा तक जानेवाला लाड़ प्यार का पहुँच मार्ग काल की गर्त में जाने कब गुम हो गया था। अब किस मार्ग पर चलकर वह अम्मा तक पहुँचे? अटाटूट शिल्पा ने प्रिया को देखा। उसकी विचलित अवस्था देखकर शिल्पा उसे भीतर बुलाना चाहती थी किन्तु अम्मा के प्रति अवमानना के डर से वह चुप रही... अम्मा ने भी अचकचा कर प्रिया को देखा। उसकी अवस्था देखकर कुछ नरमाइ से उन्होनें उसे भीतर आने को कहा। प्रिया कूदकर शिल्पा के पास जा बैठी। अम्मा ने शायद वर्षों बाद प्रिया की थाली लगाई। उनके हाथ से पकाई गई खास तरकारी, परौंठे, कचौरी, चटनी। पापड़, चावल, और शिल्पा के विशेष प्रिय बेसन के लड्डू। बम्बई वाली घटना के बाद प्रिया ने ठीक से खाना खाया नहीं था। एक-एक कर उसने सारे व्यंजन खा लिए। मेहरी दौड़कर हाथ धुलाने के लिए पानी लाई। कब उसने प्रिया के हाथ मुँह धुलाए, कब अम्मा ने अपने आँचल से पोंछ दिए, प्रिया समझी नही। अत्यधिक थकावट के कारण वह उनके गोद में अपना भार डालकर लुढ़क गई। उसके दिलों दिमाग पर धुन्ध छाइ हुई थी। उसे शिल्पा की अस्पष्ट आवाज मीलों गहरे कुएँ में से आती सुनाई दी। "अम्मा, अभी भी आप उसे नहीं बता रही पूरी बात। आप दोंनों

मिलकर उसके निरीह विश्वास को रौंद रहे हैं। इसका अंत भयावह होगा। आप उसकी माँ हैं। पिता की सोच अलग हो सकती है लेकिन एक स्त्री होने के नाते आप अपनी बेटी की तड़प नहीं अनुभव कर रहीं? किस बेरहमी से आग में झोंक दिया है बच्ची को दोंनों ने! जैसे आपकी नहीं किसी और की संतान हो!"

"कलेक्टरीन तू भी!"

"हाँ मैं भी। आप दोनों अपने-अपने अहं के विषधरों को गुमान से पाल रहे हो। किसी दिन डस लेंगे उसे और वह छटपटाकर मर जाएँगी।" शिल्पा की संयत आवाज इतनी तीखी और तेज हुई की अम्मा चौक पड़ी। उसकी आँखों से अंगार बरसने लगी। अपना होंठ उसने इस कदर दातों में दबा लिया की खून के बूँद निकल आई। तमतमाए चेहरे पर ज्वालामुखी की लाल-लाल लपटें नाचने लगी।

"चामुण्डा का यही रूप जरा कसाई को भी दिखा देना, समझी? अच्छा अब शांत हो जा माता भवानी। तेरे मन का करूँगी।" शिल्पा तत्काल सामान्य हो गई और अम्मा से गले मिलकर चल पड़ी। शिल्पा के जाते ही अम्मा ने शरण को फोन लगाया। वह जानना चाहती थी उन दोनों में क्या बातें हुई। प्रिया की अवस्था चिन्ता योग्य थी और अम्मा समझ नही पा रही थी की वह क्या करे? यशोदीप दिल्ली में व्यस्त थे। शिल्पा की व्यस्तता और अधिक थी। शरण का यशोदीप के प्रति असीम आदरभाव जानकर वही उनकी मदद करेगा यह अम्मा जानती थी। फोन शरण की माँ ने उठाया। अजीजी भरे स्वर से उन्होंने अम्मा से अनुरोध किया की वह हद से अधिक थका था अभी सोने गया है। क्या सुबह तक वे रुक सकती हैं? अम्मा को पता था बात सच है। वह चुपचाप कमरे में लौट आई।

शरण सो नहीं सका। बचपन में माँ बाबू जी के झगड़े जब असहनीय

हो जातें, तब कभी-कभी उसे तेज सिर दर्द उठता। उसकी चीखें निकलती और वह वेदना से बेहाल हो जाता। दो चार बार ऐसी स्थिति बनने पर माँ डर गइ और डॉक्टर के पास उसे ले जाने की जिद उन्होंने पकड़ ली। पिता नही माने। कुछ जड़ी-बूटी घिस कर उन्होंने लेप बनाया और कुछ एक का काढ़ा बनाकर उसे जबरदस्ती पिलाया। दवाई का जादुई परिणाम हुआ। तब से शरण की माँ पिता की बताई हुई सब जड़ी-बुटी संग्रह में रखती। आज बहुत दिनों बाद फिर वैसी ही असहनीय पीड़ा सिर में थी। वह अब बच्चा नहीं था अतः चीखना चिल्लाना मना था। दर्द से बेहाल वह माँ के कक्ष में गया। "सो गई माँ?" कराहते हुए उसने पूछा,

"अरे! लगता है फिर से सिर दर्द उठा है। मैं लेप बनाती हूँ।"

शरण वेदना से बेहाल माँ के बिस्तरे पर लेट गया कुछ समय बाद जब वे लेप कर चुकी, और काढ़ा गटक कर शरण को राहत मिली, तब उसका माथा धीरे-धीरे सहला कर उन्होंने कहा, "प्रिया को लेकर तनाव में ना आना बेटा। तुम उसे पसंद करने लगे हो। यदि तूफान को नियंत्रित करने की क्षमता तुममें है, तो समा लो उसे अपने भीतर। तुम खुश रहो यही मैं चाहती हूँ।"

"माँ तुम्हे वह अच्छी नहीं लगती न। मुझे अच्छी क्यों लगती है? क्यों ऐसा हुआ?"

"ऐसी बातें हमारे वश में नहीं होती। अब शांतिपूर्वक सो जाओ। मैं नीचे चटाई बिछा कर सो जाऊँगी। जितना कम हिलो डुलो उतना असर गहरा होगा।"

शरण ने बहस नही की और आँखे मूँद ली। काढ़ा अपना प्रभाव दिखाने लगा। लेप सूखकर मस्तक की नसों को खींचने लगा। शरण को लगा नज़ाकत भरी उंगलियों से धीरे-धीरे कोई उसका माथा सहला रहा है।

उस भोर, जीवन में पहली बार अम्मा डर से बेहाल हो गईं। कहाँ गई होगी लड़की? बँगले का चप्पा-चप्पा छान मारा, सबसे पूछताछ की लेकिन प्रियांजलि का पता नहीं चला। कॉलेज की आज छुट्टी थी। "बेबी का जूता, पर्स नही दिख रहा।" आयाबाई के इस एलान से अम्मा और घबराई। बिना कहे कहीं जाने की उसकी आदत नहीं थी। पूजा कमरे में दीपक जलाए बिना वह घर के बाहर कदम नहीं रखती थी। आज न दीपक जला था, न भगवान पर चढ़े बासी फूल उतरे थे। गार्ड़ की ड्यूटी बदल गई थी। रात पाली वाले गार्ड के घर एक सिपाही को पता करने भेजा गया की क्या प्रिया उसके रहते बँगले से बाहर निकली? सिपाही उलटे पाँव लौटा और बताया की बेबी साहिबा ऑटो में बैठ कर कहीं गई हैं। प्रिया का बँगले में आना-जाना उसकी मर्जी से होता था अतः गार्ड ने कोई ध्यान नहीं दिया। "करमजली न जाने कहाँ गई होगी!" बँगले के सब कर्मचारियों पर अम्मा का कहर बरस पड़ा।

"ठाकुर साहब के फोन आने का वक्त हो गया है। हम का बताएँ उन्हे? ठकुराईन, हम बात नहीं करेंगे साहब से, कहे देते हैं।" आयाबाई ने छटपटाकर कहा। दस बजने लगे तब अम्मा ने शरण को फोन किया। "करमजली न जाने कहाँ चली गई है एस. पी. मुझे मार डालेगी ये।" पंडित जी आकर अलग शोर करने लगे। "अम्मा, बिटिया ने आज पूजा नहीं की? हम क्या करें?" प्रिया पहला दीपक पूजा घर में जलाती थी और प्रतिमा पर से फूल उतारकर जब तब वह पूजा घर से न निकलें तब तक कोई और वहाँ न जाएँ यह नियम प्रिया के दादा का बनाया हुआ था। वे उसे महामाया का प्रतिरूप मानते थे। कुछ अपनी दिवंगत बेटी की छाया भी प्रिया में देखते थे। प्रिया आंरभ से पूजा अर्चना के प्रति गम्भीर थी। इस प्रकार बँगले में एक दिनचर्या कायम हो चुकी थी जिस का पालन सहजता से हर कोई करता। "पंडित जी पूजा कर लीजिए

आप। घी के सात दीपक जलाकर करमजली के लिए खुशहाली माँगिए।''

तभी फोन बजा और अम्मा ने उठा लिया यह सोचकर की शरण कुछ प्रिया की ख़बर देगा।

''अम्मा हम बम्बई में हैं। फिकर न करें।'' अम्मा फफक कर रो पड़ी। ''करमजली तेरा सत्यानास हो।'' प्रिया ने हँस कर कहा, ''वो तो कबका हो चुका माँ। चिन्ता न करना। मेरे साथ पापा हैं।'' और उसने फोन रख दिया। पूजा घर में जाकर अम्मा ने ईश्वर के सामने माथा टेककर प्रणाम किया।

यशोदीप को हवाई अड्डे पर देखकर प्रिया को लगा गहरे पानी में डूबते-डूबते उसके पाँव किसी द्वीप पर ठहर गए हैं। उनकी उपस्थिति से उसने सांत्वना तो पाई परन्तु अनोखे जमीन पर कदम रखने जैसा भय भी लगा। एक भूमि अतीत की थी जो चिर परिचित थी, एक धरातल वर्तमान का था, सर्वथा अपरिचित। प्रिया दुविधा में पड़ी। जाने पहचाने अतीत से लिपट जाएँ या अनजाने वर्तमान से परिचय कर ले? मन ठहरा चतुर चालाक! दोनों विकल्पों पर पाँव जमाने लगा। प्रिया आंदोलित मन से पिता की ओर चलने लगी। किस बात को मानें? पास पहुँचते ही यशोदीप ने उसे गले लगा लिया और प्रिया का दुविधा समाप्त हो गई। उनसे लिपट कर वह रो पड़ी।

कार फिर से उसी मार्ग पर दौड़ रही थी जिस मार्ग ने कुछ दिन पहले उसे उद्वेलन की खाई में गिरा दिया था। उसी घर तक ले जा रही थी जिसके कारण उसका अपना घरौंदा तिनका-तिनका बिखर गया था। घर के भीतर अब सन्नाटा था। न वह नलीन-नयना रुग्णा थी न उसकी अपनी हमशक्ल सर्वप्रिया। घर के रखवाले वृद्ध दम्पती सेवा में तत्पर खड़े थे। सलाम दुआ होने के पश्चात वे नाश्ते का प्रबंध करने चले गए।

वह कक्ष, वह पलंग जिस पर वह सोई थी, अब सूना था। फिर भी वहाँ उदासी अनुभव नहीं हुई। एक अनअकलनीय ऊर्जा का वहाँ वास था. जो मानवी संवेदनाओं के परे थी। कमरे का एक दरवाजा बगीचे में खुला हुआ था। ड्योढ़ी से कदम सीधे फुलवारी में रखने की संरचना थी। बाहर दो बकुल वृक्ष अपनी सुगंधकुसुमावली उंड़ेल रहे थे दोनों के बीच रस्सी का झूला था। नीचे मखमली हरित तृणों की कालीन बिछी थी। हवा के झोंकों के साथ सुगंधित बयार कमरे के भीतर आकर प्रिया के गालों को सहलाने लगी। जैसे कोई मुलायम उँगलियों के पोरों से उसे स्पर्श कर रहा हो। दरवाजे की बाईं ओर यशोप्रिया की बड़ी पेंटिग लगी थी। हाथ में तानपूरा था। आँखे समाधिस्त थी। चेहरे पर असाधारण विराग था। अपने श्याम सुन्दर से प्राप्त निर्वाण की अप्रतिम अभिव्यक्ति थी। प्रिया को अम्मा का तृषित, तिक्त अस्तित्व याद आया। कड़कती हुई उनकी अभिलाशाएँ और अधिकार की हवस। यहाँ सब लीन हो चुका था और वहाँ अभी भी अग्निकुण्ड दहक रहा था। पापा का और उनकी जलजनयना संगिनी का धरातल सामान्यों से भिन्न रहा होगा। तभी, न पापा शोकाकूल हैं, न यहाँ मृत्यु का कोई साया है। सामने बाँस की कमान पर कृष्ण कमल की बेल झूम-झूम कर नाच रही थी। एक साँझा चूल्हा कुछ दूरी पर अपना अस्तित्व बयान कर रहा था। गोबर से लीपा-पोता चौतरा जमींनी सौन्धी खुशबू बिखेर रही थी।

"उन्हें शौक था हमारे लिए रसोई पकाने का। जब शरीर साथ देता था इसी चूल्हे पर बाजरे की रोटियाँ सेकी जाती। बैंगन, आलू, टमाटर भूँजे जाते और लजीज भुर्ता बनता। सिल पर अपने कमजोर हाथों से वे हरी मिर्च, धनीया पीस कर चटनी बनाती। बिटवा, तुमने चखा होता तो स्वाद किसे कहते हैं समझ जाती। चलें उस पेड़ तक?" सम्मोहित - सी प्रिया उनके साथ जाकर चौंतरे पर बैठ गई। वृद्ध माई

चाय-नाश्ता लेकर आई। "आपने तकल्लुफ़ क्यों किया माई?" यशोदीप ने आदर भाव से कहा। "वा? बिटीया आइ है। मेरी क्या औकात है इनका आदर-सत्कार करूँ? हमारी बिन्नो अब है नहीं आवभगत करने के लिए इनकी। बेटी, नाश्ता कर लिजीए।" प्रिया ने उन्हे आश्वस्त किया कि वह खाएगी और पिता को भी खिला देगी। प्याली में चाय डालकर यशोदीप ने बेटी की ओर बढ़ा दी। "हमारी सगाई अम्मा से हो चुकी थी। हमारे और उनके पिता की सहमति से रिश्ता तय हुआ। हमारी राय लेने का रिवाज नहीं था। उन्हीं दिनों हमें कलकत्ता जाना पड़ा। हम संगीत पसंद करते हैं, इसलिए किसी मित्र ने सुप्रसिद्ध ठुमरी गायिका रैना देवी की बैठक का आयोजन किया। उस रात रैना देवी नाम के तिलिस्म ने हमारे जीवन को झकझोर डाला। हम नहीं चाहते थे अम्मा से हमारे विवाह की बात आगे बढ़े। लेकिन वह नामुमकीन था।"

किशोर उम्र की अम्मा की सुन्दरता के चर्चे हमारे सारे बिरादरी में हुआ करते। तुम्हारे दादा-दादी उन पर लुब्ध थे और बहु बनाने का वचन उनके पिता को उन्होंने दिया था। उस समय टीकाकरण का गांभीर्य कई दकियानुसी परिवार समझते नहीं थे। इकलौती बेटी के हाथ पर दाग रहेंगे इस भय से अम्मा के परिवार वालों ने चेचक का टीका लगाने नहीं दिया। दुर्भाग्य से वे उस भयंकर बीमारी के चपेट में आ गई। उन्हें चेचक हो गया। टीका लगा नहीं था इसलिए वे गंभीर रूप से बीमार हुई। बचने की कोई उम्मीद नहीं थी। लेकिन पिता जी ने हार नहीं मानी। बम्बई से इलाज करवाया। अम्मा बच तो गई परंन्तु सुन्दरता विद्रुपता में बदल गई। सुना हूँ उस बीमारी ने अम्मा को अमूलाग्र बदल दिया। तन तो कुरूप हुआ ही लेकिन मन और अधिक विरूप हुआ। तुम्हारे दादा अपने वचन पर कायम रहे और हमारी सगाई कर दी। बड़ी भाभी बताती हैं, अम्मा ने विवाह से इनकार किया था। उन्हें डर था

सुरूप दुल्हा और कुरूप दुलहन का सब मखौल उडाऐंगे। वह इस संबंध की सफलता से साशंकित थी। इस बात से भी परेशान थी की बड़ों के दबाव में हम विवाह तो उनसे कर लेंगे परन्तु केवल औपचारिकता निभाने। पिता जी ने अपनी घूँघट ओढ़े भावी बहू को, उनके पिता और मेरी उपस्थिति में मुझसे वचन दिलवाया की हम उन्हें आजन्म पत्नी का सम्मान देंगे। ऐसे में सगाई टूट जाती तो शायद अम्मा का पूरा खानदान अपने आप को मिटा देता। हमने रैना देवी से सगाई की बात छुपाकर उनसे शादी कर ली और वह यशोप्रिया बन गई। नौकरी से इस्तिफ़ा दे दिया और कलकत्ते में बसने का मन बना लिया। अर्थात् इसमें से कुछ भी साकार होना असंभव था। चीफ़ सेक्रेटरी ने फौरन हमें बुलावा भेजा। साफ शब्दों में जता दिया वे हमें नहीं मुक्त करेंगे। उनका बस चला तो फँसा देंगे कायदा कानून के जाल में। पिता जी को हार्ट अटैक आया। यश को हमने बताया नहीं था अम्मा से सगाई के बारे में। हमारी नौकरी आदि के विषय में भी खुलकर नहीं बताया था उन्हें। सब जानकर वह बहुत अधिक शर्मिंदा हुईं। हमारे पाँव पकड़ लिए और सौगन्ध दिलाकर वापस शादी करने भेज दिया। युवा मन अपने कर्मों के परिपाक की गहराई नहीं समझता। या समझ कर भी अनदेखा कर देता है। हमें पता होना चाहिए था यश के साथ हमारा रिश्ता मान्य नहीं होगा और अम्मा से विवाह ही हमारी नियति थी। यश की बिरादरी के रस्मों-रिवाज भिन्न थे। फिर भी वे लोग उसूलों के पक्के थे। बड़े उल्लास से उन्होंने विवाह संपन्न कराया था। कुछ एक ने आशंकाएँ जाहीर की थी हमारे विवाह को मान्यता मिलने के विषय में। लेकिन उन्होने हमें बाँधा नहीं। मुक्त कर दिया। सर्वप्रिया न आती तो हम उनसे कभी न मिलते फिर। उसका आना भी तो नियति ही थी हमारी। सर्वा का इस दुनिया में आना यश की जान पर बन आया। कई दिनों तक बिस्तरे में रहना पड़ा। कामवाली

के भरोसे बच्ची पलने लगी। हमारे मित्र को माँ बेटी की दुर्दशा पता चली तो उसने हमें ख़बर की। उसी समय गाँव में प्रद्योत का जन्म हुआ था। अम्मा सातवें आसमान पर थी। पूरा खानदान खुशियाँ मना रहा था मैं भी बहुत खुश था। जब यश के बीमारी की तथा सर्वा के दुर्दशा की ख़बर मिली तब हम कलकत्ता जाने के लिए विवश हुए। ऐसा नहीं की बेटे को हम पहले देखना नहीं चाहते थे लेकिन परिस्थितियाँ हमारे वश में नहीं थीं। यश बीमार थी, बच्ची बेहाल। कलकत्ता जाकर जिस स्थिति में हमने दोनों को पाया, हमें विश्वास हो गया कि दोनों नहीं बचेंगी। हमारे मित्र डॉक्टर रिझवान से बात हुई तो उन्होंने यश को बम्बई ले आने को कहा। नन्ही सर्वा को साथ ले जाना संभव नहीं था। एक ही पर्याय था। मान मनुहार कर बच्ची को हवेली में छोड़ना। उसे लेकर हम वहाँ पहुँचे और एक तूफान आ गया। सब हक्के-बक्के रह गए। लेकिन माँ ने बच्ची को अविलम्ब अपना लिया। पिता जी भी साथ खड़े रहे। उनका तर्क था की अबोध बालिका का जीवन संकट में नही डाल सकतें। जो भी हो, है तो वह ठाकुर खानदान की। नवजन्मा है, बीमार है। उसे हवेली के संरक्षण में लेना ही होगा। सास-ससुर के अप्रत्याशित रूख से अम्मा के दुःख की सीमा न रही। कल तक जो आसमान उन पर मेहरबान था आज वही फट पड़ा। उन्होने अपने सास-ससुर पर आग बरसाते हुए पूरे खानदान को कटघरे में खड़ा किया। उनको दिये गए वचन की दुहाई दी। मुझे जो कहा वह दोहराया जा नही सकता। वे गलत नहीं थी। छली गई थी। लेकिन बीती घटनाओं को मिटाने का कोई उपाय तो होता नही। उन्होंने अपने भाइयों को बुलावा भेजा और प्रद्युत को लेकर पांच सों मीलों का फासला तय करते हुए हमारे घर शहर लौट गई। प्रद्युत को उन्होंने फिर हमसे इतना दूर कर दिया की हम उसे छू भी न सकें।

इलाज करवाने यश का बम्बई रहना आवश्यक था। सर्वा की परवरिश के लिए भी वह एक साफ़ सुथरा परिवेश चाहती थीं। कलकत्ते की कोठी बेचकर उन्होनें यह बँगला परिचितों की सहायता से खरीद लिया। दूर के रिश्तेदार माई और उनके पति को साथ रख लिया। सर्वा अब उनकी निगरानी में रह सकती थी अतः मैं उसे बम्बई ले गया। माँ तब तक यहाँ रुकी जब तक सर्वा यश से हिल नही गई। तुम्हे विश्वास नही हो रहा न की माँ यहाँ रही? माँ पुराणपंथी है पर ममतामयी मातृरूपा है। वह यश से मिलना चाहती थी, पहले तो होटल में मिलने का कार्यक्रम था लेकिन यश उन्हें पकड़ कर घर ले गईं। उनके करिश्माई अस्तित्व से बचना कठीन था। माँ पर भी उनका जादू छाया रहा। भीतर चलें बिटवा? धूप तेज हो रही है।''

''पापा यहीं बैठे रहते हैं। कितना सुन्दर छायादार बगीचा है! कितना सुकून चैन है यहाँ! इसी चौतरे पर सो जाएँ ऐसा लग रहा है।''

''हमें भी यही पसंद है। यहाँ जब आते थे तब यहीं चटाई बिछाकर हम सो जाते। सर्वा भी पलंग बिछाकर आस पास सोती। उसके पास बताने की इतनी बातें होती की मध्यरात्री की नीरवता कहीं भाग जाती।''

''और वो?''

''उन्हें कहाँ यह नसीब था? जर्जर शरीर में सर्वा के लिए प्राण बचाकर रखी थी।''

''सर्वा दी के लिए आप तो थे! दादी थीं। उन्हें परवाह करने की जरूरत क्यों पड़ी?'' प्रिया का मन बस में नहीं था। उसके पिता शांतिपूर्वक बता रहे थे सर्वप्रिया की बातें, उसकी माँ की बातें। उसे आज तक यही पता था की पापा का और उसका विशेष विश्व अभेद्य है। अब समझ में आ रहा था की उससे भिन्न, उनका अपना एक अभेद्य

किला है जिसमें अपनी यश और सर्वा के साथ वे इतने दिन इत्मिनान से रहे। प्रिया के शब्दों में कड़ुवाहट थी और प्रवंचना का दर्द। यशोदीप को प्रिया से ऐसी ही उलाहना अपेक्षित थी। उसकी चुप्पी उन्हे डराने लगी थी अतः उसके उपालम्भ भरे शब्दों को सुनकर उन्हे कुछ सांत्वना मिली। मुस्कुराकर वे बोले।" सुन रही हो तब।"

"सुनने आई हूँ। सुनना पड़ेगा।"

"प्रद्युत के जन्म के सात वर्षों बाद तुम्हारा जन्म हुआ।" प्रिया पूछना चाहती थी, कैसे? अम्मा पापा में कोई प्यार नहीं था... बोल-चाल बंद थी... फिर पति पत्नी का रिश्ता किस मजबूरी में दोनों जी गए? अम्मा उस रिश्ते पर अधिकार जताती थी इसलिए की पापा अपने पत्नी धर्म का वचन निभाना चाहते थे इसलिए? शरीर की माँगें इतना मजबूर करती है इन्सान को? मानस दो ध्रुवों पर और शरीर का ठिकाना भूमध्य रेखा! उसे याद आया शरण का हल्के -हल्के सीटी बजाना, शिल्पा का गुलाब सा निखरा चेहरा! वहाँ भी कोई प्रेम की गंगा तो नही बह रही थी! केवल देह के चोचलें!

यह सब वह पिता से कह नही सकती थी न उनसे इस विषय पर प्रश्न कर सकती। वह मेडिकल की छात्रा थी। स्त्री-पुरुष संबंध का स्वाभाविक रूप समझती थी। और उस रिश्ते को जीवन का अंतिम सुन्दर सत्य मानती थी। परन्तु अपनों के बीच उसने जो घटते देखा उसे सुन्दर कहने का धैर्य उसमें नहीं था। सहपाठी आपस में ऐसे संबंधों को सहजता से स्वीकार करते थे विशेष रूप से नाइट ड्यूटी में सब संभावनाएँ बनी रहती। इस मोहजाल से प्रिया ने अपने आपको मुक्त रखा था। प्रिया सोच रही थी, मेरा जन्म कैसे हुआ? कितने प्यार से? कितनी नफ़रत से? या केवल शरीर की हवस से? मस्तक ऐसे ही

विस्फोटक प्रश्नों से लैस होने लगा। न जाने कब किस शब्द की चिन्गारी सब रिश्तों को उड़ा दें!

यशोदीप प्रिया के जन्म का समय याद कर रहे थे। जैसे जन्म प्रसंग नही, कोई समरांगण था। अम्मा अपनी कूमक लेकर तैयार बैठी थी, यशोदीप अपनी। शत्रुपक्ष की टोह लेने दोनों ओर से गुप्त यंत्रणा उपस्थित थी। जन्म होते साथ बच्चे पर कब्जा करने के लिए। सौभाग्य से वैसी नौबत नहीं आई। अम्मा बेटा चाहती थी। बेटी को देखते ही उन्होंने मुँह बिचका कर हथियार डाल दिए। यशोदीप को अम्मा के कटु शब्द याद हैं "क्यों पाया मैंने इस करमजली लड़की जात को? एक को ले आया था उतना दर्द काफी था। कसाई की शक्ल सूरत लेकर आ गई मेरे छाती पर मूँग दलने ये नसपीटी।"

बेटी को सीने से लगाकर यशोदीप आनंद विभोर हो गए। दो चार बार उसे अपने सिर पर उठाकर रखा। आयाबाइ डाँटकर बोली, "बांवले हो गए हो क्या ठाकुर? लाइये बच्ची को। नन्ही सी जान है, इतनी उछल-कूद मचाओगे तो डर जाएगी।"

अम्मा ने व्यंग्य से कहा था, "जरा देखो बन्दर को! चाहे कितना सिर पर बिठा लें है तो बेटी आखिर। चली जाएगी अपने घर किसी दिन और ये रोता बैठा रहेगा। मेरे बेटे पर इसका साया भी पड़ने न दूँगी मैं। निःसन्तान हो जाएगा ये दो सन्तानों के होते हुए भी।" बेटी को बाहों में भरकर यशोदीप चुपचाप सुनते रहे। आयाबाई ने अम्मा को डपट कर चूप रहने को कहा और सोने का हुक्म दिया। यशोदीप याद कर रहे थे। अम्मा ने जो-जो आवश्यक था, बेटी के लिए किया। उसकी क्षुधाशांति का ध्यान रखा किन्तु एक पल भी अतिरिक्त उसे अपने पास रहने नही दिया। प्रियांजलि अपने पिता के कक्ष में बड़ी हुई। आयाबाई के कुशल हाथों में पली बढ़ी। यशोदीप याद कर रहे थे। वह एक एक कटु क्षण।

जब दौड़कर, सुबकती हुई प्रिया उनके पास आकर अपने नन्हे मन में उमड़ रहे प्रश्नों के उत्तर चाहती। "अम्मा क्यों बात नही करती हमसे? क्यों करमजली कहती हैं हमें?" तब बहला फुसलाकर वे उसे शांत करते और अम्मा से उनकी भयंकर लड़ाई होती। शांतिमूर्ति कहलाने वाले यशोदीप आपा खोकर रूद्रावतार धारण कर लेते। प्रिया कानों में उंगलियाँ डालकर आयाबाई की गोद में सिर छिपा लेती। बेटी की व्यथित अवस्था देख यशोदीप शार्मिंदगी से चूर होते और उसे हृदय से लगाकर ड्राइव्ह पर निकल जातें। और अब सब दाँव पर लग गया था। वह माया ममता, वह सागर - सी गहरी स्नेह संपदा। जिसके श्वास-उच्छ्वास से उनकी साँसे अनुप्राणित थी वही लय टूटने की सम्भावना उन पर मँडारने लगी।

"बिटवा हमार, जीवन बहुरूपिये का खेल है। किस समय किस रूप में क्या सामने आ जाए कहना कठिन है। रिश्ते बहु आयामी होते हैं। कोई एक प्रिय है इसलिए कोई दूसरा अप्रिय नहीं हो जाता। यश और सर्वा हमारे जीवन का यथार्थ है तो तुम अर्थहीन बन गई ऐसा नहीं होता बिटवा।"

"इन बातों का अब कोई अर्थ नहीं रहा पापा। आपने कभी ऐसा मौका ही नही दिया की मैं बहुआयामी रिश्तों को अपना सकूँ! इतनी मस्त थी अपने आपमें की कभी झाँका ही नही आस-पास। कितनी आवाजें गूँजती थी कानों में लेकिन सुनने की फुर्सत थी किसे? मैं मगन थी अपने पापा में, अधिक से अधिक अपने कैरियर में। आपको चाहिए था, मुझे सावधान करतें। आस-पास देखने सिखातें, दूसरी आवाजें सुनने को प्रोत्साहित करते। यहाँ तक कि प्रद्युत दा की आवाज भी दब गई कालान्तर से। दफ़न हो गई। नही सुनी मैंने। सोचती हूँ तो मुझे मैं असामान्य लगती हूँ। आप, आपकी यश और सर्वा, अम्मा, कितनी सहजता से वस्तुस्थिति को स्वीकारते हैं। कल तक वैसा था, आज से

ऐसा है। बस्स! इतनी सहजता है। मान लेते है जीवन में यह सब होता रहता है। लेकिन मुझे यह मान्य नही। जब तक मेरा मन ग़वाह नही देता, तब तक केवल आज ऐसा है इसलिए स्थितियों को स्वीकार नहीं कर सकती।

आपने अपना पूर्वकाल बताया। समर्थन में काफ़ी कुछ कहा। उससे क्या अंतर पड़ता है? आपकी कृती ज्यों की त्यों रहेगी। अन्यायपूर्ण और अनुचित। अम्मा के साथ आपने दोहरा अन्याय किया। उनसे विवाह तय था फिर भी किसी और से संबंध बना लिया। वचन देकर मुकर गए। आपमें इतना भी साहस नही था की अपने पिता से कहते अम्मा आप को नापसंद है। या तो आप अपनी चाहत को कर्तव्य भावना में विसर्जित कर देते या अम्मा को सच बताकर उनसे विनयपूर्वक मुक्ति माँग लेते। मनुष्यता का यही मापदंड है। किसी का गाना पसंद आना तो रसिकता है लेकिन गानेवाली भी पसंद आने लगी तो वह मर्यादा का उल्लंघन है। कला का रसपान करते समय कलाकार पर मन रीझ जाए तो इससे अधिक कला का क्या दुर्भाग्य होगा? रैना देवी की आपके लिए चाहत समझी जा सकती है। वह समर्पण के लिए ढूँढ रही थी किसी को अतः आपको पाकर धन्य हो गई। लेकिन मेरी अम्मा तो सब तरफ़ से लुट गई। रैना देवी को पाने के लिए आपको विवाह की आवश्यकता नहीं थी। उन्हें आप वैसे भी पा सकते थे। लेकिन भद्रलोक की उपज मेरी अम्मा सगाई के बाद आपसे विवाह करने पर मजबूर थी। आप कमिश्नरी में न्यायासन पर बैठते हैं। दूसरों का न्याय करते हैं। कभी सोचा आपने कि अम्मा आपकी वैद्य पत्नी नहीं है? मैं और दादा आपकी वैद्य सन्तान नहीं है? रैना देवी आपकी जायज पत्नी है और सर्वप्रिया आपकी जायज सन्तान। अम्मा कितना असुरक्षित महसूस करती होगी! किसी दिन आपकी वह रैना देवी और सर्वा खड़ी हो जाती अपना

अधिकार जताने तब क्या होता? रैना देवी के समर्पण की बात आपने कही तब अम्मा की विवशता को भूल गए। प्रतिष्ठित परिवार की कन्या पत्नी के रूप में आपने पाई। खूब दान दहेज पाया। उनसे विवाह करके आपकी प्रतिष्ठा सब मायनों में बढ़ी। आपने पहली पत्नी के होते हुए अम्मा से अवैध शादी रचाई और बाद में पुत्रजन्म का भी सुख उनसे छीन लिया। अकस्मात सर्वा को उन पर लाद दिया। न जाने उनका हृदय कैसा विदीर्ण हुआ होगा! दादा को कैसे देती वे आपको? आपने दादा को सर्वा पर कुर्बान कर दिया। लेकिन दादा पर भी आप ही का जादू छाया रहा। अम्मा का विरोध उन्होने कभी किया नहीं लेकिन तरसते रहें आप का साथ पाने। और मैं? मेरा जन्म क्यों हुआ? पत्नि धर्म के बोझ तले अम्मा बेबस छटपटाई होगी। और मैं तो पैदा ही हुई उन्हें तिल-तिल मारने के लिए। सर्वा की हूबहू शक्ल सूरत लेकर... उनकी ममता को रौंद डाला मैंने अपने अस्तित्व से। न पापा। न आप को क्षमा करेगी वे, न मुझे।''

यशोदीप निश्चल बैठे रहे। अपने गत जीवन की जो मिमांसा प्रिया से सुनने को मिली वह उनके सोच के परे थी। प्रिया द्वारा प्रस्तुत उनके जीवन दर्शन को वे गलत नही कह सके किन्तु उसके द्वारा उन्हे शत प्रतिशत गुनहगार बयान करना उनके लिए अनपेक्षित था। एक बात आइने की तरह साफ़ थी। माँ की ममता पाना उसके अंतस की सर्वोच्च आवश्यकता थी जो पूरी नही हो सकी, प्रद्युत को पिता का साथ नही मिला लेकिन प्रेम मिला। प्रिया को अम्मा का साथ मिला परन्तु तिरस्कार सहना पड़ा। शैशव से युवा अवस्था तक प्रश्नों के उत्तर पाने के लिए वह उनके कोटका छोर खींचती रही। अपनी उत्तर स्वयं ढूँढ़ लेने वाली यह प्रिया कोई और है। प्राज्ञ, प्रदीप्त यह स्त्री हर स्थिति की चीरफाड़ करेगी। नस-नस उधेड़ेगी। फिर निर्णय करेगी कारण का। जिस प्रिया के

वह सृष्टा थे, वह परिमार्जित होकर नूतन रूप में आविर्भूत हुई है। यशोदीप स्तब्ध हो गए। इस नवोदित प्रिया को कुछ कहना समझाना उनके बस में नही था। अचानक अतीत के जाने-पहचाने संदर्भ वर्तमान ने निगल लिए। बचा केवल लाचार प्यार।

"वह बुआ के बारे में क्या सुनती आई हूँ? बता दीजिए। मुझे जानना है।"

यशोदीप उठकर खड़े हो गए। एक पल के लिए प्रिया को लगा वे शायद उसकी धृष्ठता को सह नही पाएँगे और उस पर प्रहार करेंगे परन्तु उनका चेहरा देखकर वह समझ गई की वे विचलित नही हुए हैं। वे सामान्य और सहज थे जो अवस्था केवल निःश्छल मानसिकता से उपज सकती है। प्रिया संकट में पड़ गई। पिता को जरा भी जान नही सकी ऐसा क्यों लग रहा है? कितने निरीह, निर्व्याज लग रहें हैं, परन्तु जो अभी तक बताया उस सच्चाई को निरीह, निर्व्याज कैसे कहूँ? प्रिया का अंतर्मन अनसुलझे चक्रव्यूह में फँस गया। वृद्ध बाबा खाना लेकर देर से प्रतिक्षा कर रहे थे। "आओ बिटवा, पापा संग खा लो।" यशोदीप के मनुहार भरे शब्दों ने प्रिया के मन को कचोट डाला। यंत्रवत् वह निवाले मुँह में डालने लगी। यशोदीप नही खा सकें। साथ होने पर प्रिया उनके थाली से ही खाना खाती। आज नही खाया। उसे यह याद भी न रहा की पहला निवाला यशोदीप बेटी के हाथ से लेते हैं। धरा की कोख में अग्नि सुलगता रहता है और धरावासियों को उसका अस्तित्व पता ही नहीं होता। तब तक, जब तक वह धरती को चीर कर बाहर नहीं आता और तबाही नही मचाता। प्रिया का मानस ऐसे ही सुप्त अनल से व्याप्त था और असामान्य क्रिया-कलापों में व्यक्त होकर प्रियजनों को आँच पहुँचा रहा था।

थकावट के कारण प्रिया की आँखें चुनबुनाने लगीं। कल रात अम्मा की गोद में वह निश्चिंतता से सो गई थी। शायद पहली बार। वह

चौतरे पर लेट गई लेकिन माई उसे भीतर ले गई। प्रिया को उन्हें सौंपकर यशोदीप ने थोड़ी राहत पाई। वे पूरी रात सोए नही थे। सारा दिन प्लानिंग कमिशन की आवश्यक बैठक चलती रही। देर रात्री की उड़ान होने के कारण न रात में आराम कर सके न दिन में। वे दूसरे कक्ष में विश्राम करने चले गए। "अम्मा... अम्मा..." प्रिया नींद में धीरे-धीरे बुदबुदाई। माई ने स्नेहभरे हाथों से उसके बाल सहलाए। प्रिया की नींद विभत्स सपने का ताना बुनने लगी। एक धागा खून- सा लाल, दूसरा मौत सा नीला। बहते खून का ताना और फैलती मौत का बाना। जो वस्त्र बुन गया वह था भेसुर आकृति विहीन मांस का लोथड़ा। प्रिया का कण्ठ सूख गया। वह उठना चाहती थी लेकिन पूरा शरीर काठवत हो गया। अर्ध चेतन अवस्था में वह प्रयास कर रही थी शरीर की स्थिति समझने का, किन्तु मेडिकल की किसी भी पुस्तक में शरीर के ऐसे लक्षणों का विश्लेषण दिया हुआ उसे याद नहीं आया। शायद मेरी मृत्यु हो रही है। मैं मरना नही चाहती। अभी बातें अधूरी है। मुझे मनु बुआ के बारे में जानना है। मुझे गाँव जाकर हवेली और बेतवा का साथ पाना है। मैं जाना चाहती हूँ गाँव। पापा मुझे बचाइये... पापा... पापा। माई डर गई। प्रिया के कण्ठ से दबी-दबी चीखें निकल रही थीं। जैसे कोई उसका गला दबा रहा हो। उसे झझकोर कर जगाने का यत्न वृद्धा ने किया। "बेटी जाग जाओ। सपना देख रही हो क्या?"

प्रिया की नींद टूटी और उस विभत्स स्वप्न का अंत हुआ। "लो, पानी पियो।" प्रिया गटागट पानी पी गई। कमरे की घुटन से बाहर निकल कर खुली हवा में जाने हेतु उसने बगीचे की ओर का दरवाजा खोल दिया। तेज हवा के झोकों के साथ रजनीगंधा की मदमस्त सुगन्ध कमरे में आई। कमरे से लगी सीढ़ी पर उसके पिता बैठे थे। सामने साँझा चूल्हे के पास रैना देवी कुछ पका रही थी। पापा कुछ कह रहे थे और

वह मीठी-मीठी मुसकान के साथ उत्तर दे रही थी। रैना देवी कढ़ाई में कलछी चलाते हुए गा उठी, "श्याम सुन्दर बनमाली ऽऽऽऽ।" यशोदीप तन्मय, लोचन मूँदे, उनकी आवाज में आवाज मिलाकर आलापी करने लगे। खमाज की वही रस भरी बंदिश जो शिल्पा ने शरण के संग रात गुजारने के बाद छेड़ी थी। वही बंदिश जिसे प्रिया को सिखाते-सिखाते प्रिया के संगीत गुरु के नाक में दम आ गया था। बकुल वृक्ष के पीछे से आकर शिल्पा ने रैना देवी के सूर में अपना तिलिस्मी सूर मिलाया। वहीं पेड़ के साये में शरण अपने दोनों हाथ खाकी पतलून के जेब में रखकर, हल्की सीटी बजाकर शिल्पा की तान दोहरा रहा था। प्रियांजलि के भीतर की डॉक्टर ने उसका कान मरोड़ते हुए उलाहना दी, "ड्रग ऍडिक्ट की तरह हॅलूसिनेशन में फँस गई हो। बाहर निकलो।" लेकिन प्रिया के ही भीतर की 'कुसुमादपि मृदुनी' यशोदीप की लाड़ली, दृगों की शतजन्मों की तृष्णा भरकर उस मायावी दृष्य को पीती रही। चूल्हा धूँ-धूँ जल रहा था। उन धधकती ज्वालाओं में प्रिया के भीतर का कुछ स्वाहा हो गया। अंजुलि में भरकर अपने प्रिय की संपूर्णाहूति उसने अग्नि में डाल दी।

तडके पिता के प्याली में चाय डालते हुए उसने गाँव जाने का अपना निश्चय पिता को बताया। "रहम करो बिटवा, मंत्री जी के साथ आवश्यक बैठक है।"

"आपको चलना होगा।"

"बिटवा जिद न करीयो।"

"अब रुकना असम्भव है। उस पार कदम रख दिया है। जाना पड़ेगा। धृष्टता के लिए क्षमा करे।" मेज पर रखे गुलदस्ते से एक लाल गुलाब निकाल कर प्रिया ने पिता के कोट पर टाँक दिया। फिर उनके कदमों में बैठ कर अपना मस्तक उनकी गोद में रख दिया। यशोदीप की

आँखे भर आई। न जाने क्यों, दिल बैठ गया। किसी अनिष्ट का संकेत देने वाला एक काला साया प्रिया पर से गुजरते उन्होंने अपनी आँखों से देखा। काला और कँटीला... जैसे कालसर्प। ऐसी बातों पर पूर्ण अविश्वास रखने वाले यशोदीप विचलित हो गए। अनायास उनके मुँह से दुर्गास्तवन फूट पड़ा... "नमस्ते शरण्ये शिवे सानुकम्पे नमस्ते जगद्व्यापिके विश्वरूपे/ नमस्ते जगद्वन्ध्यपादारविन्धे नमस्ते जगत्तारिणि त्राहि दुर्गे.."

हवेली विस्मित होकर आँखें फाड़-फाड़ देखती रही। जिस संभावना को उसने बड़े निराश हृदय से सदा के लिए मिटा दिया था वही उसके अहाते में मूर्तिमान खड़ी थी उपस्थित प्रत्येक जन दौड़ने भागने लगा। लंबा चौड़ा सामने वाला मैदान पार करके हवेली के मुख्य द्वार पर उनके आने तक भीतर खबर पहुँच गई। "मैया री! का बात भई?" बड़ी ठकुराईन धम्म से जमीन पर बैठ गई। होश सम्हाल कर यशोदीप की दोनों भौजाइयाँ तेजी से द्वार पर पहुँची। प्रिया पर नज़र पड़ते ही किसी प्रकार अपना विस्मय रोककर बड़ी भाभी जोर से बोली, "रुको-रुको। भीतर न आना।" प्रिया के कदम ठिठक गए। उसने प्रश्नसूचक दृष्टि से पिता की ओर देखा। यशोदीप मुस्कुराएँ और रुकने का संकेत दिया। कुछ ही क्षणों में उसने दादी को आते देखा। उनके साथ आरती का थाल लिए सर्वप्रिया आई। सबने क्रम से प्रिया के पाँव दूध और पानी से धोए। दादी जब अपने आँचल से प्रिया के पाँव पोछने लगी तब प्रिया संकोच से जमीन में गड़ गई, लेकिन शैशवकाल की घटना वह भूली नही थी अतः यथावत् खड़ी रही। दादी ने उसे बाहों में लेकर लाड़ प्यार किया और मंदिर में ले गई। फिर बुढें बीमार दादा के कमरे में लेकर गई। छह फीट लंबे, गठीले बदन के गोरे चिट्टे रूप संपन्न दादा सिकुड़ कर सुखे काठवत् रह गए थे। रिक्त लोचन न जाने किसकी प्रतिक्षा कर रहे थे। प्रिया को देखे, लेकिन न जाने न पहचाने। झुककर प्रिया ने लाड़ से कहा,

"बाबा, सब हमें लेने दरवाजे पर आए। आप क्यों नही आए? आपकी लाड़ली प्रिया आयी है।" बचपन की वह घटना प्रिया को फिर याद आयी। दादा जी का जन्म दिन था। बड़ी धूमधाम से तैयारियाँ हो रही थी। रेशमी धोती कुर्ता, दोनों हाथों के आठों उंगलियों में चमकते रत्नों की मुँदरियाँ, और गले में भारी भरकम सोने की साँकल पहनकर दादा किसी देवता से लग रहे थे। नन्ही प्रिया ने दौड़कर उनके चरण छुए। दादा जी को जैसे बिजली का झटका लगा। "ई का करत है बिटवा रानी" कहते हुए उन्होंने अपने पाँव हटा लिए। फिर छोटी - सी प्रिया के कदमों पर मस्तक रखकर बोले, "कहो लम्बी उम्र हो। शुभ मंगल सारा जीवन हो।" सहम कर प्रिया ने उनके शब्द दोहराएँ और जैसे ही उसे दादा ने मुक्त किया वह पिता से जाकर लिपट गई। कलेक्टर साहब के साथ महत्त्वपूर्ण लोग बैठे थे। एकाएक प्रिया का बैठक में आना कोई नई बात नही थी किन्तु उसका सबके समक्ष सुबकना हैरतगंज था। गैरों की उपस्थिति में इस प्रकार रोना धोना उसे नापसंद था। प्रिया को गोद में उठाकर यशोदीप उसे सहलाते हुए बोले, "का हुई गवा बिटवा राजा? काहे रोवत है?" पीछे-पीछे आए दादा जी ने पूरा किस्सा सुनाया और ठहाका लगाकर हँसने लगे। यशोदीप मुस्कुरा कर बोले, "इतनी बड़ी बात। अच्छा रोते नही। देखो तो बाबा कान पकड़ कर उठक-बैठक लगा रहे हैं। उन्हें माफ़ी दे दो बिटवा।"

"पहले बताइये क्यों कहा था आपने बड़ों के पाँव छूना चाहिए?" इस प्रश्न का तर्कसंगत उत्तर उनके पास नही था। रिवाज तर्कों से परे होते है और प्रिया का अबोध शैशव अभी उन ढकोसलों को समझे इतना प्रदूषित नहीं हुआ था। "आपको बाबा दुर्गा जी मानते हैं न? इसलिए मना किया उन्होंने। कोई देवी माँ से अपने पाँव छुआता है भला? अच्छा अब उन्हें माफ़ी दे दो, जन्म दिन है न उनका?"

उम्र बढ़ती गई वैसे शनैः शनैः प्रिया परिचित होने लगी उन अर्थ शून्य रस्मो रिवाजों से और पीढ़ी दर पीढ़ी कोल्हू के बैलों की तरह उन को ढोने वाले इन्सानों से।

शायद दादा जी के होंठ जरा से विलग हुए। उनकी पथरीली आँखें निमिष मात्र के लिए सचेत हो उठी। प्रिया उनकी नब्ज देख रही थी जिसकी गति असामान्य हो गई थी। उसके अवचेतन मन ने अनुभव किया कि दादा कुछ देख रहे हैं। उसने पिता की ओर प्रश्नार्थक दृष्टी से देखा। एकाएक प्रिया की आँखे ठहर गई। दिल की धड़कन रुक गई। पिता के पीछे कोई अनजान किशोरी खड़ी थी। हिरनी समान विशाल काली आँखें विस्मय से विस्फारित। घुंघराले काले बाल जो कटी पर लहरा रहे थे, गुलाब की पंखुड़ी समान होंठ जो कुछ कहने हेतु विलग थे और पाँव ऐसे उठाएँ की अभी दौड़ पड़ेगी। दादा की नज़र उसी किशोरी पर स्थित थी। उनके नब्ज की असामान्य गति धीमी पड़ने लगी और धीरे से बंद हो गई। प्राण पखेरू दिगंत में विलीन हो गया। प्रिया ने पिता की ओर देखकर नकारात्मक संकेत दिया। अविश्वास से यशोदीप बोले, "ठीक से देखो।" प्रिया ने दादा का हाथ छोड़ दिया और बाहर जाने लगी। पार्श्व से आने वाला करुण विलाप सुनने वह नही रुकी। डॉक्टर को बुलाया गया। और न जाने किसे-किसे। क्षणभर पहले वहाँ प्रिया के आने का उत्सव मनाया जा रहा था और कुछ ही समय में मुत्यु का ग़मगीन साया हवेली पर फैल गया।

लम्बे गलियारे से उसे कई कमरों के दालन दिखाई दे रहे थे। लकड़ी की सीढ़ियाँ उपर की मंज़िल पर जा रही थी। यंत्रवत् प्रिया सीढ़ी पर से उपर जाने लगी। वहाँ कई कमरे थे और सबके दरवाजे बंद। प्रिया लेटना चाहती थी लेकिन किस कमरे में जाती? इतने दरवाजे और सबके सब बंद। एक कमरे में थोड़ी सुगबुगाहट पाकर उसने दस्तक दी। भीतर

कोई रो रहा था। दरवाजा ठेलकर प्रिया ने उसमें प्रवेश किया। भीतर सर्वप्रिया सिसक रही थी। उसने अश्रुपूर्ण करूण नयनों से प्रिया को देखा। प्रिया जाकर उसके बगल में लेट गई। "सर्वा दी, क्या रसोई में चाय बन सकेगी? बाबा नहीं रहे न।"

सर्वप्रिया को अपने कानों पर विश्वास नही हुआ। प्रिया को छोड़कर वह दौड़ती हुइ नीचे चल दी। सिर दर्द और थकावट में चूर प्रिया चाहती थी कोई एक प्याली चाय उसे पिला दे अन्यथा वह नही झेल पाएगी इस विपद समय को। कुछ देर बाद पुरानी रसोईन अपने कमरे से चोरी छिपे थर्मस में गरम चाय ले आई। "आपके पापा ने बताया बनाने के लिए। जल्दी पी लो। किसी ने देख लिया तो मेरी शामत आ जावेगी," प्रिया ने उन्हे धन्यवाद दिये और चाय पीने लगी, "चाय बहुत पसंद करती हो?" एकांत में अचानक खलल डालने वाली उस आवाज के कारण प्रिया की चाय छलक गई। गहरे हरे रंग का लहँगा, सोने समान पीले रंग का जम्फ़र और सुर्ख लाल ओढ़नी पहन कर वह सामने खड़ी थी। "लो, सारी चाय गिर गई। क्या करोगी अब?" सीढ़ियों पर कदमों की आहट पाकर वह रुँआसी होकर बोली "जाना होगा, बात कब करूँगी?" और चल दी। प्रिया आँखें फाड़कर देखती रही। यशोदीप भीतर आकर प्रिया से नीचे चलने का आग्रह करने लगे। प्रिया के विस्फारित दृग देखकर परेशान होकर वे बोले, "कहाँ देख रही हो? इधर देखो। सब पूछ रहे हैं तुम्हें। नीचे दादी के पास रहो।" प्रिया उठकर नीचे जाते-जाते इधर-उधर ताक रही थी। बार-बार उसे महसूस हो रहा था कोई उसे देख रहा है।

कर्मकाण्ड के बीच आने वाले दिन बीतने लगे। यशोदीप को पूरे समय रुकना असम्भव था। आवश्यक रस्मों में उपस्थित रहने हेतु कार्यलयीन कामकाज़ का संभार अपने सहायक अधिकारी को सौंपने

उन्हें दिल्ली जाना पड़ा। प्रिया को वे अकेले छोड़ना नही चाहते थे किन्तु वर्तमान स्थिति में कोई पर्याय उनके सामने नही बचा। पिता की मृत्यु का दुःख एक ओर, दूसरी ओर प्रिया की चिन्ताजनक मनःस्थिति। फिर बेतवा और उसका परिसर जहाँ प्रियांजलि का अकेले जाना किसी अप्रिय स्थिति को जन्म दे सकता था। बड़े भाई साहब के व्यवहार में पिता के देहान्त के बाद स्पष्ट रूप से नकारात्मक परिवर्तन आया था। सर्वप्रिया के प्रति उनकी नफ़रत शनैः शनैः प्रगट होने लगी थी। भारी मन से यशोदीप रवाना हुए।

हवेली से एकाध किलोमीटर दूरी पर मनचली बेतवा उबड़-खाबड़ तट के बीच मस्ती से बह रही थी। किनारे पर बबूल के चुभने वाले झुरमुट थे। एक दो स्थानों पर नदी तक उतरने के लिए नाविकों ने मार्ग बना लिया था। वहीं दो चार नौकाएँ पेड़ों से बाँधकर रखी हुई थी। सबको झाँसा देकर बहुत कठिनाई से प्रिया नदी किनारे आ सकी। जाते समय पिता ने हर किसी से याचना की थी की उसे बेतवा तक न जाने दें। "पापा क्यों?" प्रिया के इस प्रश्न का उत्तर यशोदीप देते इसके पहले ही दादी ने प्रिया को अपने पास खींचकर समझाया की सूतक चल रहा है। हवेली की औरतें बाहर नही जा सकती। दादी की सूचना की अवमानना करके आज किसी तरह वह बाहर निकल आई। पेड़ के नीचे तने से बाँधी हुई एक नौका में वह बैठ गई एवं प्रकृति की बीहड़ता का रोमांच अनुभव करने लगी। एक सुकुनभरी नीरवता आसमंत में छाई थी। पनकौओं का एक जोड़ा आकाश और पानी के बीच गोल-गोल चक्कर लगा रहा था। पिता के साथ वनांचल की सुदर्शना नदी में प्रिया ने कई बार नाव खेई थी। यशोदीप तब उसे कुछ लोकगीत सुनाते जिसमें नदी और नाव के रहस्यमय संबंधों का प्रतिकात्मक वर्णन रहना। प्रिया ने हौले से नाव की रस्सी खोल दी। इसके पहले की नौका पानी के

तरफ़ बढ़ती कोई पीछे से कूदकर उसमें सवार हो गया। हिचकाले खा रही नाव को उसने सहजता से पतवार की सहायता से काबू में कर लिया। "माँ, कहाँ जा रही हो? पानी अनजाना, नाव अनजानी" वह व्यक्ति आदि वासियों के पहनावे में था। धूप पानी के प्रभाव से काया गहरी काली दिखाई दी किन्तु कांति सतेज थी। बाल घुंघराले, काले और घने थे। लगता था एक साथ कई भँवरे सिर पर बैठ गए हैं। उसके गूँजें समान लाल-लाल लोचन शांति भाव में लीन थे। उस व्यक्ति से भयभीत होना असंभव था।

"नाविक भी अनजाना। वनांचल का जामा ओढ़े हो लेकिन भाषा धोका दे गई। नाव रोक दिये हो मेरी तो कोई कारण होगा लेकिन मैं नदी में जाना चाहती हूँ। पतवार दे दीजिए।"

"मैं यहाँ का चप्पा-चप्पा जानता हूँ। आपको आस पास के स्थान दिखा सकता हूँ। नदी के पार प्राचीन शिव मंदिर है... आप नहीं खोज़ सकेंगी। कुछ आगे की ओर बाँध है। मैं दिखा दूँ सब आपको?"

"बहुत दिनों बाद एकांत खोज सकी थी। आप कहाँ से अचानक आ टपके? मुझे नाव खेना भली प्रकार आता है।"

"सोच लो माँ। मैं तुम्हारी शांति को भंग नहीं करूँगा और मुफ़्त में सारी जानकारियाँ दे दूँगा। चलूँ?"

"कहीं आपको पापा ने तो मेरे पीछे नहीं लगा रखा?"

"लगाया होता तो भी मैं तो आवारा बादल ठहरा। मेरी दिशाएँ बहती हवाएँ तय करती हैं। जिसे एलिमेंट कहते हैं वही मेरी सूत्रधार हैं। मैं किसी मनुष्य के अधीन नहीं हो सकता। घुमना है तो चलिए अब नही तो साँझ की बेला आ जाएगी। जानती हो न जंगल में कितनी तेजी से अँधेरा छाता है"? प्रिया समझ गई यदि जाना है नाव में तो इसको ले जाना होगा, अन्यथा लौट जाना होगा हवेली में। "बड़े ढीठ हैं आप। और मैं नदी में जाने बेकल। चलिये।" नाव खेने की छप-छप ध्वनी

बहती धारा के कलकल नाद में मिलाकर प्रकृति अपने लयकारी में मग्न हुई। आगंतुक अपने शब्दों पर कायम रहते हुए शांत बैठा रहा। नौका नदी के विरुद्ध तट पर ले जाकर उसने किनारे पर लगा दी। "यहाँ कदम रखिए। फिसलन बहुत है माँ। मेरा हाथ पकड़ लीजिए।" नाविक ने अभ्यस्त हाथों से प्रिया को उतार लिया। किनारे पर बाँस के झुरमुट थे और आँवले का जंगल। गंगा इमली के बड़े छायादार वृक्ष थे। आस-पास कुछ आदिवासी बालिकाएँ सूखी लकड़ियाँ बीन रहीं थीं। उनसे नाविक का परिचय है ऐसा जान पड़ा। मंदिर अधिक दूर नहीं था। रेत से बने पत्थरों से निर्मित छोटा - सा शिल्प और उसके भीतर शिवलिंग। आस-पास कुछ छत्रियाँ भी थी। एक आदिवासी बाला पत्ते में रखकर हरे आँवले और गंगा इमली के लाल दाने ले आई। उसके मुक्त हास्य से हीरे जैसी दंतावली चमक उठी। "खाओगी? स्वाद भूल नहीं सकोगी।" नाविक ने पूछा।

प्रिया ने उस बालिका को अपने बालों में लगी हुइ क्लिप निकाल कर दी। "आओ, तुम्हारे बालों में लगा दूँ।" क्लिप पाकर बाला खुश हुई और अपनी सहेलियों के पास नाचते-कूदते भाग गई।

"इस स्थान पर अजीब - सा लग रहा है। स्वप्नवत्। समझ नहीं पा रही हूँ यथार्थ है या आभास। जगह जानी-जानी - सी लगती है लेकिन मैं यहाँ कभी आई नहीं।" प्रिया ने देखा उसका साथी लौटने को तैयार खड़ा है। "नदी की सैर करना है तो चलिए अब। हवेली में आपके न होने का पता लग गया तो सारा हुजमा पलभर में बेतवा को बींध डालेगा।"

"मैंने अभी तक पूछा नहीं आप कौन हैं। चलते हैं, लेकिन बताइए यशोदीप ठाकुर की लाड़ली के साथ आप क्यों आएँ? अनजाने पानी में मुझे अकेले जाने न देने की बात आपको किसने कही?"

"मैंने कहा न आपसे, मैं प्रकृति के निर्देश से जीता हूँ। वही प्रेरणा देती है। कानों में कहती है सब।"

"तब तय है। प्रकृति की आवाज सुनते-सुनते रात यहीं बिता दे" लम्बे से, पीले चिकने पत्थर पर लेटते हुए प्रिया ने कहा। उसके खुले रेशमी बाल चेहरे पर उत्पाती शिशु की तरह उछल-कूद करने लगे।

लम्बी आह भरते हुए नाविक ने कहा, "जानता हूँ आपको डराया नही जा सकता। न जंगल से न जंगली पशुओं से। बेटी तो आप यश की ही है।"

"और आप?"

"चलें माँ। देर होने से खून खराबा हो जाएगा और आप बेकार में उलझ जाएँगी अनचाही स्थितियों में।" नाविक के वचन में न चिंता का सूर था न भय का। वह निखालिस सत्य कह गया था। प्रिया उठकर चलने लगी। आदिवासी बालाओं ने हाथ लहरा कर बिदा ली।

नाव चलने से पहले प्रिया ने नाविक से पतवार ले ली। खेते-खेते यशोदीप से सीखा नौकागीत वह गुनगुनाने लगी। आगंतुक भी सूर मिलाकर गाने लगा। कुछ दूर जाने के पश्चात् घड़ी देखकर प्रिया ने नौका वापस मोड़ ली। "अब लौटना ही होगा। आप ने ठीक कहा। कहीं हवेली में पता चल गया तो फिर नही आ सकूँगी। सब सोच रहे होंगे, मै सर्वा दी के साथ सो रही हूँ। मै रोज यहाँ आना चाहूँगी। साथ देने के लिए धन्यवाद। पानी सच में गहरा है पर सतह पर शांत। उफनते बहाव को भीतर छिपा लिया है गहराई ने। आपको जिसने मेरे साथ भेजा वह मेरा शुभचिन्तक है। जरा जोर से गाईये न। पापा के संग सुदर्शना में नाव को खेते-खेते ऐसे गीत सुनती थी। लगता था नदी, पहाड़, जंगल, सब उन्हे तल्लीन होकर सुन रहे हैं।"

"बहुत अधिक चाहती हो न उन्हें?"

"जी हाँ।"

"तब मुक्त हो जाओ ऐसी व्यक्तिनिष्ठ चाहत से।"

"प्रयास कर तो रही हूँ।"

"नही। व्यक्ति से मुक्त होना उसकी चाहत से मुक्त होना नहीं होता। अपने उद्‌गम से निकल कर नदी दोनों तटों के बीच बहती है और समदर्शिता से तटवर्ती इलाकों में अपनी प्राकृतिक दौलत बाँटती जाती है। गंगा हिमालय को छोड़कर आगे बढ़ती है तब उसका प्रेम शतरूपों से अपने किनारों पर फैल जाता है। चाहत में परावर्तित होने का स्वभाविक गुण होता है। हम मनुष्य जात उसको बाँधकर अपनी वैयक्तिक संपदा बना लेते है। बाँध कभी टूटा तो कितना विध्वंस होगा कहने की जरूरत नही है। इस विशाल ब्रह्मांड के कृपाछत्र में पलने वाले हम जीव, लघुतम बिंदु से भी कोटी रूप छोटे निजत्व को ही जीवन का सत्य समझने लगते हैं।"

"बाबा रे! कितने गुरु-गुरु शब्द! लघु बात लघु शब्दों में यह है की पापा का पीछा छोड़ो प्रियांजलि! गुरु बात यह है कि अपने ही बनाये हुए मानदण्डों को मनुष्य अपने सुविधानुसार क्यों तोड़ता-मरोड़ता है? दोहरी जिंदगी क्यों जीता है?"

"यश का जीवन खुली किताब है।"

"होगी। प्रश्न है सोच की पारदर्शिता का। मानदण्ड क्या दूसरों के लिए बनाये जाते हैं? ऐसी प्रभंजना को मैं नही स्वीकार सकती।"

उन्माद और उत्तेजना से प्रिया के अश्रु बहने लगे। नाव किनारे के करीब पहुँच रही थी।

"अच्छा माँ, कल फिर आना। तुम्हें कुछ सौंपना है।" किनारा पाते ही नाविक कूदकर उतर गया और देखते-देखते अदृष्य हो गया। हवेली तक का मार्ग वृक्षों की कमान से आच्छादित था। धूप उतरने लगी थी और पेड़ों से छनकर जमीन पर नक्काशी बना रही थी। आँसूओं के

विप्लव को दुपट्टे में समा लेने की असफल चेष्टा करते हुए प्रिया हवेली की ओर बढ़ी। वहाँ पहुँची तो देखा सर्वा बेचैन होकर दरवाज़े पर खड़ी है। "कहाँ थी तुम प्रिया? दादी ने चार बार पूछ लिया। बड़ी मुश्कील से रोक पाई हूँ उन्हें ऊपर आने से।" प्रिया निःशब्द ऊपर चली गई। उसके आँसू देखकर सर्वा भी रो पड़ी। कुछ देर बाद वह चाय की ट्रे लेकर कमरे में आई। "लो, मेरे हाथ की चाय पियो। कैसा रंग उड़ गया है चेहरे का। बेतवा पर तो नही गई? मना किया था न सबने?"

"बड़ी लुभावनी है बेतवा। कितना हरा-हरा तट था! मजबूत पीले पत्थर लेकिन सबसे झर-झर पानी बह रह था। नाव खेते-खेते लगा, कई बार इसी पानी में पतवार चलाई हूँ। कल चलिए मेरे संग। आप डरती तो नही नदी से?"

"पापा ने कई बार सागर तट की सैर कराई लेकिन यहाँ कौन ले जाता मुझे? दादा दादी की कृपा से यहाँ रह सकी यही बड़ी बात है। नदी किनारे जाना मना था सो नही गई।"

"वहाँ मुझे पापा के कोई मित्र मिलें। आदिवासियों - सा रहन-सहन है उनका। अचानक नाध में चढ़ गए। कैसे आए वहाँ, क्यों आए, किसने भेजा, समझ नही सकी। इतना जानती हूँ मेरी सुरक्षा उनका उद्देश्य था। हमारे परिवार से कभी इनका गहरा रिश्ता रहा होगा।"

सर्वा कुछ कहना चाहती थी किन्तु मन नहीं बना सकी। देर रात प्रिया जागती रही। हवेली के लम्बे गलियारों के चक्कर काटती रही। दादी के कमरे की बत्ती जलती देख उसने उनके कमरे का दरवाजा खटखटाया। "आ जइयो हमार मैय्या।" प्रिया दादी के पास जाकर बैठ गई। उन्होंने एक बड़ी अलमारी का सारा सामान निकाल कर नीचे चटाई पर रख दिया था। साड़ियों की थप्पियाँ लगाकर रखी थीं। कपड़ों के अतिरिक्त कुछ जेवर के डिब्बे रखे हुए थे। प्रिया एक-एक साड़ी उठाकर देखने लगी। तीन चार

जरी के भारी लहँगे और जम्फर, जरदोसी दुपट्टों के साथ सहेज कर रखे हुए थे। "मनुआ के हैं। अब तक सहेज कर रखी थी। का करें अब इनका? अब हवेली का राजा कोनो दूजा हुइ गवा।" दादी को सुनते-सुनते प्रिया की नज़र एक सुर्ख लाल ओढ़नी पर अटक गई। हरे लहँगे और सुनहरे जम्फर, को पहने हुए कल ही उसने किसी को देखा था। यही सुर्ख लाल ओढ़नी को लपेटे हुए। उसने जोड़ा उठाकर हृदय से लगा लिया। ओढ़नी पर सोने के पीले महीन जरी से तोते और मैना काढ़े हुए थे। "इसे मैं ले लूँ?" प्रिया ने अनुनय भरी आवाज में दादी से पूछा। "न रानी। तोहार पापा को न भावेगा। इहाँ कोनो मनुआ के नाम न ले सकत है।"

"काहे दादी?"

दादी ने उसके प्रश्न का उत्तर नहीं दिया। गहने का बक्सा खोल कर उन्होंने रत्नजड़ित आभूषण निकाले। प्रिया उनकी कारीगरी देखकर विस्मित हो गयी। सोने के हार पर पन्ने से जड़े तोते और पुखराज से जड़ी मैनाएँ बैठी थीं। कान के टॉप्स में वैसा ही तोते मैने का जोड़ा जड़ा था। समतुल्य कारीगरी वाले कंगन देखकर प्रिया ने दातों तले उंगली दबा ली। गहना आदि स्त्री सुलभ वस्तुओं से वह सर्वथा अनभिज्ञ थी। उसे याद नहीं कभी अम्मा ने गहना उसे दिखाया या पहनाया। "इका पहन लइबो कल पूजा के वखत। तेरे दादा खुस हो जावेंगे।"

"और पापा?"

"वो न जान पाएगा किसका गहना है।"

"मैं कह दूँगी।"

"पूजा के वखत कोनो काण्ड न कर देना बिटवारानी"

"फिर बताइये न"

किसी ने दरवाजा खटखटकाया। "चाय लइके बहुरिया आइ गवाँ

हो सायद। आजाव''

प्रिया दरवाजे तक गई। बाहर कोई था नहीं। प्रिया ने आवाज दी लेकिन कोई नही आया। वह कमरे से निकली तब वह शपथपूर्वक कह सकती थी ताउ जी की झलक उसने देखी। यदि दादी का दरवाजा उन्होंने खटखटाया था तो चले क्यों गये? ताई को रसोई से चाय की ट्रे लेकर आती देख प्रिया पूछ बैठी ''आपने ताऊ जी को देखा? दादी के पास आकर चले क्यों गए?'' ताई परेशान - सी दादी के कमरे में आ गई। ''अम्मा जी, प्रिया नदी तक तो गई नहीं थी? इनके लच्छन मुझे ठीक नहीं दिखते। देवर जी यहाँ हैं नहीं। कोई ऊँची-नीची बात हो गई तो?'' प्रिया से उन्होंने अपना प्रश्न दोहराया। ''मुझे बताइये ताई, मैं वहाँ क्यों नहीं जा सकती? मैं प्यार करती हूँ नदी से, जंगल से।''

''तेरे हाथ जोड़ती हूँ, न जा वहाँ। हम लोग ठहरी औरत जात। पति की बात मानने पर मजबूर। कुछ कह नहीं सकती। बिट्टो मेरी, बात मानना इतना ही हम कर सकती हैं।'' ताई की आँखों से अश्रू बहने लगे। दादी निश्चल बैठी रही फिर प्रिया को पास बुलाकर उन्होंने तोता मैनावाला जेवर उसे पहना दिया। साथ ही अपने जेवर का बक्सा उसे सौंप कर बोली, ''अब हम इ सब नाही रख सकीन। अब इ तोहार हुई गवाँ।'' दादी के आग्रह पर प्रिया उनके पास वहीं लेट गई। उसके बालों को सहलाते हुए दादी धीरे से कोई आशीर्वचनों से भरा गीत गुनगुनाने लगी। दूसरे दिन पूजा में सब व्यस्त हैं इस अवसर का लाभ उठाकर प्रिया नदी की ओर चल पड़ी। कल जहाँ नाव बाँध कर रखी थी वह स्थान आज सूना पड़ा था। प्रिया ने हार नही मानी। वह और आगे बढ़ गई। कहीं-कहीं तट बीहड़ था। ऊँचे-नीचे पत्थरों से गुजरकर वह पन्ने समान हरे तृणों से भरे नदी तट पर पहुँची। किनारा साफ सुथरा था। सामान्यतः ऐसे हरित स्थानों पर चरवाहें अपने जानवरों को लेकर आते हैं और पूरी घास भेड़-बकरियों की लीद या गाय भैसों के गोबर से सनी

रहती है। तृणों का मखमली कालीन आश्चर्यजनक रूप से स्वच्छ, निर्मल दिख रहा था। यहाँ बेतवा तक उतरने जरा गहराई में जाना पड़ता। नदी में उतरना टेढ़ी खीर थी। क्या करें? दूर से एक नाव खेते कोई आ रहा था। पास आते हीं उसने मनोहर को पहचान लिया और हाथ लहराकर उसका स्वागत किया। मनोहर ने नौका को तट पर लाया लेकिन कठिनाई से। एक नुकीले पत्थर से नौका को बाँधकर वह बंदर की तरह कूदते हुए ऊपर आ गया। ''लो तुम्हारी वस्तु। आने के लिए धन्यवाद। हवेली में पहरे बैठ गये होंगे। मै सोच रहा था क्या करोगी?''

''कैसे पहरे? कौन बिठाएगा?''

''लगता है, तुम भी मेरी तरह प्रकृति के इशारों पर चलने वाला जीव हो अतः आ गई। वो लोग तुम्हे ढूँढते यहाँ आएँगे लेकिन थोड़ा समय हमारे पास हैं। आओ नाव में बैठो। वस्तु फिर देख लेना। अभी चलें''। मनोहर ने प्रिया को सहजता से नाव में उतार लिया। प्रिया आनंद-विभोर हो उठी। मनोहर कहीं-कहीं कुछ-कुछ तटवर्ती स्थानों के विषय में बताते जाता अन्यथा नीरवता छाई रहती। प्रिया मनु को पूर्णतः भूल गई। भूल गई पिछले दिनों का जानलेवा तनाव। बेतवा, नाव, नदीतट, सब भूला गया। अंतर्मन प्रकृति में लीन हो गया और तृप्ति से उसका रोम-रोम तर हो गया। जाने इस समाधिस्थ अवस्था में कितना समय बीत गया। मनोहर ने उसे वापस उसी स्थान पर छोड़ दिया और वह आँखों से ओझल हो गया।

प्रिया घास पर आराम से लेट गई। उस निर्जन स्थान के संगी साथी, कुछ गिलहरियाँ जो फुदक रही थी, कुछ रंग-बिरंगे पक्षी, जो विविध भाषाओं में चहक रहे थे और कुछ बसंती नन्हे फूल जो हरे रंग पर अपना पीला अस्तित्व बयाँ कर रहे थे। वह पल ठहर - सा गया। प्रिया ने अनुभव किया की उस बिन्दु पर काल समाप्त हो गया। ऐसी

चरम समाधिस्त अवस्था पर आघात करने पहुँचने वाले रौले के लिए प्रिया का मन उद्यत नही था। शोरगुल निकट आने पर ही वह जागृत हुई। समूह का नेतृत्व उसके अपने ताऊजी कर रहे थे। उत्तेजना के कारण उनका गोरा चेहरा तप्त अंगारों के समान लाल हो गया था। ताऊजी के पीछे छोटे चाचा थे जो उन्हें शायद समझा रहे थे। ''कहाँ है वह सुअर का बच्चा?'' ताऊजी के इस उद्धत प्रश्न का अर्थ प्रिया समझ नही सकी। ''ऐ छोरी, सीधे से बता दे वरना मार डालूँगा तुझे।'' इस तरह के असभ्य वचन सुनने का अभ्यास प्रिया को नहीं था। उत्तर पाने में होते विलम्ब को देखकर ताऊजी और उत्तेजित हुए। वे प्रिया पर आक्रमण ही करते किन्तु घर का पुराना नौकर और छोटे चाचा ने मिलकर उन्हे पकड़ लिया। ''मँझले भाई साहब यहाँ है नहीं, आप ये क्या करने जा रहें है?''

ताऊजी ने यशोदीप के लिए कुछ अभद्र वचन कहे और प्रिया से फिर वही प्रश्न पूछा। अब प्रिया सँभली और शांतिपूर्वक उसने पूछा, ''ताऊजी, किसकी बात पूछ रहे हैं आप? कृपया सभ्यता से कहें।'' अग्नि में घी पड़ गया। ताऊजी चाचा जी की पकड़ छुड़ाकर प्रिया की ओर दौड़ पड़े लेकिन अकस्मात् रुक गए। जैसे कोई अदृश्य दीवार बीच में खड़ी हो। उनका अकबकाना देखकर प्रिया समेत सभी उपस्थित सोच में पड़े। छोटे चाचा कुछ रुककर उनके पास पहुँचे और उन्हे पकड़ लिया। उसी समय सर्वप्रिया हाँफती हुई वहाँ पहुँची। वह प्रिया से लिपट गई और दृढ़ता पूर्वक उसने कहा, ''मेरे पापा यहाँ नही हैं। नहीं तो क्या इस प्रकार कोई प्रिया से व्यवहार करता? कृपया चलें जाइये यहाँ से।''

घर के पुराने नौकर ने आकर प्रिया के चरण पकड़ लिए। ''बिटवारानी, मँझले मालिक से कुछ न कहिए।''

''नही कहूँगी। लेकिन ये सब क्या तमाशा है जरा बताइये तो।''

"प्रिया, क्यों आयी तुम नदी किनारे? क्यों मिली मनोहर से? यहाँ कोई बात छिपती नही। छोटा - सा गाँव है।" छोटे चाचा रुँआसे होकर कहने लगे, "मँझले भैया हम सबको कह कर गए थे, उन्हे कौन समझाएगा?"

"अच्छा होता यदि आप सब मुझे वजह बता देते। आपके मँझले भैया भी। इस तरह बेवजह की पाबंदियाँ मानना मेरे स्वभाव में नहीं है। कारण बताते तो अपनी विवेक बुद्धि से आप सबके अनुकूल निर्णय मैं लेती।"

"प्रिया अब चलो भी। बहस न करो। दादी और ताई का वहाँ बुरा हाल है।" सर्वप्रिया उसे मनाने लगी। ताऊजी एकाएक सचेत हो गए, और उन्होने सर्वा के वचन सुने। "छिनाल की औलाद रांड, तू होती कौन है नसीहत देने वाली?" उनके उद्दाम और पैशाचिक शब्द सुनकर सर्वा ने अपना चेहरा हथेलियों में छिपा लिया। प्रिया के बदन में आग लग गई लेकिन उन विषैले शब्दों को तूल देना उसके सुसंस्कृत व्यक्तित्व ने नकार दिया। सर्वा को अपनी बाहों में भरकर अतीव मृदुता से उसने कहा, "मेरी, अच्छी बहना। मेरी प्यारी सर्वा दी। दादी रास्ता देख रही है न? चलो अब।" दोनों बहनें हाथ पकड़ कर दृढ़तापूर्वक चलने लगी। हवेली पहुँचने पर दोनों निःशब्द अपने कमरे में चली गई। प्रिया ने एक पल के लिए भी सर्वा का हाथ नही छोड़ा। आखिर हँसकर सर्वा बोली, "छोड़ो अब पहरेदारी। बाथरूम जाना है।"

"भीतर जाकर रोई तो मुझसे वास्ता है, याद रखना।"

दादी और ताई रात में वहीं सोई। प्रिया के लाख आपत्तियों के बावजूद। रात सपने में प्रिया ने पयस्विनी बेतवा का वही तिलिस्मी हरा तट देखा। फिर मनोहर को नाव खेते देखा। फिर देखा मनस्विनी बुआ को नदी से निकल कर नाव में चढ़ते। मनोहर ने हाथ पकड़कर उसे बिठा लिया। बुआ ने कहीं से एक कॅनवास गोद में रखा और वह नदी का चित्र बनाकर उसमें रंग भरने लगी। मनोहर नाविक गीत गा रहा था।

मनस्विनी मग्न थी रंग भरने में। मनोहर तन्मय था गीत गाने में। धीरे-धीरे नाव गोल-गोल घुमने लगी। घुमाने वाले उसके अपने पापा थे। मनु बुआ मना करने लगी लेकिन पापा नही माने। वे नाव को तेज गति से लट्टू की तरह गोलाई में घुमाते रहे। मनु बुआ गश खाकर पानी में गिर पड़ी और देखते-देखते अदृश्य हो गईं। पापा और मनोहर रोने लगे। पसीने से तर प्रिया सपने से जगकर उठ बैठी। दीवाल पर घड़ी प्रातःकाल की सूचना दे रही थी। बिस्तरे में कोई नहीं था। नीचे से काफ़ी आवाजें आ रही थी। "अब क्या हो गया!" पसीना पोंछते हुए प्रिया बुदबुदाई। सीढ़ियों पर से धम्म-धम्म करते कोई ऊपर आ रहा था। बगैर दस्तक दिये भीतर आने वाला, युवा यशोदीप का दर्शन साक्षात् करानेवाला, अंजुलि नाम से पुकारने वाला प्रद्युत एक बवंडर की तरह कमरे में प्रविष्ट हुआ। भाई बहन अविश्वास से एक-दूसरे को देखने लगे। दर्शन स्वीकारने में कुछ समय बहाना पड़ा। दौड़ते आये प्रद्युत की गति भीतर आते ही धीमी पड़ गई थी। हौले से बिस्तरे पर बैठते हुए उसने धीरे से कहा, "अंजुलि...!" प्रिया की बोलती बंद हो गई। सपने के प्रभाव से वह अभी मुक्त नही हुई थी। मन में उसने सोचा ये एक और विभिषिका! पापा जैसा लेकिन इतनी कम उम्र! क्या काल उलटे कदम चलकर अतीत में चला गया है? फिर मैं यहाँ कैसे हूँ? "अंजुलि..."

"केवल मेरे दादा अंजुलि कहते है।"

"केवल मेरी अंजुलि दादा कहती है।"

दोनों चुप होकर बस एक दूसरे को देखते रहें। एक युग बीत गया था। राखी और भाई दूज पर आनेवाले मनी ऑर्डर के सिवाय भाई से कोई संपर्क नहीं बचा था। फिर भी भाई का प्यार, देश काल की सीमाओं को पार कर, उसके हृदय का सदा से स्थायी निवासी था।

''क्या कहूँ दादा? गुस्सा हो जाऊँ या खुश? कभी पलट कर अपनी अंजुलि की ओर नहीं देखा तुमने। गिला शिकवा करूँ या गले लग जाऊँ?''

प्रद्युत उसके बालों को खींचते हुए बोला, ''वह सब भी कर लेना। पहले चाय पी लेते हैं। सर्वा लेकर आ रही है। जल्दी मुँह धोकर आ जाना। या धुला दूँ जैसे बचपन में धुलाता था?''

''पहले मेरा वो बचपन लौटाओ। हो सके तो। क्यों गये तुम? क्या-क्या लौटा सकते हो उन बीते दिनों से? केवल मुँह धुलाने से बात नहीं बनेगी।'' आँसू उफना गए और प्रिया दादा के सामने रोना नही चाहती थी। वह बाथरूम में घुस गई। प्रद्युत ने आवाज देकर कहा, ''जल्दी आओ अंजुलि। चाय आ चुकी।'' प्रिया भाई का साथ एक पल के लिए भी खोना नही चाहती थी अतः कम-से-कम समय गँवाकर प्रद्युत के पास आ बैठी। ''तुम से इस प्रकार भेट होगी सोचा नहीं था। पापा ने आने दिया तुम्हें? सर्वा से बात हुई तो पता चला तुम आई हो।''

''अच्छा तो सर्वा दी से बातें होती रहीं! प्रियांजलि तो है नहीं कोई?'' प्रिया ने आहत होकर कहा।

''वही अधिकार जताने की आदत। अच्छा लग रहा है सुनकर।''

''केवल तुम्हारे और पापा के लिए एकाधिकार की भावना थी। दोनों ने धोखे में रखा। पापा की कोई रैना देवी थीं। सर्वप्रिया थी।''

''थी नहीं, है।'' सर्वा ने प्रिया का कुर्ता बाथरूम से लाते हुए कहा। ''इतनी बड़ी हो गई हो लेकिन कपड़ा रखना नहीं आता। धोना है न?''

''धोना तो है। कल घास में लोट-पोट हो गई थी। पानी में भी तो उतरी थी।''

"मैंने पहली बार देखी नदी, लेकिन कह सकती हूँ वहाँ उतरना नामुमकिन था। तुम किस तरह उतर गई? अरे! ये क्या है प्रिया?"

मनोहर की दी हुई वस्तु को प्रिया पूर्णतः भूल गई थी। कुर्ते की लम्बी जेब में उसने वह सीलबंद लिफाफा रख दिया था। "मैं तो इसे भूल हीं गई थी। कल मनोहर ने दिया कहा था खोल लेना।" प्रद्युत उठकर सीधा बैठ गया। "तुम मनोहर से मिली?"

"हाँ। वह मुझसे मिले कहना उचित होगा।"

"मैं मिलना चाहता हूँ। बताओ न अंजुलि कहाँ मिले वो?"

"व्वा! मैं तो सोच रही थी तुम कान पकड़ोगे मेरा। यहाँ उनके नाम से ताऊजी ने कल जो अभद्र व्यवहार किया! ताई, दादी सब उनसे मिलने पर पाबंदियाँ लगा रहीं थी।"

"नहा कर चलते हैं वहीं। तुम्हारा वह लिफ़ाफा खोलो। एकांत में खोलना चाहोगी?"

प्रिया ने तकिया उठाकर भाई को मारी। "तुम्हारी बला से। सर्वा दी, आप खोलिए न।"

"खोल लो प्रिया। बुआ की वस्तु होगी।" प्रिया ने लिफ़ाफा खोला। भीतर बड़े हिफाज़त से लपेटी हुई पायल थी। एक हरा तोता, एक पीली मैना, इस प्रकार का काम की हुई दुर्लभ कारीगरी वाली पायल देखकर तीनों की आँखें छलछलाईं। उनकी उस बुआ की वह निशानी थी जिसे उन्होंने कभी देखा नहीं "प्रिया नहाना-धोना छोड़ो। फौरन चलतें हैं"

"सर्वा दी को ताऊ कुछ नुकसान".... उसकी बात को काटते हुए सर्वा ने कहा, "अब जाओ भी। मेरी फिक्र मैं कर सकती हूँ।"

बेतवा के उसी तिलिस्मी किनारे, हरे तृणों के मखमली कालीन पर भाई-बहन एक युग के बाद साथ बैठे। प्रद्युत ने जेब में से अपना वॉलेट

निकालकर एक अँग्रेज युवती की तस्वीर निकाली। "यह मेलनी है। तुम्हारी भाभी।"

'प्रिया ने गौर से तस्वीर देखी। नीली आँखों वाली वह युवती साधारण नाक-नक्शवाली थी। असाधारण उसका सूचक चेहरा था जो सूरज की प्रातः किरणों जैसी सौम्य भावमई उष्मा से सराबोर था। "पापा जानते होंगे।" प्रिया के शब्दों में उलाहना थी। "जानते हैं। तुम्हें नहीं बताया इसका सही मायने में कोई समर्थन नहीं है। सच तो यही है की तुम्हारे साथ मैंने भी बड़ा अन्याय किया। अपने आपको घोर हताशा से बचाने, तुम्हें उसी हताशा की खाई में मैंने ढकेल दिया। अंजुलि, पहले अम्मा ने मुझे हदपार किया और बाद में मै हद से पार चला गया। नहीं सह सका पापा और अम्मा की खींचतान को। वहाँ जाकर दुख और बढ़ गया। मेरे अपने मेरे कभी हुए ही नहीं। उस घोर निराशा में मेलनी ने साथ दिया। तुम्हे पता है, मुझे सायकोथेरपी लेनी पड़ी वहीं मेलनी से मुलाकात हुई। अपनी माँ को काउन्सेलिंग के लिए लेकर आती थी। अब मैं उस निराशा से उबर गया हूँ तो मेलनी के प्यार के कारण।"

"लाये क्यों नही उन्हें?"

"क्या दिखाने लाता? हम भारतीय विदेशियों को हर वक्त पारिवारिक बिखराव के लिए ताने देतें हैं। मेरा अपना परिवार क्या है? मेलनी के माता-पिता पिछले चालीस वर्षों से एक-दूसरे का सहारा बने हुए हैं। उसके पिता का एक पैर लकड़ी का है... वे विकलांग हैं। उसकी दोनों बहनें और एक भाई संभव हो तब उनके साथ सार्थक समय बिताते हैं। हमारा घर क्या है? अम्मा ने खुले रूप से अपनी जुगुप्सा का लक्ष्य हम सबको बनाया। पापा ने मुस्करा कर वही विघटन का सूत्र पकड़ कर रखा। मैं भागा विदेश। एक तुम हीं हमारे इस मिथ्या जगत् में सत्य, चिरंतन सुन्दर हो।"

"अच्छा, ज्यादा जय शंकर प्रसाद न झाड़ना। मेरे बस का नहीं।"

"अंजुलि मैं सर्वा को इंग्लैंड ले जा रहा हूँ। उसका लंडन स्कूल ऑफ इकॉनॉमिक्स में दाखिला हो चुका है। सर्वा ने एम.ए. प्राइवेटली किया, लेकिन फर्स्ट आई। वहाँ रहेगी तो शायद अपना घर बसाने का उसका सपना पूरा हो सकेगा। इन्सान अपनी काबिलियत से वहाँ अपना स्थान बना सकता है। समाज की सोच हमसे अधिक उदार है।"

"ये तुमने अच्छा किया दादा। यहाँ उनका कौन है? पापा में इतना साहस नही है की अम्मा के रहते हुए खुले रूप से उनको अपनी पितृत्व का आकाश दे।"

"ऐसा कहना गलत होगा। अपना सुरक्षित वैवाहिक जीवन दाँव पर लगाकर उन्होंने नवजन्मा सर्वा को हवेली में लाया।"

"अच्छा दादा, ताऊजी क्यों सर्वा दी से नफ़रत करते हैं? बाबा रे! कितने अभद्र शब्द कहें! जिन्दगी में कौन कहाँ जन्म ले, ये तो महज प्रकृति की अपनी मर्जी होती है। बाबा के जाते हीं ताऊजी का भिखारी रूप नक़ाब फेंककर प्रगट हुआ। और मनोहर कौन है? उनसे सब इतना चिढ़ते क्यों हैं? एकाएक उस दिन मेरी नाव में चढ़ गए। तुम्हे बताना चाहिए मुझे सब बातें जो जानते हो। और पता है दादा, दो बार मनु बुआ मेरे पास आई। जिस दिन दादा जी चल बसे उस दिन। कहना चाहती थी लेकिन कोई न कोई बीच में आ गया और वो चली गई। किसी को बता नही सकती थी मैं। कहते, आभास हुआ होगा! कल रात मैंने सपने में देखा, मनु बुआ मनोहर के साथ नाव में बैठी है। तसवीर में रंग भर रही है। मनोहर नाविक गीत गा रहा है। और...."

"और क्या?"

"और भयंकर था सब दादा। पापा ने बुआ की नाव गोल-गोल घुमाकर डुबो दी। मैं पागल हो रहीं हूँ शायद। नहीं तो ऐसे विभत्स स्वप्न

क्यों देखती हूँ बार-बार? उस दिन सर्वा के घर बम्बई में सो रही थी और मैंने पैशाचिक ताना-बाना देखा। माँस के लोथडे, खून, ये सब क्या देखा मैंने? दादा मुझे डर लगता है। पापा जो अपने थे अब अपने नही लगते। मेरे आस-पास का सब किसी दूसरे विश्व का लगता है। तुम क्यों चलें गए दादा? मुझे छोड़कर?" प्रिया का आक्रोश आँसूओं की सीमाएँ लाँघ चुका था। उसके अंतर्मन में दफ़न विविध आयामों वाले अच्छे बुरे भावोन्मेष, आँखों की नमी को सोख लिए थे। प्रद्युत के आँसू निकल आए। प्रियांजलि के बालों को सहलाते हुए उसने कुछ कहना चाहा लेकिन गला रूँध गया। "यहाँ पर क्या कोई शोकनाटिका हो रही है? इस तरह समय मत खोना। रोना-धोना बाद में कर लेना। अभी मिलना जुलना कर लेतें हैं" प्रद्युत को मनोहर ने अपनी बाहों में भींच लिया। दोनों को असूया से देखते हुए प्रिया ने कहा, "आप क्या अतिमानव हो? जब देखो तब हवा से टपक जाते हो? आज अपने बारे में सब बताए बिना मत जाइये। हर समय भाग गए।"

"हाँ, आज कहना होगा। अब और भेंट नही होगी।"

"आपकी प्रकृति ने कहा?"

"नहीं। तुम्हारी मनस्विनी बुआ ने कहा।"

"मुझसे भी कहना चाहती थी कुछ, लेकिन कोई न कोई व्यवधान आया और कह नही सकी। आप जानते थे न उन्हें? कैसे थी मेरी बुआ? क्यों चली गई हम सबको छोड़कर? कोई बताता नहीं। पापा ने यहाँ आने नहीं दिया मुझे कभी। क्यों?"

"मनस्विनी की गाथा यहाँ के आदिवासी गीतों में गाते हैं। पूजते हैं उसे। मैं भी उनकी भावनाओं का सहचर हूँ। उसका नाम मैंने रखा। अर्थ जानती हो? उच्च विचारों वाली। विशुद्ध आत्मस्वरूपा। मुझसे और यश से बारह साल छोटी थी। मैं उसके जन्म के समय हवेली में छुट्टियाँ

बिता रहा था। यश और मैं सिंधिया स्कूल ग्वालियर में साथ पढ़ते थे। हमारे पिताद्वय मित्र थे। यहीं पास की छोटी - सी रियासत के मेरे दादा दिवान थे। पिता जी का अपना सफल कारोबार था। मै बचपन से अलमस्त वृत्ति का था। मुझे भाषा का अभ्यास पागलपन की हद तक अच्छा लगता। पशु-पक्षियों की बोलियाँ ध्वनिमुद्रीत करता था। सिंधिया स्कूल के प्राचार्य शिक्षा का सही अर्थ समझते थे अतः उन्होंने मुझे बगीचे में आनेवाले विविध पक्षियों की बोलियों का संग्रह करने का अवसर दिया। भाषाओं पर मेरे अच्छे प्रभुत्व का सम्मान करते हुए बाबा ने अपनी इकलौती बेटी का नाम सूझाने को मुझसे कहा। यश खूब लड़े लेकिन बाबा ने मेरा बताया नाम ही रखा। पंडित जी ने 'म' अक्षर बताया था सो नाम सही बैठ गया। हम दोंनों, यश और मैं, आइ.ए.एस ॲकेडमी से पास होने तक साथ रहे। मनु, हमारी प्रिय नन्ही बहना, तब तक किशोरी बन चुकी थी। उसका स्कूली शिक्षा में मन नहीं लगता। भगवान ने उसे चित्रकला का वरदान दिया था। वह तुम सबकी तरह जंगल से प्रेम करती थी और दिन रात प्रकृति का चित्रण। बाबा उसे लेकर जंगल घूमते, और जहाँ बेटी का मन होता वहाँ उसका कॅनवास लगा देते। वह सीधे ब्रश से रंग भरती थी। उसे स्केच बनाते मैंने कभी देखा नहीं। पक्षियों के चित्र बनाना उसका विशेष छंद था। डालियों पर बैठे तोता मैना के कई चित्र उसने बनाए।

"और वैसे हीं गहने बनवाए। उस दिन मैंने देखे। ऐसी खूबी वाली कारिगरी मैंने आज तक देखी नहीं।"

"वैसे ही अद्भुत उसके चित्र थे। वो चित्र, पक्षियों की बोलियों का ध्वनिमुद्रण, जंगल की पार्श्वभूमि पर घटा वह अलौकिक था। कई बार ऐसा लगता की मनु के चित्र से ही विहंग बाहर आ जाएँगे और हमारे तुम्हारे कंधों पर बैठ कर मीठी आवाज में गाने लगेंगे। उसके तोता मैना

इस धरा के वासी नहीं लगते।

मेरा मन आरंभ से ही जंगल और वहाँ के रहने वालों से जुड़ा हुआ था। नौकरी पानी मेरे प्रकृति से विपरीत थे। मैं पक्षियों की भाषा का अध्ययन करना चाहता था। पशुओं की बोलियों के संकेतों को समझकर उनका जीवन रहस्य समझाना चाहता था। पिता चाहते थे अधिकारी बनकर उनके स्वार्थसिद्धी में सहयोग करूँ। उनकी सहायता करना मुझे संभव नही था। आइ.ए.एस. मैने किया क्योंकि पढ़ना मेरे लिए सहज था। नौकरी न करने के मेरे निर्णय का भारी विरोध के रहते मैंने घर छोड़ दिया और स्थायी रूप से जंगलवासियों के साथ अपना आशियाना बना लिया। उनका अपना स्वतंत्र अस्तित्व था। उनका राजा था। वे स्वयं के बनाए कायदें-नियमों का अनुगमन करते। स्वास्थ्य, शिक्षा और अन्य सामाजिक प्रश्नों को लेकर उनका चिंतन हमारी मान्यताओं से सर्वथा भिन्न था। मेरी राय के अनुसार सरकार की नीतियाँ उनके अनुकूल कभी रही नही। भद्र समाज के प्रतिनिधि उनको लूटने खसोटने में लगे रहे। उनकी जमीनें, उनकी लोक संस्कृति, लोक कलाएँ, सब विधाओं का शोषण हुआ। हो रहा है। मुझसे सहा नहीं जाता था इस प्रकार वन्यवासियों का और उनकी संस्कृति का उत्पीड़न। मुझसे जो बन पड़ी उनकी वो सहायता मैंने की। यश की द्वितीय नियुक्ति इस जिले में हुई। वह स्थानीय व्यक्ति थे। उनके वरिष्ठ अधिकारी इस परिस्थिति का लाभ उठाकर आदिवासियों की स्वायत्तता को समूल उखाड़ फेंकना चाहते थे। उन्हें वैसे आदेश थे। महात्मा गाँधी के पश्चात् देश की विचार शक्ति सत्ता के लालचियों के पास नीलाम हो चुकी थी। जो ब्रिटिशों ने हमारे साथ किया हम वही सब हमारे ही देशवासियों के साथ पूरी निर्लज्जता से कर रहें हैं। तुम्हारे परिवार का यहाँ के वनवासी सम्मान करते थे। बाबा और अन्य सब सदस्य भी वनवासियों के प्रति सद्भाव रखते थे।

ऐसे में यश का उनके हितों के विरुद्ध नीतियों में सक्रिय सहयोग देना अप्रिय स्थितियों का जनक बना। यश नौकरी के प्रति बेहद गंभीर है इस बात को तुम जानती हो। वह आदिवासियों का हितैषी था और प्रशासनिक नीतियों को उनके अनुकूल मानता था। अभी अनुभव के निकष अपरिपक्व थे अतः वस्तुस्थिति का आँकलन नहीं कर सका। मनु आदिवासियों के बीच वनबाला की तरह मुक्त विचरण करती। उसे वे लोग सीता माई बुलाते। बाबा जंगल का चप्पा-चप्पा जानते थे। मनस्विनी को लेकर नदी पार जब वे भ्रमण करते, वह अपने कॅनवास पर खिलखिलाती वनबालाओं का, उनके लोकनृत्यों का, हाट-बाजार का चित्रण करती। जब सरकारी तंत्र वनवासियों से मुक्त जीवन पर आक्रमण करने लगा तब मनु आदिवासियों के हितों के लिए सचेत हो गई। उसका विनम्र, विनयी व्यक्तित्व उचित-अनुचित के प्रति सजग होकर, दमन के प्रतिकार हेतु कटिबद्ध हुआ। निज मृदुल अस्तित्व में छिपे जिस लौहत्व का परिचय उसने दिया, उससे हम सब अचम्भित हुए। मैं भी वनवासियों के हितों के लिए सरकारी यंत्रणा से उलझ चुका था, लेकिन मनु ने यह स्वतंत्रता कहाँ से पाई? वह एक स्त्री थी और नवयौवन के दहलीज पर खड़ी थी। पारंपरिक परिवेष से थी। मैं पुरुष था, अपना जीवन अपने सिद्धांतों पर निछावर कर सकता था। मनु से यह अपेक्षा किसी को नहीं थी। उसने सिद्ध किया की हमारी स्वतंत्रता के पोषक हम स्वयं होते हैं। कोई देगा क्यों दान में उस गुणविशेष को, जो हमारे निजी अधिकार में है? यश को नसीहत मिली की अपनी बहन को सरकार विरोधी गतिविधियों से रोकें। मुझे भी गैर कानूनी गतिविधियों में लिप्त मानकर मेरे खिलाफ़ वॉरंट जारी हुआ। यश फँस गया। एक ओर नौकरी थी जिसके सपने बचपन से देखे थे। दूसरी ओर प्राणप्रिय बहन और मित्र, जो शासन की नीतियों के विरुद्ध गतिविधियों के कारण

शक के दायरे में थे। यश तब कनिष्ठ अधिकारी था। वरिष्ठों के निर्देशों में कार्य करने को बाध्य था।''

''पापा को चाहिए था, त्यागपत्र देते। सही पक्ष का साथ देते। सरकार दरबार में कायर कहलाते लेकिन अपनों से तो इमान रख पाते!''

''अम्मा मेरी, उसके लिए ये असंभव था। यश जीता है अपने काम के लिए। मत सोचना तुम्हारे लिए, या किसी अन्य के लिए। बस्स.. अपने काम के लिए। इतनी बेचारी मत दिखो। हो नही तुम वैसी। और जानती हो कि पापा की कार्य निष्ठा को बड़े-बड़े नहीं डिगा सके!'' आह भरते हुए प्रिया ने कहा, ''निष्ठुर मनोहर! जानती हूँ। इसलिए पापा शिल्पा दी के गुरु है। दीदी ने अपना घर बार निछावर कर डाला कलेक्टरी पर। वरुण को भी! लेकिन मैं उनकी निष्ठा का वंदन करती हूँ। उनके निःस्वार्थ प्यार का वंदन करती हूँ। उन्होंने प्रवीण को उनका पुत्र दे दिया। अपनी ममता को रौंद कर। भरोसा किया उन पर।'' प्रिया के गालों पर अश्रु लुढ़क आए।

''सच में अद्भूत हैं तुम्हारी शिल्पा दी। बाबा ने बहुत प्रयास किया यश का तबादला हो जाए लेकिन यश यहीं रहना चाहता था। उसे डर था नियम बाहय कार्यवाही का। एक तरफा कार्यवाही का। इन संवेदनशील परिस्थितियों के चलते मनु घर में बंदिस्त हो गई। उसके बाहर निकलने पर तीनों भाइयों ने पाबंदी लगा दी। उन सबकी ऐसी धारणा बन गई थी की मैं मनःस्विनी को भड़काऊ सीख देता हूँ। अतः मेरे हवेली में आने पर रोक लग गई। मैं भला उसे क्या सीख देता? वह प्रकृति प्रदत्त साहस की अनभिशिक्त सम्राज्ञी थी। उसने कोई विरोध नहीं किया। धैर्यपूर्वक सही समय का इन्तजार किया। जब आदिवासी अपनी स्वायत्तता की रक्षा के लिए तीर कमानों से लैस होकर प्रशासन पर आक्रमण की तैयारी करने लगे तब मैंने उन्हें समझा बुझाकर रोक

लिया। शस्त्रों से आज तक कोई समस्या हल हुई है माँ? शस्त्र हमें कायर बनाते हैं। निःशस्त्र पर वार करना सीखातें हैं। बलहीनों पर अत्याचार करना सीखाते है। इसे कायरता ही तो कहेंगे। बात-चीत करने के लिए वे तैयार हो गए। मनु को पता चला तो उसे विश्वास नहीं हुआ। उसने दो टुक शब्दों में अपने भाई से कहा की ये बात-चीत का सुझाव मात्र धोखेबाजी है। उन्हें घेरकर मार दिया जाएगा और बदले में संबंधित अधिकारी मुख्यमंत्री से वाहवाही लुटेंगे, बढ़ोतरी पाएँगे। नाराज होकर यश ने कहा उसका भाई भी उन अधिकारीयों में से एक है। मनु को विश्वास होना चाहिए अपने भाई पर। घर में जंग छिड़ गई। मनःस्विनी! उच्च आचार-विचारों की प्रतिमूर्ति! छोटी - सी आयु में मानवता के पाठ को अपने नस-नस में बसाकर सत्य की राहपर निकल पड़ी ओजस्विनी। तत्त्वनिष्ठा और नीति की प्रखर पक्षधारी! और एक अद्‌भूत कलाकार! इतने सारे लौकिक दुर्गुणों का भार कोमल आयु पर! जिस दिन बात-चीत होने वाली थी मनु अपने बाबा को लेकर बंदूक की साये में जंगल की ओर चल दी। मैंने बात-चीत के लिए जो स्थान निश्चित किया था वह रियासत का पुराना महलनुमा बँगला था। आदिवासी राजा और उसके सौ से अधिक साथी अपने तीर कमान लेकर जैसे ही वहाँ पहुँचे उनसे कहा गया की वे शस्त्र एक स्थान पर जमा करें। वे अपने तीर कमान कैसे रख देते? उनका राजा वहाँ आया था। उसके सम्मान में शस्त्र धारण कर उसकी रक्षा के लिए तत्पर रहना ही उनके जीवन का प्रयोजन था। फिर भी राजा मान गया। मनु वहाँ उपस्थित थी। उसने तुरन्त आय जी से कहा पुलिस भी अपने शस्त्रों का त्याग करें। यश पर अधिकारी बरस पड़ें। मनु को अलग करने को कहा गया। मैं अब समझ गया की बात-चीत का सही में इरादा नहीं था। उद्देश्य था राजा को बन्दूक का निशाना बनाकर बाकी आदिवासियों का मनोबल समाप्त करना जिससें वे शरणागत हो जाए। पुलिस बन्दूकें तानकर खड़ी हो गई। कोई

आजतक नहीं जान सका किसने 'फायर' कहा।

पुलिस की गोलियाँ आदिवासियों की मासुमियत पर चल गईं। मुश्किल से दो-तीन मिनिट का तांडव हुआ और तबाही मच गई। अधिकारी किंकर्तव्यविमूढ खड़े रहे। बँगले के भीतर मनःस्विनी की विक्षत मृतदेह को गोद में लेकर बदूहवास यश बैठे थे। आय जी ने उन्हें चेताते इसके पहले ही बचे हुए आदिवासी अपनी जान पर खेलकर मुझे और मनु को उठाकर ले आए। मैं पागलों की भाँति रोता चिल्लाता रहा। उनकी बातें सुनकर मुझे अपने आप से वितृष्णा हो गई। वे कह रहे थे राजा को बचाने मनु ने अपने बदन पर गोलियाँ झेलीं और राजा पर गोलियाँ यश ने चलाई। मेरी समझ में आज भी नहीं आता की यश ने गोली कैसे चलाई? गोलियाँ चलाने को किसने कहा? वह पुलिस दल में नहीं था। उसका गोली चलाना कायदे के अनुसार अपराध की श्रेणी में आना चाहिए था। मनु को वहाँ उपस्थित नही होना चाहिए था। मनु को हटाया क्यों नही गया? राजा के आसपास मनु के रहते यश का गोली चलाना असंभव था। क्या उसे कहीं और मार कर राजा के शव के पास रख दिया? इस घटना के बाद कई बार मुझसे वह मिली। या कह सकती हो मुझे ऐसा आभास हुआ। वह यश से बेतहाशा प्यार करती थी। कहती थी भाई आपकी बेटी होगी एक। आपकी तरह। उसे मैं अपनी पायल पहनाऊँगी। सारी हवेली में दौड़ेगी वह झन-झन पायलिया बजा कर। वनवासियों से प्रेम के कारण वह उनके बचाव के लिए लड़ी परन्तु उसकी अभिलाषाएँ, उसकी चित्रकला, अधूरी रह गई। आज तक जंगलवासी यह स्थान जहाँ हम बैठे हैं, उसकी कला के साधना के लिए आरक्षित रखते हैं। यहाँ कोई आता नहीं। चरवाहों को हिदायत है कि इस स्थान से दूर रहें। सब ग्रामवासी और आदिवासी मानते हैं कि उनकी लाड़ली मन्नो बिटियाँ और मन्नोमाई अपनी इच्छानुसार यहाँ आकर अधूरे चित्रों में रंग भरतीं है।

यश उस दुःस्वप्न को किस तरह जिया वही जाने क्योंकि सारी बिरादरी उसे ही मनु के मौत की जिम्मेदार ठहराती है। मुझे मत पूछना की बात सच है या झूठ। मेरे लिए सच तो यही है की प्रकृति में कुछ समाप्त नहीं होता। किसी और रूप में परिवर्तित होता है या शेष रह जाता है, पूर्णतः नष्ट नहीं होता। मैं मानता हूँ मौत किसी को भी तब तक नष्ट नहीं कर सकती जब तक उस व्यक्ति में जीने की प्रबल इच्छा हो और इसी जिजीविषा के रहते मनु अभी शेष है। वो सारे अलौकिक चित्र, वो अनमोल ध्वनिमुद्रण, नष्ट कर दिए गये ये कहते हुए कि वह सब सांकेतिक भाषा है और विद्रोह का हिस्सा है।''

प्रियांजलि ने भाई का हाथ कस कर पकड़ रखा था। स्वतंत्र, लोकतांत्रिक भारतवर्ष क्या यही हैं? उसके पिता, शिल्पा और शरण क्या ऐसे अपारदर्शी प्रशासन के प्रतिनिधि हैं? मनोहर कब चला गया उन्हें पता नहीं चला। उसकी कही हुए विचित्र बातों ने दोनों के दिल ओर दिमाग को काबीज कर लिया था। फिर उठकर दोनों निःशब्द हवेली की ओर जाने लगे। कुछ समय बाद प्रद्युत ने कहा, ''जैसे ही तुम्हारा हाउस जॉब खत्म होगा, तुम इंग्लैण्ड के लिए आवेदन दे देना। मैं सब कागज-पत्र बनाकर भेजूँगा। खबरदार जो इन्कार किया। मैं सुनने वाला नहीं। पापा से जिक्र करने की जरूरत नहीं है।''

''अम्मा पापा का तब क्या होगा?''

''यह सोचो कि तुम्हारा यहाँ क्या होगा!''

''जब तक पापा मुझे नहीं बताते कि मनु बुआ को क्या सच ही उनकी गोली लगी थी या कोई अन्य बात थी मैं चैन नहीं पा सकती। मनोहर की बात से स्पष्ट है कि जीवन से भरपूर वे, असामयिक मृत्यु से पार नहीं पा सकी। मैं विश्वास नहीं करती ऐसी बातों पर। फिर भी मनु बुआ को अपनी आँखों से देखना महज आभास नहीं मान सकती। उस

दिन ताऊजी ने मुझ पर आक्रमण करना चाहा लेकिन अनायास रुकना पड़ा उन्हें। जैसे किसी ने रास्ता रोक दिया और वो पार नहीं कर सकें। सर्वा दी मेरे बचाव में आ पहुँची और वे नदी तट तक कभी आई नहीं थीं। मैं बेतवा में नाव पर सवार हुई और मनोहर धूमकेतु की तरह अकस्मात् नौका पर चढ़ बैठें। हर पल बुआ मेरे साथ चल रहीं है। शायद केवल साथ पाने। या कुछ कहने। कौन जाने?''

''इन बातों में उलझने से क्या मिलेगा? मानो सच केवल मरिचिका सिद्ध हो तब?''

''तब का तब। अभी सत्य की तलाश। मैं जानती हूँ तुम यहाँ रुकोगे नहीं। तुमने अपना विश्व इन प्रश्नों को दफ़नाकर उस नींव पर बनाया। किसी मज़ार को चाहे ताजमहल कहो, आखिर होती तो वह मज़ार ही। भले ही दर्शनीय वस्तु हो लेकिन निवास के लिए सर्वथा अनुपयुक्त। मैं प्रकाश देखना चाहती हूँ, मज़ार का अंधेरा नहीं। जानती हूँ कीमत चुकानी पड़ेगी। लेकिन अब ये तलाश रुक नहीं सकती।''

''तुम्हारा दादा फिर भी तुम्हारी राह देखेगा। चलो, अम्मा की हवेली तुम्हे दिखा दूँ।''

छोटे बच्चे की तरह उछलते हुए प्रिया ने हामी भर दी। अम्मा का घर महलनुमा है यह बात तो उसने सुनी थी तब भी हवेली से आँखें चार होने के बाद उसके मुख से विस्मयसूचक शब्द बाहर आए। हवेली आबाद नहीं इस पर सहसा विश्वास नहीं किया जा सकता था। दरबान ने फाटक खोलकर प्रद्युत को सलाम किया। चाबियों का गुच्छा लेकर आए अधेड़ व्यक्ति ने हवेली के प्रवेशद्वार पर लगा ताला खोलकर उन्हें सादर भीतर आमंत्रित किया। जाहिर था वह प्रद्युत को भली-भाँति पहचानता था। ''हम घूम लेंगे मामा साब। यह प्रियांजलि है, मेरी छोटी बहन।'' अधेड़ ने प्रिया के चरण छुए। संकोच वश प्रिया भाई के पिछे

छिप गई। हवेली का रख रखाव निर्दोष था। किसी मीन मेख की गुंजाइश नहीं थी। सजावट कलात्मक थी। फर्नीचर रोज़वुड का था और परदे चायना सिल्क के। कहीं धूल का कतरा भी नज़र नहीं आया। ''इसका रख रखाव कौन करता है दादा?''

''अम्मा के पिता जी के जमाने के लोग हैं। अम्मा साल में एक बार आती है और व्यवस्था पर नज़र रखती है। इस एक काम में पापा उनकी मदद करते हैं। तुम्हें पता है एक पूर्णिमा की रात नौका विहार करते समय अम्मा का पूरा परिवार डूब गया। अम्मा के भाई, सब मनचले, हुड़दंगबाज थे। जम कर शराब पीते थे। सुना है नाविकों को साथ नाव में आने नहीं दिया। बीच में कहीं तीनों भाई तैरने नदी में कूद गए और अंदर कहीं फँस गए। उपर नौका में केवल बच्चे और घर की औरतें रह गई जिन्हें नाव खेने का अभ्यास नहीं था। किसी अन्य नाविक ने स्थिति का गांभीर्य समझकर बचाने की कोशिश की लेकिन नाव और उस पर सवार सब वह गए। उसी नाविक ने हवेली में ख़बर दी। नाना-नानी ने इस सदमें से बिस्तरा पकड़ लिया और उठे नही कभी। केवल अम्मा शोक मनाने के लिए रह गई। अपार धन है लेकिन भोगने वाला कोई नहीं। नाना का दिया हुआ दान दहेज इतना विपुल था की अम्मा को इस अतिरिक्त जमीन जायदाद की कोई आवश्यकता नहीं थी। लेकिन अब तो अम्मा ही इस विराट दौलत की इकलौती वारिस है।'' प्रद्युत के साथ हवेली घूमते-घूमते प्रिया थक गई। ''बस्स् तैलचित्रों को और देख लो। तुम चकित हो जाओगी।''

''बाबा रे! और अधिक चकित मुझे नहीं होना। चकित होते-होते बेहोश ही हो जाऊँगी।'' तैलचित्रों में से एक चित्र में, दुबले-पतले, रौबीले पुरुष के अंक में आठ या नौ वर्षों की सुन्दर बालिका विराजमान थी। निकट के एक तैलचित्र में दो किशोरियाँ हाथ में हाथ डाले सीधे

सामने दौड़कर आ रही थी। चित्र इतना वास्तविक था की देखनेवाले को लगता वे उससे टकरा जाएँगी। प्रिया उत्स्फूर्तता से पीछे हटी। प्रद्युत हँसने लगा। ''सब चौक जाते हैं। है न कमाल की पेंटींग?''

''अधेड़ व्यक्ति हमारे नाना जी होंगे और उनकी गोद में अम्मा होनी चाहिए। बाल्यावस्था में कितनी सुंदर थी! और दूसरे चित्र में बड़ी किशोरी तो अम्मा होगी। छोटी वही, जो मुझसे मिलने का प्रयास कर रही हैं। बुआ कम आयु की दिख रही हैं, लेकिन दोनों में दोस्ती है। कौन अधिक रूपवती है कहा नहीं जा सकता। ऐसे अनुपम सौंदर्य का चेचक जैसी बिमारी में विनाश होना लापरवाही की हद है। किसी ने रोका नहीं उन्हें उस गैरजिम्मेदराना निर्णय से?''

''आज ये बातें बेवकूफी भरी लगती हैं परन्तु उस समय देहात में टीकाकरण का यही हाल था। विशेष रूप से बाहों की कुरूपता के भय से लड़कियों को चेचक का टीका लगवाने से अभिभावक बचते थे।''

''अस्पताल से छुट्टी कैसे होती तब?''

''प्रिया हम भारत में रहते हैं। यहाँ असम्भव क्या है? अव्वल तो प्रसूती अधिकतर घर पर ही होती थी। देहातों में वजनदार व्यक्तियों का राज चलता है। नियम कानूनों को वैसे भी इस देश में पूछता कौन है? जिसकी लाठी उसी की भैंस। तुम कमिश्नर की बेटी हो। तुमसे अच्छा इस सत्य को कौन जानेगा?''

''सच तो है। रोजमर्रा के जीवन में छोटी-छोटी कई नियमबाद्धताओं को इतनी सहजता से हम जीवन का अविभाज्य हिस्सा बना लेतें हैं कि अपने कमजोरी का ख़याल हीं नहीं रहता। पापा का कॉलेज आना मुझे इसलिए अच्छा नहीं लगता। सबकुछ छोड़कर सारे लोग जी-हुजुरी में लग जातें हैं। जो भी हो, निजी सुन्दरता का इस प्रकार अनुक्षय होते देखना एक भयंकर त्रासदी है। अम्मा के भीतर जो नफ़रत का जहर घुल गया

है वह इसी त्रासदी की स्वाभाविक परिणति है।"

"मेरी राय में इतनी नफ़रत अस्वाभाविक है। पापा ने उन्हें हर संभव सम्मान दिया। युवावस्था में उन्होंने किसी और को चाहा लेकिन अम्मा से विवाह के पश्चात निजी चाहत को त्याग दिया। सर्वा के जन्म से उत्पन्न दारुण स्थिति के कारण उन्हें दोबारा उनकी देहली पर जाना पड़ा। असाध्य रोग से पीड़ित माँ और सही निगरानी के अभाव में मृत्युपथ पर अग्रसर उनकी सद्यःजन्मा। असहाय की सहायता करना कोई गुनाह तो नहीं!"

"तुम पुरुष हो आखिर। पापा का ही पक्ष लोगे। अम्मा का दर्द नहीं समझोगे।"

"अंजुलि, मुझे क्या मिलेगा किसी का गलत समर्थन करके? तुम खुद को पापा के स्थान पर रखकर सोचो।"

"उसकी जरूरत मुझे नहीं है। दोहरी निष्ठा को मैं सह नही सकती। पापा और मेरी सोच सर्वथा भिन्न है। वे चाहते हैं मै शरण से विवाह करूँ। ये जानते हुए भी की वह किसी और के साथ संबंध बना चुका है। शायद विवाह के बाद भी वैसा ही करें यदि मुझसे मेल न बैठे!"

प्रद्युत चुप हो गया। इस प्रकार की कट्टरता अंत में प्रियांजलि को ले डूबेगी यह सोचकर वह बहुत उद्वेलित हो गया। पिता के प्रति उसका प्रेम असीम था। प्रियांजलि उसकी साँसो में बसी थी। अम्मा से वह उतना ही स्नेह करता था। धन का चिन्ह लगा था सब प्रेमस्थानों पर फिर भी परिणाम ऋण कैसे निकला इस बात की टीस हृदय में निरंतर उठती है। किसे सही कहूँ, किसे गलत कहूँ? मन ही मन प्रियांजलि से उसने कहना चाहा कि वह सही गलत का हिसाब किताब रखना नही चाहता। वह चाहता है नुक्ताचिनी छोड़कर वे सब एक-दूसरे को अपना

लें। जो खो चुका उस समय से सबक लें और अधिक समय विलगता में न बिताएँ। सबका मिलाप चाहिए उसे परन्तु बहन को विदेश आने की सलाह दे रहा है। अंतरात्मा को विश्वास नहीं है की परिवार कभी सुघटित होगा। उसकी चाहत कभी पूरी नहीं होगी।

"अंजुलि, तुम्हे इंग्लैंड आना चाहिए। हाउस जॉब करने के बाद तुरन्त।"

"तथास्तु। तुमसे इतने वर्षों बाद मुलाकात हुई और तुम कल ही चले जाओगे। तुम्हे रोक नहीं सकती। वहाँ तुम्हारी एक दुनिया बसी हुई है। दादा, क्यों आता है यह बिछोह जीवन में?"

दूसरे दिन सर्वा को लेकर प्रद्युत चला गया। प्रद्युत और प्रिया में गहरी वियोग भावउर्मियों का निःशब्द सम्प्रेषण चल रहा था। चक्षु खाली खाली थे जैसे प्रेम पाखी उनमें बसी मिलन की अंतिम संभावना को चुगकर किसी अगोचर आकाश में अदृश्य हो गए हो। यशोदीप दिल्ली से लौट आए थे और दादा जी का श्राद्धकर्म संपन्न हो चुका था। सबसे बिदा लेकर प्रिया अपने पिता के साथ शहर की ओर रवाना हुई।

घर पहुँच कर वह अपनी पढ़ाई में व्यस्त हो गई। दिन-रात एक करके पढ़ने के बावजूद पढ़ाई अपर्याप्त लग रही थी। यशोदीप का दिल्ली का कार्यकाल पूरे छह महिनों तक बढ़ गया। प्रिया की अंतिम वर्ष की परिक्षा हो गई। नतीजा अच्छा आया और वह हाउस जॉब करने लगी। प्रद्युत से अब उसका नियमित संपर्क बन गया था। दादा के मार्गदर्शन में वह बाहर जाने की प्रक्रिया को अंजाम दे रही थी। आवेदन पत्र तथा अन्य जानकारियों के लिए आवश्यक पत्राचार के सिलसिले में प्रिया डाक पर विशेष नज़र रखने लगी। घर की सारी ड़ाक पहले यशोदीप के टेबल पर रखी जाती। जब तक वे देखतें नही, कोई पत्र खोला नहीं जाता। उन्होनें देखा इन दिनों प्रिया उनसे पहले डाक देखने

लगी है। हर दिन उसके नाम कोई - न - कोई चिट्ठी, पत्री अवश्य आती। "क्या बात है बिटवा, आजकल बड़ी खोजबीन होती है डाक की?"

"दादा की चिट्ठी का रास्ता देख रहें हैं पापा।"

"दादा का पत्र?"

"हम इंग्लैंड जाना चाहते हैं"

"काहे बिटवा?"

"आगे पढ़ने।"

"ये सब दादा ने कहा होगा आपसे।"

"जी पापा"

"हमें छोड़कर चली जाओगी?"

"पापा, पढ़ने कहीं - न - कहीं तो जाना ही होगा। यहाँ पोस्ट ग्रॅज्युएशन नही करना ये आप ही कहते हैं न।"

"पढ़ाई की बात है। ना कैसे कर सकूँगा? लेकिन बिटवा राजा, अपने पापा से परामर्श लेने का मन नहीं हुआ?"

अपनी निर्मल दृष्टि से पिता को निहार कर प्रियांजलि ने कहा, "आप के हाँ कहने से ही तो कुछ करूँगी पापा। केवल जानकारियाँ मँगा रही हूँ।"

"देखो बिटवा, सब कर लेना, लेकिन विवाह के पश्चात्"

"शरण से?"

"शरण तुम्हे पसंद नहीं ये मानना जरा कठीन है।"

"उसकी माँ मुझे पसंद नहीं करती। शरण पर आप दबाव न डालिए। वह उसी से विवाह करेगा जिसे माँ पसंद करेंगी। आप जानते

हैं न वे शिल्पा दी को बहु बनाना चाहती हैं? फिर भी आप मुझे उन पर क्यों थाप रहे हैं?

"शरण की माँ ने सम्मति दे दी है"

"विवश होकर दी होगी।"

"विवशता तो है। शरण आपको पसंद करता है। इकलौती औलाद को माँ खुश देखना चाहेगी न?"

"और मेरी खुशी? मैं शरण से कभी शादी नहीं करूँगी। बेहतर होगा आप यह सत्य स्वीकार लें। मुझे अभी शादी विवाह में कोई रूची है नहीं। प्लीज दोबारा शरण से शादी करने को न कहियेगा। किसी दिन आपके कहने पर हाँ कर दूँगी तो सबकी जिंदगियाँ तबाह हो जाएँगी।"

"ये नादानी है बिटवा। आज शरण की माँ आने वाली हैं। हाथ जोड़ता हूँ, कोई बखेड़ा न खड़ा करियों। तुम्हारी मर्जी नहीं है तो विवाह की बात छोड़ देंगे लेकिन उन माँ-बेटे का सम्मान आहत न हो, इसका उचित उपाय करना होगा।"

"शरण अपनी माँ को यहाँ किसी भी स्थिति में आने नहीं देगा। उसे पता है मैं विवाह के लिए कभी राजी नही हूँगी। उनके सम्मान की चिंता शरण को भी है। पापा, अब समाप्त करें इस विषय को?"

उस रात बेहद थकी अवस्था में अस्पताल से आने के पश्चात् प्रिया खाना खाकर शांतिपूर्वक सोने के उदेश्य से बिस्तरे पर लेट गई। उसे तोता मैना वाली पायल देखने का मन हुआ। अस्पताल की ड्यिूटी जब बहुत जटिल हो जाती थी तब राहत पाने के लिए कला का प्रश्रय प्रिया लेती। जब से पायल उसके पास आयी थी उसकी अनुपम सुंदरता का अवलोकन करते-करते प्रिया सुधबुध भूल जाती। ऐसे समय मनु बुआ के साथ होने का तीव्र अहसास उसे रोमांचित करता। चारों ओर दृष्टि

डालकर वह मनु को देखने का यत्न करती। प्रिया उठकर अपनी अलमारी के पास गई। बहुत खोजने पर भी जब पायल नहीं मिली तब उसने आयाबाई को आवाज लगाई। उनके आने तक एक-एक कर प्रिया ने तीनों अलमारियों का सामान बाहर निकाल फेंका।

"किसने हमारी अलमारी को छुआ?" भीतर आई आयाबाई सकपका गई। घर का कोई सदस्य प्रिया की अलमारी को छूता नहीं था। ठाकुर साहब भी नहीं। शैशवकाल की एक घटना के बाद सब इस नियम का पालन करते थे। प्रिया को रंगीन काँच के टुकड़े इकठ्ठा करने का शौक था। टूटी चुड़ियाँ, टूटे शीशे, टूटे फूलदान, वह सब सहेजकर रखती। किसी दिन अलमारी साफ करने के चक्कर में अम्मा ने सारे टुकड़े फेंक दिये। स्कूल से लौटी प्रिया जब साथ लायी हुई नई दौलत रखने हेतु अपनी तिजोरी खोजने लगी तब उसे मिली नहीं। प्रिया की प्रतिक्रिया से बेख़बर आयाबाई ने उसे बताया की अम्मा ने काँच के टुकड़े सफाई करते समय फेंक दिए। उसके बाद जो तूफ़ान आया उसे काबू में करने यशोदीप को कार्यालय सें बँगले पर बुलाना पड़ा। उन्हें अपनी पूरी फ़ौज लगाकर खोजबीन कर मेहरी के घर से प्रिया की प्लास्टिक की अमूल्य तिजोरी वापस लानी पड़ी। प्रिया ने उस तिजोरी को स्वीकार नही किया, न उसकी भीतर की दौलत को। न उसने फिर कभी टुकड़ों को एकत्रित किया। यशोदीप ने डॉक्टरों से सलाह कर उसके लिए एक जर्मन शेफर्ड कुत्ते का पिल्ला लाया। उसे अपनी गोद में लेकर प्रिया फिर से नॉर्मल होने लगी।

दिन और रात पिल्ला प्रिया के साथ रहता। उसे वह भाई पुकारती। पिल्ले को उसने अपना गणगोत ही करार दिया। उसे राखी बाँधती, उसकी आरती उतारती। पिल्ला अग्नि को देखकर झपट कर दिया गिरा देता और बुझा देता। तब प्रिया उसे दिया न बुझाने पर एक व्याख्यान

देती। एक वर्ष में वह पिल्ला अपने आकार, रूप से सब पर रौब जमाने लगा। प्रिया स्कूल में जाने के बाद स्वस्फूर्ती से वह उसके कमरे की रक्षा करता। किसी को भी भीतर घुसने नहीं देता। एक दिन धीरे से यशोदीप ने प्रिया का काँच वाला खज़ाना उसके टेबल पर रख दिया और भाई से रखवाली करने को कहा। उस दिन से प्रिया का खज़ाना फिर से अलमारी में लौट गया। कालान्तर से भाई भगवान को प्यारा हो गया। लेकिन प्रिया के कमरे की सुरक्षा और निजता कायम रही। और आज फिर... "हम नाहीं जानत हैं बेबी" शोरगुल सुनकर यशोदीप, अम्मा सब प्रिया के कमरे में आ गए। प्रिया क्षोभ से काँप रही थी, यशोदीप को प्रिया के बचपन की वह मनहूस घटना याद आयी जब काँच के टुकड़े खोने के कारण निर्मित उन्मादावस्था की परिणति साँस रुकने में हो गई थी और प्रिया मौत के इतनी करीब चली गई की लौटाने का रास्ता ढूँढते-ढूँढते डॉक्टरों के पसीने छूट गए। यशोदीप वक्त पर अस्पताल न ले गए होते तो... तुरन्त प्रिया को पकड़ कर उन्होने लिटाना चाहा। प्रिया ने हाथ से उन्हे रोक दिया। "डरिये मत पापा। प्रियांजलि अब वह अबोध बालिका नही। काँच के टुकडें अब मेरा कुछ बिगाड़ नही सकेंगे। मेरी अलमारी में बुआ की पायल रखी थी जो किसी ने ले ली है। कृपया वापस करे।"

"तुम्हें पायल किसने दी प्रियांजलि?"

पिता की आँख से आँख मिलाकर प्रिया ने कहा, "उत्तर आप जानते हैं। दादी ने आपके कारण अंततः मुझे बुआ के जेवरात नही दिए सो बचता कौन पायल देने के लिए?"

"तुम्हें पता है मनोहर से मिलने का अर्थ? उसे प्रशासन ढूँढ रहा है।"

"और पकड़ नहीं पा रहा। क्यों पापा? आप नहीं चाहते वे पकड़े जाय। है न? आप जानते हैं वे वन्य संस्कृति के हितैषी हैं।"

“वह मेरे क्षेत्र के बाहर हैं। लेकिन उससे मेल-मुलाकात की ख़बर मैं प्रशासन से नहीं छिपा सकता। वह अपराध होगा। किस संकट में डाल दिया है तुमने हमें? तुम्हारी जिद का नतीजा सबको भुगतना पड़ेगा।”

“तब आप अपने शासन से ईमान रख लीजिए। करिए मेरी शिकायत प्रशासन से। मेरी समझ में नहीं आता बीस-पच्चीस वर्ष गुजर गए। अब क्या मायने हैं इस केस से किसी को? अच्छा नाटक खेलती है आपकी व्यवस्था।”

यशोदीप अम्मा को खूँखार नज़रों से देखते हुए उनके कमरे की और जाने लगे। अम्मा ने उन्हें जाने दिया, और तेजी से प्रिया के पास आई। “करमजली, उसे नहीं मिलेगी पायल। तुझे भी नहीं मिलेगी। क्यों नहीं बताया उस सिर फिरे मनोहर के बारे में पापा को? हमारी मनुआ को तो बरबाद कर दिया अब तेंरे पीछे क्यों पड़ा है कलमुआ? बेकार शोर न मचाना। दीवारों के कान होते हैं। कमिश्नर का बँगला है ये। इज्जत दाँव पर लगाने नहीं दूँगी, समझी? नादान लड़की।” अम्मा दनदनाती हुई चली गई। अब विस्मित होने का क्रम प्रिया का था। उसके चक्षुओं के सामने अम्मा की हवेली का वह तैलचित्र तैर गया जिसमें दो अंतरंग सहेलियाँ हाथ में हाथ लिए दौड़ रही थीं। लगता था अभी कूद पड़ेंगी चित्र से बाहर देखने वाले पर। कितनी करीब लग रही थी एक-दूसरे के, क्या अम्मा अब बुआ से मैत्रीभाव नहीं रखती? और अचानक पापा की इतनी चिंता कैसे हो रही है उन्हे? बुआ की पायल क्या तोप बन्दूक है जो दोनों इतने परेशान हो रहें हैं? “माई, क्या-क्या पागलपन देखना और बाकी है? पापा के प्रशासन को क्या मतलब है बुआ की पायल से? वर्षों पहले की घटना है। सब छानबीन तो हो गई होगी! अब क्या बाकी है?”

"दीदी की एक पायल गिर गई थी जिसे जंगल के लोग साथ ले गए। शायद पुलिस वाले मनोहर भाई की जानकारी पाने पायल को काम की चीज़ मानतें हैं। हम अनपढ़ गँवार का जाने?"

प्रिया शांति और सुकुन पाने अपने कमरे में आयी थी और अब दोनों गँवाकर अशांति की उर्मियों पर झूलने लगी। क्लांति से दुर्बल मन पर फिर कोई अनजाना अभिचारी सम्मोहन डालने लगा। परिणामस्वरूप मनु बुआ को प्रिया ने अपने कमरे में पाया। उनके कपड़े खून से सने हुए थे। हाथ तूलिका थी। कॅनवास पर वह प्रिया का चेहरा बनाने लगी। अमूर्त रंगों से मूर्त चित्र बनने लगा। देखते-देखते पूरा कॅनवास प्रिया की मछली समान फड़फड़ाती आँखों से भर गया। मनु बुआ प्रिया की ओर देखती और तूलिका चलाती। अपना चेहरा और फिर केवल छटपटाती आँखे कॅनवास पर देखकर प्रिया के दिल की धड़कन तेज हो गई। कॅनवास पर फैली मछलीनुमा आँखें उछलकर चित्र की कैद से बाहर आना चाहती थी किन्तु मनु बुआ की तूलिका ने उन्हे मजबूती सें रंगों में पकड़कर रखा था। अपने पारलौकिक चिरशांत दृगों से प्रिया को देखकर जैसे उसने कहा, इन चित्रित आँखों में तुम्हारे हृदय की तड़प देख लो। कैद से छूटना है तो मजबूत छलाँग लगाओ। अन्यथा पकड़ी रही जाओगी।

किसी ने उसका दरवाज़ा खटखटाया। मनु तत्क्षण चली गई। बदहवास प्रिया इस समय अपने पिता का सान्निध्य चाहती थी। अभी-अभी जिस अनुभव से वह गुजरी थी, उसे आभास निरुपित कर दें, ऐसे अगम व्यक्तित्व के धनी पिता यशोदीप के कोट का छोर खींचकर वह संप्रत स्थिति के उहापोह से मुक्त होना चाहती थी मन को निर्वेग कर दें ऐसी निवारक सांत्वना चाहती थी। वह उठकर दरवाजे तक गई विश्वास के साथ की पिता ने कपाट खटखटाएँ होंगे।

"पापा"...

"माता भवानी, कल दोपहर की डाक से दादा का पत्र आया है। शाम के बवाल के कारण आपको देना भूल गया। अभी याद आया सो देने आया हूँ। सुबह तक रुकता तो अपना खड्ग निहत्थे पिता पर आप चलातीं।"

क्षणभर में वातावरण नई ऊर्जा से व्याप्त हुआ।

"दादा का पत्र आया है? अब तक क्यों नहीं बताया? खोलिये न पापा तुरन्त।" यशोदीप ने पत्र खोलकर कहा, "आपके आवेदन पत्र हैं। सुबह संग बैठ जाना, भर लेंगे।"

"अभी बैठ जाते न पापा। प्लीज। मैं चाय बना लाऊँ आपके लिए?"

यशोदीप ने राहत की साँस ली। किसी प्रकार इस दीवानी लड़की के सिर से उस मनहूस पायल का भूत ऊतर जाय! विदेश हीं चली जाय और भूल जाय अतीत का जंगल, विषैली बेतवा और विद्रोही मनोहर। तब वे स्थितियों से सामना कर लेंगे। समझा सकेंगे होम सेक्रेटरी को। 'मेरी छबी अभी बेदाग है। प्रशासन का विश्वास मुझे प्राप्त है' यशोदीप के मन में छोटा - सा आशादीप कई अरमान अपने नन्हे से लौ में समाए टिमटिमाने लगा।

"माई से कह देते हैं। आप बैठ जाए हमारे संग।"

दो घंटों तक सिर खपा कर भी आवेदन का आधा हिस्सा ही भरा जा सका। "पापा, सारे आवेदन पत्र इतने क्लिष्ट क्यों होते हैं? सरल होना चाहिए न! आप जैसे जानकार और वरिष्ठ अधिकारी ने राष्ट्रीय तथा अंतर्राष्ट्रीय स्तरों पर इस मुद्दे को उठाना चाहिए। आवेदन की प्रक्रिया सरल होनी चाहिए। न कि जटिल।"

"अब ब्रिटिश सरकार हमारी बात क्यों सुनने लगी? अपनी सरकार ही सुनती नहीं!"

"अच्छा हुआ ये आपने ही कह दिया। मैं कहती तो आप मेरा कान मरोड़ते! मेरे विचार से ब्रिटिश सरकार शायद सोच भी सकती है। हमारी सरकार की तरह उनके मस्तिष्क के द्वार बंद नहीं होते।"

यशोदीप मुस्कुराएँ। कई दिनों के पश्चात बेटी संवाद का सेतु बाँध रही थी और उनका पितृ हृदय उस सेतु पर चलकर बेटी के हृदय तक पहुँचने मचलने लगा। नींद से बेहाल पिता की थकी-थकी आँखे देखकर प्रियांजलि अंततः बातों को विराम देने को विवश हुई। पिता को उनके कक्ष में रवाना कर वह भी बिस्तरे पर लेट गई। नींद में उसने कई मिले-जुले दृश्य देखें। कभी विलायत के, कभी अपने महा विद्यालयीन जीवन के, और कभी अपने विचित्र शैशव काल के। फिर बम्बई के उस चक्रवाती रात के, यशोप्रिया के जलज दृगों के। शरण शिल्पा के तृप्ति से निखरे चेहरों के। अम्मा का अपने गीले पल्लू से उसका मुखप्रक्षालन कराने के। चमेली के मंडवे तले बिछे धवलपुष्पों के सुगंधित चादर के। प्रिया देखती रही। उसके चक्षु उन चित्रों के पार की ऐसी चित्रावली देखना चाहते थे जो हृदय के समीपस्थ थी। स्वप्नमग्न नींद झाँसा देकर उसे उन्ही दृश्यों से वंचित कर रही थी। इस घालबाजी में प्रिया का कण्ठ सूखने लगा। तृषा से व्याकुल वह जाग गई एवं पानी का जग लेने अपने स्टडी टेबल के पास आई। सहसा उसने देखा टेबल पर रखे आवेदन-पत्र से एक नन्हा प्रकाशपुंज अपना अस्तित्व बयान कर रहा हैं। कुतुहलवश उसने झुककर देखा और उसकी आँखें फटी की फटी रह गई। मनु बुआ की खोई पायल वहाँ चुपचाप बैठी हुई थी। कहीं पायल का दिखना मृग मरिचिका सिद्ध न हो इस भावना से उसने प्रखर रोशनी वाला टेबुल लैंप जलाया। हरे पन्नों तथा पीताम्बरी पुखराजों से सैंकड़ो किरणें परावर्तित होकर टेबुल के उस कोने पर अनोखी रंगावली बना रही थी। प्रिया अचम्भे से देखती रही। उसे अहसास हुआ की प्रगट रंगविन्यास कुछ

संदेश दे रहे हैं। रंगों की ऐसी पारलौकिक छटाँए उसने पहले कभी देखी नहीं थी। न पीली। न लाल न नारंगी। न जामुनी न आसमानी। परा अनुभूतियों से रंगी नूतन अभिव्यंजना। इन्हे देखकर मन में कैसी तो प्रगाढ़ संतुष्टी जन्म ले रही हैं! विलोप हो रहा है परिचित रंगबोध का एवं स्फुटित हो रहे हैं नवरंगोन्मेष। एक सूक्ष्म दीप्ति दबे कदमों से अंतर्मन का दीप प्रज्वलित कर गई। नव आलोक का संकेत पाते हीं प्रिया की आँखें चौंधियाँ गईं। अनन्य कृतज्ञता से उसने पलकें मूँद ली। अंतस्थल की कोठरी में बंदीवान सत्य तत्काल मुक्त हो गया।

लॉन में विराजे यशोदीप प्रातःकाल की प्रथम चाय का आनंद उठा रहे थे। प्रियांजलि से देर रात तक की हुई बातें याद कर वे कई दिनों के पश्चात राहत अनुभव कर रहे थे। प्रिया बारामदे से उन्हे देखती रही। एक गहरा निःश्वास उसके उर से निर्गमित हुआ। पिता को अपनी आँखों से उसने अंतिम बार हृदय में उतार लिया। धीरे से उनके पास जाकर वह चाय प्याली में डालने लगी। यशोदीप मुस्कुराएँ। "जग गया हमार बिटवा!"

"गुड मॉर्निंग पापा।"

"तैयार हो। कहाँ जाएगा बिटवा सुबह-सुबह?"

प्रिया ने अपने पिता से सीधी नज़रें मिलाई और यशोदीप के हाथ से चाय की प्याली छूटकर नीचे गिरकर टूट गई। वे परिचित थे उस निर्भिक नज़र की निर्ममता से। जब प्रिया उनको अप्रिय किसी निर्णय पर पहुँचती, तब इन्ही अपराजेय दृगों से उन पर आक्रमण करती।

"पापा आप पर चाय तो नहीं गिरी?" यशोदीप निश्चल बैठे रहे। मनु की मृत्यु के पश्चात् जिस उन्माद की अवस्था में उनका मन चला गया था कुछ वैसा ही उद्वेलन उन्होंने अनुभव किया। लम्बे समय से उनका मानस अविरत तनाव से विघटित था। प्रिया का कड़ा, सत्यप्रिय

मापदण्ड उनके अतीत और वर्तमान दोनों पर भारी पड़ रहा था। यशोप्रिया की असामयिक विदारक मृत्यु, उनके अपने प्रिय पिता की मृत्यु, प्रिया का मनोहर से मिलना, प्रद्युत का बिछोह, और कार्यालयीन अतिरिक्त जटिल ज़िम्मेदारियाँ, इन सबका सम्मिलित परिणाम वहन करते-करते तन और मन सहनशीलता की अंतिम सीढ़ी को लाँघने विवश खड़ा था। बस जरा - सा उद्रेक, और संतुलन का पलड़ा असंतुलन की ओर झुक जाता। उनका अंतर्मन चीखने लगा "अब चुप भी रहो प्रियांजलि ठाकुर।" पिता की मनोदशा से बेखबर प्रिया ने उनके कुर्ते पर गिरी चाय अपने दुपट्टे से पोंछते हुए सहज भाव से कहा, "पापा, मैं इंग्लैंड जाना नहीं चाहती।" यशोदीप का अंतस चेतावनी देने लगा किसी अपकारी अभिचार की। उन्हें पिता की बताई बात याद आई। उनके जन्म के बाद कुंडली बनाने वाले पंडित ने आह भरते हुए कहा था, "बड़ी विचित्र ग्रह स्थिती है इनकी, लक्ष्मी सरस्वती का वरदहस्त होने के बावजूद इन्हे परिवारिक सुख नसीब नहीं होगा। इनकी ग्रहदशा के कारण इनके संपर्क में आनेवाली स्त्रीजात, जैसे पत्नी, सहोदरा, दुहिता, अकाल मृत्यु को प्राप्त हो सकती है।" चिंतामग्न पिता ने पंडित से उपाय पूछा तब उस निःस्पृह ब्राह्मण ने कहा, "उपाय-विपाय कुछ होते नहीं। विधि का विधान हम मनुष्य बदल नही-सकतें।" यशोदीप के मानसपटल पर पिता के कहे हुए शब्द तांडव कर रहे थे और प्रिया थी की बोलती ही जा रही थी। वे उसे चुप कराना चाहते थे किन्तु वाचा ने असहकार पुकार लिया था।

प्रिया यशोदीप के कुर्सी के हाथ पर बैठे गई। "मैं वनवासियों के साथ काम करना चाहती हूँ।" मूर्तिवत् बैठ पिता को देखकर पलभर प्रिया को लगा उनमें जीवन शेष नहीं है। एक चीख उसके दिल को फाड़कर होठों से निकलने वाली थी की यशोदीप की धीर गम्भीर आवाज गूँज उठी। "पहले से तय कर चुकी हो सब। काहे नाटक खेला पापा के

संग?" लम्बी आह भरते हुए प्रियांजलि ने पिता के सकुशल होने पर राहत अनुभव तो की किन्तु उनकी गिरती मनोदशा को समझने से चूक गई। शायद उसकी अपनी दशा उतनी संतुलित नही थी या वह परिणामों की चिन्ता करने से परे बढ़ गई थी।

"आप शायद सही कह रहे हैं। मन की गहराई में शायद पहले ही निश्चय हो चुका था। कल आधी रात को मनु बुआ की पायल मैंने अपने टेबल पर रखी पाई। उस पायल से परावर्तित रश्मियों ने सारगर्भित प्रकाश वचन मुझसे कहे और उनके आलोक में मेरी कर्मभूमी का पथ मैंने प्रशस्त होते देखा। पापा, मैं नहीं जानती थी उस मार्ग को। मैं तैयार खड़ी थी दादा के पास जाने को। अचानक अल्लाद्दिन की गूँफा का दरवाजा बुआ ने खोला। भीतर की दौलत देखकर आँखें फटी की फटी रह गई मेरी। पापा मैं नही जानती थी गूँफा का अस्तित्व। अचानक मेरी नियति ने अप्रत्याशित मोड़ ले लिया है।

"वही मोड़ जो मनोहर की ओर जाता है!"

"नहीं, मनोहर का इस घटना से संबंध नहीं है। ये मेरे और मनु बुआ के दरमियान संप्रेशित अंतस्थ लहरें हैं।"

"बुआ ने वहाँ जाने के रास्ते की सच्चाई नहीं बताई? आप किस प्रकार जाएँगी वहाँ डॉ. प्रियांजलि ठाकुर? शासन आपको देशद्रोह के आरोप में गिरफ़्तार कर लेगा।"

"जानती हूँ पापा। वहाँ का रास्ता मौत से गुजरकर जाता है। जानती हूँ आपका कोई भी कर्मी, चाहे शरण ही क्यों न हो, मेरे आस पास आए, मुझे रोके, स्पर्श करे, इसे आपके भीतर का पितृत्व बरदाश्त नहीं कर पाएगा। मेरा जाना भी आपके अफ़सरी मिज़ाज को स्वीकृत नहीं होगा। फिर आप क्या करेंगे पापा? कैसे रोकेंगे मुझे? स्वयं आप मुझपर गोली चलाएँगे? मैने आपकी बन्दूक में कारतूस डाल दिए है।

कौन जानता था इस पल की सच्चाई को? मेरी आपकी नियति को? मुझे रोकना आपकी नियति है और जाना मेरी नियति। नियति के इस शोकांतिका का साक्षी काल का यह क्षण है पापा। जाने अब क्या होगा?'' भावनाओं के उद्रेक से विवश प्रिया अपने पिता से लिपट गई।

प्रिया के पीछे किंकर्त्तव्यविमुढ़ खड़ी अम्मा पति की असाधारण मनोदशा क्षणार्धात समझ गई। मनु की मृत्यु के पश्चात पिता के असीम धैर्य ने, स्थिति पर उनके दृढ़ नियंत्रण ने और अति आवश्यक अनुकूल चिकित्सा सेवा लेने के व्यवहारिक निर्णय ने यशोदीप को आत्मग्लानी के अवसाद से उबार लिया था। वर्तमान क्षण में आंतरिक विक्षोभ के ठहराव से निवृत्त होना उनकी प्राथमिक आवश्यकता थी और प्रिया है की बोले ही जा रही है! अम्मा प्रिया को चुप कराना चाहती थी लेकिन उन्हें जैसे काठ मार गया था।

पिता को स्पर्श करते ही प्रिया चेत गई। उनकी नब्ज को पाने में उसे समय लगा और उसकी असाधारण तेज गति से वह सोच में डूब गयी। अपने निर्णय का बोझ उन्हें इस प्रकार क्षत-विक्षत करेगा इसका लेशमात्र अवधान उसे अब भी नहीं था। अपने पिता के अदम्य साहस, लौहपुरुषत्व तथा अडिग कर्तव्यपरायणता से परिचित प्रियांजलि पिता की नाजुक मनःस्थिती से अनभिज्ञ थी।

''अम्मा जल्दी मेरा स्टेथोस्कोप लाइये।''

तब तक यशोदीप अम्मा को देखे नहीं थे। उन्हे देखते ही उनका समग्र आक्रोश ज्वालामुखी की रौद्रता से अम्मा पर विस्फोटित हुआ। बेटी की ममता से लाचार पितृ हृदय ने समस्त हिंसक मनोवृत्तियों से लैस होकर तिरस्कृत अम्मा को अपना लक्ष्य बनाया। जो प्रतिघात वे प्रिया पर कर नहीं सकते थे उसे उन्मादी छल से अभिग्रहित होकर अम्मा पर करने वे उद्यत हुए।

निमिष मात्र में प्रिया अम्मा को बचाने दोनों के बीच आई और पिता के वज्र समान आघात से आहत होकर धाराशायी हो गई। कुछ समय तक अम्मा और यशोदीप दोनों समझ नहीं पाए हुआ क्या? प्रिया के ड्रेसिंग रूम से आयाबाई आवाज सुनकर बाहर आई और उसे बेहोश लेटी देखकर चीख पड़ी। "बेबी... बेबी..." प्रिया को हिलाकर जगाने का प्रयास उसने किया फिर चीखकर यशोदीप को बुलाने लगी। "ठाकुर साब, जल्दी डॉक्टर को फोन करिए।" बँगले में उपस्थित गार्ड भीतर आ गया। आयाबाई ने उसे शरण और शिल्पा को अविलम्ब बुलाने कहा और अम्मा को झकझोरते हुए कटु आवाज में बोली, "हमारे फूल - सी बेबी को क्या कर डाला तुम दोनों ने? अब होश में तो आओं कम - से - कम। डॉक्टर साब को बुलाओ।" अम्मा ने होश सम्हाल कर अस्पताल में फोन किया। शिल्पा, शरण, ॲम्ब्युलन्स, सब थोड़े बहुत अंतराल से बँगले पर पहुँच गए। शिल्पा को देखते ही अम्मा के जान में जान आई। वह चुपचाप रास्ते से हटकर एक ओर कोने में खड़ी रही। यशोदीप अभी भी प्रिया को अपलक देखते हुए बुत बने खड़े थे। अस्पताल से आए प्रिया के सहयोगी डॉक्टर प्रिया को स्ट्रेचर पर रखकर ॲम्ब्युलन्स में रखने लगे तब शरण को उनके पीछे जाते देख शिल्पा ने आवाज देकर उसे रोका। "उन्हे जाने दो, तुम सर को लेकर अस्पताल पहुँचो। अपनी गाड़ी मेरे सामने रखना। मैं अम्मा को लेकर ठीक पीछे रहूँगी। कोई टॅन्ट्रम्स नहीं प्लीज। ओके?"

जीवन में पहली बार शरण ने शिल्पा को स्थिति का प्रभार लेने के लिए दिल से दुआएँ दी। अस्पताल ने निःशब्द पूरे समर्पण से प्रिया के लिए अपनी सेवाएँ दाँव पर लगा दी। वह एक समर्पित, प्रतिभा संपन्न डॉक्टर थी। किसी से बहुत अधिक निकटता नहीं होने पर भी उसके निश्छल सेवाभाव पर सब लुब्ध थे। वार्डबॉय से लेकर सिनियर नर्सेस और

जूनिअर सिनियर डॉक्टर, सभी उसके सरल, मीठे व्यवहार के कायल थे।

अपने पिता के उच्च पद का न उसने कभी कोई लाभ उठाया, न कोई रियायत चाही। कमिश्नर यशोदीप लोकप्रिय अधिकारी थे। अस्पताल के कर्मचारी उनके भद्र आचारण के प्रशंसक थे। उनमें से कइयों की छोटी मोटी समस्याओं का यथासंभव निराकरण उन्होंने प्रेमपूर्वक किया था। आज यशोदीप की नहीं, उनकी अपनी दुलारी प्रियांजलि अप्रत्याशित रूप से अचेतावस्था में उनके संरक्षण में विद्यमान थी और वे उसकी चेतना लौटाने को कटिबद्ध थे।

डीन हाथ में ट्रॅन्कविलाइजर लिए यशोदीप के पास खड़े हो गए। प्रिया को आपात कक्ष में छोड़कर उनके पास लौटी शिल्पा ने डीन को रोका। "अभी उन्हें इसकी आवश्यकता नहीं। उनको प्रिया के पास होना चाहिए।" अवमानित होकर डीन ने शिल्पा को हिदायत दी की उनके क्षेत्र में दखल न दें। शिल्पा ने स्नेहपूर्वक फिर अपनी बात दोहराई। मृदुल स्वर से उसने यशोदीप से कहा, "सर, प्लीज ठीक करिये अपने आपको। कहीं कोई जबरदस्ती आपको ड्रिप विप लगा देगा तो समस्या खड़ी होगी। सर ये अस्पताल है। यहाँ बहुत देर तक कोई मेरी बात नहीं सुनेगा। प्लीज सर। आपात स्थिति में प्रभार अपने पास रखना कितना आवश्यक होता है ये तो आपसे ही हम सीखें हैं। प्लीज सर..." यशोदीप मन की आँख से देख रहे थे मनःस्विनी का विक्षत देह। खून से सनी उसकी भग्न काया। राजा पर चलाई गोली अपने नाजुक कोमल सीने पर झेलने वाली तत्वनिष्ठ मनु। उसे बाहों में समेट कर निकली उनकी दिल दहलाने वाली चीखें। आदिवासियों का मनु को छीन कर ले जाना... पुलिस का मौन दर्शक बना रहना। एक तमाशा खड़ा हुआ क्योंकि स्थितियों पर का नियंत्रण उन्होंने खो दिया। वे दुःख के अधीन हो गए। परिणामतः मनु की केवल गिरी हुए एक पायल वे पा सकें। मनु को खो

दिया। अंतिम वंदना भी न दे सकें। दुर्दान्त पूर्व अनुभवों के विकल स्मरण मात्र से यशोदीप सँभल गए। उसी प्रकार के भावावेग में बहने से होने वाले हानि से बचना उनके लिए इस पल की प्राथमिक आवश्यकता बन गई। डीन का हाथ हटाकर गोली के तरफ़ संकेत कर उन्होंने मुस्कुराने का दृढ़ प्रयास किया। "धन्यवाद डॉक्टर साब। लेकिन इसकी आवश्यकता नहीं है।" डीन समझ गए दुर्बल क्षण बीत गए। वे प्रिया के पास चले गए। "तुम अम्मा को लेकर घर निकल जाओ। यहाँ शरण अभी रूकेगा। बाद में देखते हैं। हमें प्रिया के साथ रहना चाहिए।"

"जी सर। मैं अम्मा के साथ बँगले पर रहूँगी। शरण मैं माँ से बात कर लूँगी। फ़िक्र मत करना।" शरण का निर्विकार चेहरा देखकर शिल्पा ने राहत की साँस ली। इस समय यह निर्लिप्तता ही उन सबकी सबसे बड़ी शक्ति थी। कोई रत्तिमात्र भी दुर्बलता दिखाता तो सबकी नाव भावउर्मियों के भँवर में डूब जाती।

"अम्मा चलिये प्लीज। मैं हूँ न साथ।"

बेहद थकावट से बेहाल यशोदीप अचेत प्रिया का हाथ थामें बैठे रहें। विश्राम करने के लिए शरण ने उन्हें बहुत मनाया लेकिन वे नहीं माने। पिता के वचन उनके मानस को रौंद रहे थे और एक बेसुध क्षण नींद उन पर हावी हो गई। अर्धचेतन अवस्था में घागरा जम्फर पहनी, तोता मैना वाले गहने पहनी मनु, पायल झनझनाती हुइ उनके सामने आई। उसके हाथ में नग जड़ी राखी थी और पूछ रही थी मनोहर को। वे गुस्सा हो गए और जाने लगे। "भाई साहब रुकीए न। ये आपकी राखी है... भाई साहब........ भाई साहब...... रुकीए न। राखी बँधवा लीजिए,..."। शासन द्वारा आदेशित अन्यायपूर्ण एक पक्षीय संवाद रोकने का बीड़ा उठाई उनकी निर्भय मनु। शस्त्र संघर्ष टालने जीवन को दाँव पर लगा दिया वह उनकी मनु... "भाई गोली न चलाइये। भाई रुकिये।"...

"फायर-फायर"। किसने कहा? मनु गिर पड़ी सुर्ख लाल लहँगे पर लाल खून के फव्वारे छिटके। और वे चीखने लगे। उसे बाहों में भर कर विलाप करने लगे। निमिषाधार्त उन दरिंदो ने छिन लिया मनु को और चले गए। शोक से निर्बल यशोदीप हार गए। हवेली में उठी शोकसंतप्तता का उपाय करना असंभव था। हर किसी की नज़र उन्हें इल्जाम दे रही थी। उनके पिता ने अदम्य मनोबल का परिचय देकर पुत्र की हर संभव रक्षा की। सदमें से बिगड़े उसके मानसिक संतुलन का इलाज करवाया। फिर बेटे को हिदायत दी अतिभावुकता से बचने की। "अपनी कमजोरी कभी इस प्रकार प्रगट नहीं करना। प्रशासनिक निर्णय जटिल होते हैं। आपकी नियुक्ति उनका अनुपालन करने के लिए हुई है। या नौकरी से इमान रखो या निजात पा लो ऐसी चाकरी से जिसे निभाना आपके बस में नहीं।" यशोदीप ने उस दिन के पश्चात मनु को अपने अंतस्तल से निकाल दिया। फिर अपने पूरे ऐश्वर्य के साथ रैना शम्पा बन उन पर कौंधी। उनके अतीत को भस्म कर दिया और राख से जन्म लिया नवउन्मेष ने। प्रिया क्यों नहीं समझती इस प्राकृतिक घटना को? दामिनी जब गिरती है किसी पर, तब लक्ष्य अपना बचाव नहीं कर सकता। काहे नाराज हो बिटवा हमसे? रैना हमारी यशोप्रिया बनी। चंद पल खुशियाँ हमने जी। बाकी उमर तुम्हारे अम्मा के हवाले ही कर दी थी। अपनी बीमारी का भार उन्होंने अपने कमजोर कंधों पर ऊठाया। हमें भागीदार नहीं बनाया। काया रोगी थी, आत्मा ऐश्वर्य संपन्न। किसी की गुलाम नहीं। चली गई उस पार सहजता से। नहीं रुकी। अब तुम भी न चली जाना उस अदृश्य राह पर। हमार बिटवा राजा, रुक जाना तनिक।

"पापा... पापा..." कई योजन दूरी से आती प्रिया की सूक्ष्य आवाज। यशोदीप की तंद्रा टूटी।

"हम यहीं है बिटवा। तुम्हारे पास।" एक पल के लिए प्रियांजलि

के अधखुले नयनों ने उन पर प्रेम की चाँदनी बरसाई... और वह पल बीत गया। बीत गई यशोदीप की जान प्रियांजलि भी। उसका हाथ हृदय पर थामे यशोदीप मूर्तिवत् बैठे रहे। शरण निःस्तब्ध उनके पीछे खड़ा था। अम्मा को छोड़कर अस्पताल लौटी शिल्पा का उर उनके भग्न चेहरे देखकर टुकड़े-टुकड़े हो गया। प्रिया के सिनियर, आया, नर्सेस, वॉर्डबॉइज, सब धीरे-धीरे वहाँ एकत्रित होने लगे। इसके पहले की वहाँ भीड़ एकत्रित होती, शिल्पा को प्रिया, यशोदीप दोनों को यहाँ से हटाना होगा। डीन से सलाह कर उसने प्रिया को कुछ समय तक अस्पताल की सुरक्षा में रखने का निर्णय लिया। "अपनी जान आपके पास छोड़ रहे हैं।" टूटी आवाज में शिल्पा ने कहा। डीन स्वयं भावुकता से बचने का प्रयास कर रहे थी। प्रिया के सहपाठी एक-एक कर पहुँचने लगे। उन्होंने प्रिया को घेर लिया और परिवर्ती आवश्यक देखभाल अपने हाथों में ले ली।

प्रद्युत से बात नहीं हो सकी। उसके लिए संदेश छोड़कर यशोदीप को तुष्टी करनी पड़ी। उनके परिवार के सदस्य गाँव से तुरन्त शहर की ओर मार्गस्थ हुए। सहर की पावन बेला में कमिश्नर बँगला प्रिया के पदचाप सुनने व्याकुल था। दुर्गा जी के चरणों में चढ़ाएँ जाने वाले जवांकुसुम के लाल फूल प्रिया के हाथों में स्वयं को सौंपने आतुर थे। प्रति सुबह उससे दाना पानी लेने वाले पक्षी कलरव करके अपना भोजन माँग रहे थे। आज इन सब को निराश होना पड़ा। दोपहर तक गाँव से परिवार के सदस्य आ गए। यशोदीप और शरण एक पल के लिए भी अस्पताल से हटे नहीं। शरण कुशलता से स्थिति का संयोजन कर रहा था। गिने चुने लोगों को ही मिलने की अनुमति उसने दी। अस्पताल से प्रिया को बँगले पर ले जाने का समय आते हीं वहाँ हाहाकार मच गया। जो अब तक संयत थे, असंयत होकर भावनाओं को अभिव्यक्त करने आँखों में बरसात लिए पीछे-पीछे चलने लगे। वो

सब एक दूसरे से कह रहे थे ठीक से देखा होगा न? शायद बेहोश हो केवल। किसी ने रोते हुए बात सिनियर डॉक्टर से दोहराई। डॉक्टर फफक कर रो पड़ा। अपना दुःख पीकर यशोदीप ने सबको धन्यवाद दिए, ढाँढस बाँधने का प्रयास किया।

शिल्पा की जिप्सी प्रिया को लेकर बँगले के लिए रवाना हुई। हर प्रसंग पर गरिमा बनाए रखना ठाकुर परिवार का धर्म था। उन्होंने मनस्विनी को असाधारण स्थितियों में खोया था। आज वैसी ही असाधारण स्थिति में लाड़ली प्रियांजलि को खोया। नतमस्तक सभी परिजन प्रिया के कदमों में विलाप करने लगे। आज वे संयत नहीं रह सकें। अंततः वह क्षण आ गया जब सब दहनभूमि की ओर रवाना हुए...

"शरण, शिल्पा से बात कर लो। फोन है उसका।"

"माँ, मैं हो आता हूँ। कुछ बात होगी।" इस समय शरण को जिंदा रहने का वही एकमात्र उपाय सूझा। ....

बँगले पर थकावट से चूर सब सो गए थे। दुःख से बेहाल यशोदीप ने देखा, अम्मा के कमरे में रौशनी है। उन्होने दरवाजे को धीरे से धकेल दिया और भीतर चले गए।

"आजा कसाई। अब तो ये अम्मा ही बच गई तेरे वास्ते।" उनकी गोद में सिर रखकर यशोदीप बस रोते रहे... रोते रहे।

निर्जन निमंत्रण

कल उसका निमंत्रण मिला। जाने क्यों भेजा? मैं चैन से समय की धारा के किनारे, भीगी हरी घास पर पाँव पसारे, सपने देख रही थी। ऐसे सपने जिसमें निरा कोरापन था। जिसमें न प्राणी थे, न वनस्पति, न धूप, न साया, न जल, न नभ, कुछ भी नहीं। अनावश्यक मेरे कोरे सपनों पर उसके निमंत्रण की खरोंच आई और खो गया मेरा सुकून। पहले खरोच आई, फिर जख्म हुआ, फिर खून रिसने लगा। मेरी साँसें रुकने लगीं। उसका निमंत्रण! उसने लिखा था, "निर्जन किनारों पर रेत की रेशम से मैं तेरा नया अस्तित्व निर्माण करना चाहता हूँ" मैं उपालंभ भरी हँसी से हरे-हरे घास पर लोट-पोट हुई। मेरा अस्तित्व निर्माण करने के लिए क्या वह ईश्वर था? स्वयं को निर्माता मानने का दर्प उसके निमंत्रण से झलक रहा था। जो नष्ट हुआ ही नही उसका निर्माता वह बनेगा कैसे? या पहले ध्वस्त करेगा? मुझे? शम्पा बादल को? मैंने उस निमंत्रण की नाव बनाई और कल-कल बहते झरने में आजाद कर दी। नाव डोल-डोल कर मस्ती में बहने लगी। अचानक एक तितली ने उस पर बैठने का प्रयास किया। नाव हिचकोले खा कर डूबने लगी। अपने विचार शून्य कारनामे से बौखला कर तितली उड़ गई। मैं आग बबूला हो कर उसे पकड़ने दौड़ी। फिर नाव को बचाने एक बार, अनेक बार पानी में लपक पड़ी। उपर से नीचे तक जलाभिषेक से सराबोर मैं झरने के कीचड़ में गिर गई। बुरा हो उस तितली की बच्ची का। उसे कभी कोई फूल पंसद न करे। शैतान की बच्ची ने मेरी नाव को डुबा दिया। ऊपर से सारा शरीर जलाभिशिक्त! और कीचड़ से सना हुआ। उस जल्लाद मेट्रन की डाँट-फटकार सुननी पड़ेगी सो अलग! कहेगी, "ऐ छोरी, इधर आ। फिर गई उस मुए झरने पर? हर वक्त नाचती रहती है कीचड़-पानी में। तुझे

कोई और शौक नही?'' लेकिन नहीं। लगा, श्रवणेंद्रिय कुछ भिन्न, क्या तो अजीब से वचन सुन रहे हैं। कई युवा, नाचती लहराती आवाजें कह रहीं हैं एक साथ, ''मॅम, हम भी आ रहीं है आपके साथ पानी में।'' मुझे बड़ी कोफ़्त हुई। कहाँ-कहाँ से कोई-कोई, क्या-क्या तो अजीबो-गरीब बातें कहता जा रहा है! तभी झरने में कूदकर विनोदिनी मेरे गले में अपनी बाहें डालकर झूल गई। पल भर में झरना यौवन की उल्लासभरी उछल-कूद में मस्त हो गया। लड़कियों ने मुझे नखशिखान्त तर कर दिया। झरने का पानी युवा कदमों के नर्तन से आलोड़ित हो उठा।

मैं अभी भी अतीत की गुफा में, यादों के जुगनुओं को अपनी हथेलियों में कैद करने उनके पिछे भाग रही थी। टिमटिमाती गुफा के एकांत से बाहर निकलने को मन रज़ामंद नहीं था किन्तु युवा शक्ति का आमोद मेरी आरज़ू पर भारी पड़ गया। दिल खोल कर जलक्रीड़ा का आनंद लूट कर जब हम सब थक गईं तब कहा, ''मॅम चलिए न मेस में। चाय का वक्त हो गया है। देर हुई तो रसोईया नन्ना का पहाड़ा सुना कर भगा देगा।''

किसी तरह अतीत से समझौता कर, अपने प्यारे जुगनुओं को गुफा में छोड़कर मैं उल्लासित छात्राओं के साथ वर्तमान में लौट आई। गीले कपड़ों में ही हम सब मेस में जा धमकी। टेबल पर कब्जा जमा कर लड़कियाँ मुझे घेरने लगीं। ''मॅम आप क्या सोच रहीं थी हमने आवाज़ दी तब आप तंद्रा में थीं। बताइये न प्लीज।''

''नादान लड़कियों, मैं तुम्हारी मेट्रन हूँ। शरम करो। इस प्रकार बात करते हैं जल्लाद से?''

''कौन जल्लाद? लेकिन पहले बताइये न आप क्या सोच रहीं थीं। प्लीज मॅम।''

"रात में बताऊँगी। तब पता चलेगा कैसे बच गई हो होस्टल की दुनिया की मूल निवासी, उन खतरनाक जल्लादों से। तुम लोग क्या ऐसे ही छोड़ दोगी मुझे मेरी बात सुने बगैर?"

"नो मॉम"। लड़कियों ने निश्चयपूर्वक कहा।

"तब भागो। अपनी-अपनी असाइनमेंट्स पूरी करो। कल प्रैक्टिकल की क्लास में अधूरे कामवाले सबको सीधे प्रिन्सीपल के कमरे में पहुँचा दूँगी,"

"डन मॅम।"

लड़कियों का चहक कर अपने-अपने कमरों में भागना मुझे अच्छा लगा। ऐसे ही तो मैं भी चहका करती थी! साथ होती अमिया। दोनों रात-रात भर जागकर अपनी प्रैक्टिकल की कापियाँ पूरी करती थीं। और वो जल्लाद दस बार चक्कर लगाती हमारे कमरे का। कहीं लाइट तो नहीं जल रही, चोरी से हीटर तो नहीं जलाया, कोको तो नहीं उबाल रही दोनों, आदि सब। इतनी चौकसी के उपरान्त भी हम सब वही करते जो करना हमें मना था। मैंने तभी ठान लिया था, जब नौकरी करूँगी, जरूर कुछ दिन लड़कियों के होस्टल की मेट्रन का अधिभार माँग लूँगी। कम से कम उतने दिन निवासी छात्राएँ वह सब काम शांतिपूर्वक करेंगी, (जैसे कि कोको का उबालना, देर रात तक लाइट जलाकर पढ़ना, हीटर पर बाज़ार से लाई साग पूरी गरम करना वगैरह) जो उनके होस्टल के नीरस जीवन को रसभरा बनाता है। रात दस बजे सबने मेरे दरवाज़े पर दस्तक दी और हौले से दरवाज़ा खोल दिया।

"छत पर चलें? अपनी-अपनी शॉल रख लो।"

मैंने दुर्लभित और उपेक्षित छत का एक सीमित हिस्सा बैठने योग्य बना लिया था। कुछ धूप सहने वाले पौधों के गमले रखवाए थे जिनकी

देखभाल हम सब मिलकर करते। माली के हठीलेपन को धता बता कर हमने अपनी हरियाली का प्रबंध छत पर स्वयं कर लिया था। युवा छात्र और युवा गुरु। महफिल जम गई। मेरा मन अभी उसी बीते हुए मुकाम पर बसा हुआ था जहाँ समय के साथ आगे बढ़े शरीर ने उसे बरसों पहले त्याग दिया था।

"मॅम आप इतनी यंग कैसे दिखती हैं? आप तो पार्लर जाती नहीं।"

"पागल हो। पार्लर जाने से कोई यंग कैसे दिखेगा? हाँ, चमक धमक बढ़ेगी चेहरे की। चंद दिनों के लिये। तुम साइन्स की छात्राएँ हो। जानती हो ये सब जीन्स का कमाल होता है जिसे हमारे अंदर प्रकृति ने रच डाली। कल तुम गा नहीं रही थी, 'तेरे हाथ में कुछ भी नहीं इसे बाँटने वाला बाँटे।' अतः पार्लर आदि व्यर्थ की बातें हम न करें।"

"आपने अपने जीन्स माँ से पाए या पिता से?"

"मेरी माँ से। उनपर उम्र जैसे ठहर गई है। माँ चिर युवा हैं। उनको रचते समय परमात्मा ने जो कारीगिरी की है वह आत्मिक तत्वों से संबंधित है इसलिए काल की ध्वंसक करतूतें उनका कुछ बिगाड़ नहीं सकीं।"

"मतलब?" चुलबुली चुमकी ने अपनी कमानदार भौंहों को तान कर पूछा।

'जरा भौंहों को तानना छोड़ कर दिमाग को तानेगी न तो उत्तर मिल जाएगा।"

"दिमाग होगा तब तानेगी न! गिरवी रख छोड़ी है उस बुढ़े के पास।" इति सीतम्।

"कौन बुढ़ा?" मैने सतर्कता से पूछा। उसको चिकोटी काटते हुए चुमकी उसे बोलने से रोक रही थी लेकिन सीतम् ने अपनी बात कह कर

ही दम लिया।

‘‘मॅम वही केमिस्ट्रीवाला भैंगा।’’ मैंने चुमकी को घूर कर देखा। ‘‘क्या सुन रही हूँ चुमकी रानी? तुम्हारी चमक की ये वजह है क्या? अरे वह शादीशुदा बुढ़ा एक नंबर का पाज़ी है। उससे बच कर रहना। तुम पर दबाव डालता है क्या? देख चुमकी, मुझे सच-सच बताना।’’ चुमकी जाने ही वाली थी कि मैंने हाथ पकड़कर उसे रोक लिया। ‘‘आज मेरी वही बुढ़े वाली बात बताती हूँ। मेरे बताने से तुम मान जाओगी ऐसा तो मैं दावा नहीं करती। इस उम्र में खुद को छोड़ और सब बेवकूफ़ लगते है। तुम सब जानती हो मैंने माइक्रो बायोलॉजी में पीएच.डी. किया है। अब कूद मत पड़ना किसी मनचाहे निष्कर्ष पर। मेरे गाईड डॉ. देवर्षी, साक्षात् वृहस्पति थे। देवतुल्य थे।’’

‘‘जानते हैं मॅम। उन्हें कौन नहीं जानता? कम से कम साइंस क्षेत्र के विद्यार्थी उन्हें काशी तीर्थ से कम नहीं समझते। आपका बुढ़ा कोई और होगा।’’

‘‘सही कहा। वो बुढ़ा कोई और था...

लेकिन पहले सुन लो जरा उस आफ़तवाले कैशोर्य और यौवन पर गिरी निष्ठुर गाज की दास्तान। तुम्हें पता है, मैं इसी होस्टल में रहती थी। जैसे आज मैं झरने के पानी में डूबी नाव को खोज़ने की जिद से पानी में तर हो गई थी। वैसे ही उस दिन मैंने अपनी माँ की लिखी हुई बेशकीमती चिट्ठी की नाव बना कर झरने में पहले छोड़ दी और फिर उसके डूबने से शोकाकूल होकर कागज़ का वह नष्ट चिट्ठा पकड़ने के प्रयास करते-करते पूरी भीग गई। जाड़े के दिन थे। सर्द हवाएँ बदन को ठिठुराने लगी। अब लौट कर कमरे में जाने के लिये मुझे प्रतीक्षा कक्ष में बैठी जल्लाद मेट्रन का सामना करना पड़ता। मुझे भीगा देखकर वह प्रश्नों का लड़ी लगा देती। ‘‘ऐ छोरी, इधर आ। फिर गई उस मुए झरने

पर? हर वक्त नाचती रहती है कीचड़ पानी में। तुझे कोई और शौक नहीं है?'' और न जाने क्या-क्या बकती। मैं ठंड से ठिठुर रही थी। मन कर रहा था शीघ्रातिशीघ्र कमरे में जाकर, हीटर जला कर गरम चॉकलेट पी लूँ, लेकिन करती क्या! खूँखार बिलैया गर्दन दबोचने प्रतीक्षा में कक्ष में तैयार बैठी थी। ''ऐ पागल, इधर देख।'' कोई दबी-दबी आवाज में फुसफुसा रहा था। मैंने आवाज की दिशा में देखने का प्रयास किया। झरना वृक्ष-लताओं से घिरा हुआ था फिर भी जान हथेली पर रख कर मुझे बचाने आई अमिया को मैंने देख लिया।

''पागल हो पूरी। वो लोग यहाँ पहुँच रहे हैं। जल्दी यहाँ आ और सूखा कपड़ा पहन। जल्दी आ।'' गीले कपड़े क्या इतनी सहजता से शरीर को छोड़तें हैं? मैं जितने जोर से उन्हे खींचती वे उतनी ही हठधर्मिता से मुझसे चिपकते। यह सब नाटक अपने चरमोत्कर्ष पर था और जल्लाद ने आकर मुझे दबोच लिया। भीगे कपड़ों में मेरी बारात पिछले दरवाज़े से मेट्रन के कमरे तक पहुँची। पीछे-पीछे बाराती लड़कियों का हुजूम चल रहा था। कमरे तक पहुँच कर सब साँस रोक कर खड़ी हो गई। अमिया मेरे और मेट्रन के बीच दीवार बन खड़ी हो गई।

''मैडम, माफ़ कर दीजिये इस बार। दोबारा नहीं जाएगी झरने पर।'' उस निसर्गदूत झरने ने आखिर कौन-सा अपराध किया था जो उसके स्पर्श से हमे वंचित रखा जाता था? क्यों उसे अस्पृश्य के श्रेणी में रखा गया था? जिस सज्जन ने इस होस्टल के लिये सुरम्य पहाड़ी का चयन किया था, वह प्रकृति का पुजारी होगा। निसर्ग प्रदत्त बहता जलस्रोत, हमारे गृह-विरह को, अपनी कल-कल करती जलधारा में बहा ले जाता। हमें अपने शीतल जल से सराबोर करके हमारी भीगी पलकों का नीर अपने में समा लेता।

"मैं खूब झरने पर जाऊँगी। रोज़ जाऊँगी।" मैंने आगबबूला हो कर, पाँव पटक कर कहा। पकड़े जाने के बाद क्या डरना? "हम क्या स्कूली बच्चे हैं जो पाबंदियाँ लगाई जा रहीं हैं?"

"अमिया, तू जा अपने कमरे में। लड़कियों, यहाँ क्या खेल-तमाशा हो रहा है? भागो यहाँ से।" सब चली गई लेकिन अमिया टस् से मस् नही हुई। मैंने सख्ती से उसे भगाया। "तू क्या मेरा मज़ाक उड़ते देखने खड़ी है? जा, वरना कभी बात नही करूँगी।" वह चुपचाप चली गई। जल्लाद मुझे कुछ विलग नज़रों से देख रही थी। अमिया के जाते ही उसने अलमारी से खादी का पंछा निकाल कर मुझे दिया और अमिया के छोड़े हुए सूखे कपड़ों के तरफ इशारा कर के बाथरूम की ओर संकेत किया। जब मैं सूखे कपड़े पहन कर बाहर निकली, हल्दी अदरकवाला खौला दूध उन्होंने मेरी ओर बढ़ाया। "पी ले। ठण्ड से बच जाएगी। तुझे शामवाली ट्रेन से घर जाना होगा। बाबा ने बुलाया है।" मैं अचकचा कर उन्हें देखती रही। "क्यों?" मैं जानती थी इसका उत्तर उनके पास नहीं था। "इतना ही बताया कुछ जरूरी काम है। सुन्दरलाल तुझे ट्रेन में चढ़ा देगा। मेस में टिफिन बनाने को कह दिया है। ये पैसा रख ले।" मैं भीतर से काँप रही थी लेकिन दाँतों को भींच कर ऊपर कमरे में गई। अमिया दरवाज़े में खड़ी थी। "क्या हुआ? ऐसी सफ़ेद क्यों पड़ गई है? उस जल्लाद को तो अभी जाकर मज़ा चखाती हूँ।

"जल्लाद ने तो हल्दीवाला दूध पिलाया। मेरे बालों को पोंछ कर सुखाया।"

"क्या बात है शम्पा? जल्दी कह।"

"मुझे दो जोड़ी कपड़ा पैक कर दे। बाबा ने घर बुलाया है।"

"अभी? शायद वैसा कारण होगा। मैं चलूँ तेरे साथ?"

"लगाऊँ एक थप्पड़? मेरे लिये यहाँ नोट्स कौन बनाएगा?"

मेरे उमड़ते आँसुओं को देख अमिया चुप हो गई। चार बजते ही उसने शांतिपूर्वक मुझे बिदा किया। जल्लाद स्टेशन पर छोड़ने खुद आई। भीतर ही भीतर मन किसी अतर्कनीय प्रसंग का संकेत पा रहा था। मैंने अचानक झुक कर जल्लाद के पाँव छुए और उन्होंने हड़बड़ाकर कुछ आशीर्वचन कहे जिन्हें मैं सुन नहीं पाई। सारी रात आँखों में कटी। सुन्दरलाल ने बर्थ का जुगाड़ कर लिया था अतः जबरन लेटना पड़ा। दूसरे दिन सुबह स्टेशन पर उतरते ही मैंने देख लिया माँ स्वयं स्टेशन पर लेने आई है। उनके साथ पड़ोस के दीपू भैय्या थे। न जाने क्यों मुझे बहुत रोना आया। मैं माँ से गले मिलकर रोने लगी। वे बिना कुछ कहे मुझे सहलाती रहीं। तमाशा बनने का अहसास होते ही मैंने आँखें पोछ डाली और मूकदर्शक बने दीपू भैय्या ने मेरा बैग उठा लिया। उन्होंने ऑटो बुला लिया और स्वयं अपनी मोटर साइकिल लिए पीछे-पीछे आने लगा।

"माँ तू क्यों आई? मैं खुद आ जाती घर। सारे लोग कहाँ हैं? बाबा, रूम्पा कहाँ हैं?"

"तुझसे अकेले में बात करना घर में संभव नहीं होता, दीपू आना नहीं चाहता था लेकिन तेरी दादी ने उसे जबरन भेजा। भला हो उस बच्चे का कि उसने चुपचाप मोटर साइकिल रख ली और हमें एकांत दिया। मेरी बच्ची मैंने जाने का निर्णय कर लिया है।" मैंने आँख बंद कर ली। यही तो वह अतर्कनीय स्थिति थी जो कल से दिल को भीतर-भीतर कुतर रही थी। मैंने माँ से कुछ नहीं कहा। क्या कहती? कई महीनों से उसकी पूर्व तैयारी हो रही थी। माँ हम सबसे अलग किसी अन्य धरातल पर निवास करने लगी थी। हमारे दैनंदिन जीवन से भिन्न उसकी अपनी दिनचर्या स्थापित हो चुकी थी। घर में पूजा स्थल सूना पड़ा था। बाबा को पूजा करते मैंने कभी देखा नहीं और हम बहनें केवल

प्रणाम करने तक ही पूजाघर से सबंध रखती थीं। माँ दादी का बताया सब नियम-कानून पालन कर पूजा करती थी। कुछ महीनों से उस पर विराम लगा था। बाबा अकेले ही क्लब जाते थे और देर रात में लौटते। उनका ताश खेलना सीमापार हो गया था। मैं मैट्रिक की परीक्षा दे रही थी अतः देर तक पढ़ती और देर से घर आने पर उन्हें फटकारती। एक दिन रूम्पा ने मुझे आड़े हाथों लिया और बाबा से सवाल-जवाब न करने की हिदायत दी। "माँ को कुछ फर्क पड़ता नहीं उनके देर से आने से। तू क्यों बीच में टाँग अड़ा रही है? वो घर आएं या सारी रात बाहर रहें उनका आपसी मामला है।"

"ए महामूर्ख, वो हमारे बाबा हैं। मुझे उनके समय पर घर आने से बहुत वास्ता है। किसी को हो न हो। और तुझे कैसे पता मैंने बाबा को डाँटा? मतलब तू भी जाग रही थी न? खबरदार जो रात में जगाई की।"

अचानक माँ आ जाती और हम दोनों के सिरहाने बैठ कर कुछ कहने लगती। बातें हमारे दिमाग में नहीं घुसती अपितु सीधे हमारे मन को अपने अधीन कर लेती और हमारी आँखें अभिमंत्रित- सी नींद की गहराई में डूब जातीं। विरोध करना चाह कर भी रूम्पा उनकी निस्तारक बातों से हतप्रभ होकर सो जाती। पूर्व तैयारी तो माँ ने कब की कर ली थी। अब उनका निर्णय हमारी और उनकी नियति बन कर मुखर हो उठा। उन्हें इसलिये जाना था, अब जाना यही एकमात्र पर्याय उनके पास शेष था। "मैं तुम्हें छोड़ने जाऊँगी माँ, कुछ न कहना। मैं जाऊँगी।"

"तब तो अपनी बैग ऐसे ही रख। अलमारी में तेरे और कपड़े हैं। उनसे काम हो जाएगा तेरा। चार बजे घर छोड़ना होगा।"

घर पर एक बेदर्द सन्नाटा छाया था। नानी मुझे देखते ही दौड़ी आई और मुझे कलेजे से लगा कर सुबकने लगी। मैंने जोर लगाकर स्वयं को उनसे मुक्त किया और चिढ़ कर कहा, "ये क्या नाटक है? मार डालोगी क्या मुझे? दम धुटने लगा मेरा।" नानी सुबकती रहीं। किसी और समय मेरी ऐसी उद्दात्त बातों को सुन कर वे मुझे फटकारतीं।

"तेरी कुलक्षणी माँ उस कुलक्षण बाबा के संग रंगरेलियाँ मनाने जा रही है। न जाने किस जनम का बदला ले रही है छिनाल।" दादी की तेज-तर्रार, ऐसी कटु आवाज मैंने कभी सुनी नहीं थी। न कभी उनकी जबान से ऐसे बर्बर शब्द सुने थे। मेरी अच्छी दादी। बहुत चोट खाई हो न? हर वक्त बहुरानी की रट लगाए रहती थी। अपने बेटी से ज्यादा चाहा आपने उसे! क्या करें, आपकी निश्छल ममता भी कम पड़ गई लाड़ली बहुरानी को घर-गृहस्थी में रमाने में। अब बिदाई के अंतिम क्षण में अपना धैर्य न खोना दादी। उन्हें भला-बुरा न कहना। माँ को आपके भले-बुरे शब्दों से अब कोई मतलब नही रहा। वे इन सब बातों को पीछे छोड़ चुकी हैं। कुछ न कहना अब।" मैंने दादी की दुबली देह को बाहों में समेट लिया। माँ पर उन्होंने अपनी पूरी माया-ममता लुटा दी थी। उनकी अपनी बेटी उन्होंने ब्याही माँ की सलाह से। बुआ ने अपनी मर्जी से दूसरी जात का लड़का पसंद किया था। समूचा खानदान विरोध में खड़ा था। अपनी प्रिय भौजाई के गले में बाहें डाल कर रो-रो कर बुआ ने सिर पर आसमान उठा लिया। "मैं जिन्दा नहीं रहूँगी भाभी। आप लोग देख लेना।" माँ के समझाने पर अंततः दादी मान गईं। बहू पर उन्हे बहुत अधिक भरोसा था। ताऊजी अंत तक विरोध करते रहे और आज भी अपनी बहन से नाराज हैं। दादी कहती थीं माँ सरस्वती के रूप में उनके औसत बुद्धिमत्ता वाले खानदान में पधारी। जब माँ का रिश्ता लेकर नाना के मित्र उनके पास पहुँचे, तब दादा अविश्वास से उन्हें ताकते

रहे। दादा का परिवार उच्च मध्यमवर्गीय कहा जा सकता था। वे शहर के नामी डॉक्टर थे। तब फैमिली डॉक्टर का जमाना था। दादा होम्योपैथी विद्या से इलाज करते थे। ताऊ एडवोकेट थे। दादी चाह कर भी महाविद्यालयी पढ़ाई पूरी नही कर पाईं थीं जिसका उन्हें आजीवन पछतावा रहा। ताऊजी ने रूपसी पत्नी पसंद की। माँ का रिश्ता आते ही दादी को स्वर्ग पाने की खुशी हुई। अपने पूरे विद्यार्थी जीवन में माँ ने अपनी प्रथम श्रेणी एवं प्रथम स्थान नही छोड़ा। बहू पसंद करते समय माँ की मार्कलिस्ट दादी को उनका सर्वाधिक महत्त्वपूर्ण गुण लगा। बाद में पापा ने उनसे कहा था, "मेरा सौभाग्य है कि लड़की सुदर्शन है। वरना माँ, मार्कलिस्ट देख कर तुम तो मुझे लूली-लँगड़ी से भी ब्याह देती," बाबा का पूरा खानदान माँ की पूजा करता था। माँ कहती वही पूर्व दिशा होती। और आज उसी माँ ने उनके निःशर्त भरोसे की निज अनुभूति के अग्नि में आहुति दे दी। दादी का प्रलाप रुक नहीं रहा था। "हमने क्या नहीं दिया इस कुलटा को? मेरा बेटा इसके आगे-पीछे नाचता था। और आज इसे अपना पति नहीं, एक पराया मर्द भगवान लगने लगा है? उसके लिये अपना घर-बार, बच्चे छोड़कर जा रही है। कभी ऐसा सुना है किसी ने? इससे तो ये मर जाती तो अच्छा होता।" नानी का चेहरा देखकर लगा वे हिंसक हो उठेंगीं और दादी पर वार करेंगी। माँ उठकर बाहर बरामदे में चली गई। मैं भी उन सबको छोड़कर माँ के साथ हो ली। आऊट हाऊस के तरफ़ बढ़ते उनके कदम प्रश्न बन मेरे आगे चलते रहे। आऊट हाऊस का दरवाज़ा खोल कर वह भीतर चली गईं। मैंने उनका अनुसरण किया। कमरा ताजे फूलों से महक रहा था। अपनी अभिजात्य शैली में उन्होंने मिट्टी के गुलदानों में देसी लाल गुलाब सजाए थे। शीशम के छोटे से टेबल पर पूज्य की तस्वीर रखी थी। उसी टेबल पर सजी मिट्टी की जल भरी तश्तरी में गुलाब की

पंखुड़ीया नज़ाकत से तैर रहीं थीं।

"यहाँ मेरे मेडिटेशन सेशन्स होते थे।"

"अब भी तो हो सकते हैं माँ!"

"नहीं रे! पास-पड़ोस वाले आपत्ति करने लगे हैं।"

"उन्हें क्या?"

"बदलाव पचाना आसान नहीं होता। हमारा समाज एक मर चुकी संस्कृति की कब्र को धर्म मानता है और सड़ी-गली लाश का विरूप ले चुकी मान्यताओं को धर्म के विधान, मैं अब इस झूठ को और नहीं जी सकती, मेरे आस-पास के अन्य सब सत्य को देखना नहीं चाहते।"

"क्या बाबा ने भी तुम्हे तंग किया?"

"तंग तो हम तब होते हैं जब खुद को तंग होने देते हैं। मेरी बच्ची, हमारे सुख-दुख के हम खुद नियंता होते हैं। आज तुम्हें यही मूलमंत्र दे रही हूँ जिसे हो सके तो याद रखना। तुम्हारे स्वप्नों की कर्णधार केवल तुम स्वयं हो। उनको पाने के लिए तुम्हें निर्दिष्ट रास्ते पर अडिगता से चलना पड़ेगा। लक्ष्यभेदी पग-पग पर बैठे होंगे। वे चाहेंगे तुम्हारा लक्ष्यभेद हो। चुनाव तुम्हें करना होगा। स्वप्नों को पाना है या खोना? दिशानुगामी पथिक बनना है कि भटकता राहगीर? जो भी रास्ता चुनोगी, परिणामों की उत्तरदायी तुम खुद होगी। कोई और नहीं।" मैंने माँ की गोद में सिर रखा। माँ मेरे बालों को सहलाती रही और न जाने कब मेरी नींद लग गई।

शाम ट्रेन का वक्त हो गया लेकिन न पापा आए न रूम्पा आई। घर के बाकी सदस्य मातमपुरसी में मग्न थे। नानी के अश्रु अविरल बह रहे थे। माँ की आँखें भी शायद नम थीं। मैं जान नहीं सकी। दादी-दादा अपने कमरे से निकले नहीं। मैंने अपना झोला उठाया और माँ के साथ

चल पड़ी। बहते पानी की आवाज आई तो मैंने चौंक कर पिछे मुड़कर देखा। पानी का पाईप खोलकर हाथ में लिए दादी खड़ी थीं और दादा हाथ में झाडू पकड़े हुए थे। मैं निःस्तब्ध देखती रही। फिर चिल्ला कर कहा "सुनिये आप दोनों। माँ के साथ मैं भी बाहर निकल रही हूँ। यदि हमारे जाने के बाद आपने आँगन को धोया तो समझ लीजिए मैं कभी लौटूँगी नहीं यहाँ। और आप जानते हैं सत्याबाई मुझे सच बता देगी।" सत्याबाई पर्दे के पीछे से सामने आई और कमर पर हाथ रखकर चिल्लाई "हाँ बता दूँगी।" दादा-दादी ने अपने हथियार डाल दिये। बहू के विषय में निर्णय वे कर सकते थे। किन्तु पोती के विषय में कोई निर्णय लेना उनके अधिकार क्षेत्र के बाहर था। बाबा आजीवन उनसे मुँह फेर लेते। बहू के साथ बेटे को भी खोना पड़ता। उस वक्त हताशा के जो भाव उन दोनों के चेहरे पर परिलक्षित हुए, मैं जीवनभर नही भूल सकी। हम दोनों माँ- बेटी ऑटो में बैठकर स्टेशन की ओर रवाना हुईं। ट्रेन छुटने का समय हो गया। "माँ, बाबा और रूम्पा नहीं आए आखिर!"

"आए तो होंगे लेकिन मेरे सामने नहीं आएँगे। दोनों के लिये यह क्षण मरणप्राय है। वे अपनी कमजोरी मुझ पर प्रगट नहीं होने देंगे। कहीं छिप कर देख रहे होंगे। न मेरी बच्ची, उनको न खोजना, कहीं आमना-सामना हो गया तो उनका आत्मसम्मान आहत होगा।

आश्रम बेहद खूबसूरत था। उसे उपवन कहना ठीक रहेगा। बड़े-बड़े वृक्ष, उनसे लिपटी मजबूत लताएँ, अनगिनत किस्म के पुष्पों से सुशोभित रंगबिरंगी फुलवारियाँ, सैकड़ों गमलों में लगे क्रोटन या तत्सम् विविध पर्णों के पौधे और एक विशाल जलरतणी। परिंदों की मद्धिम, ऊँची या धीमी, किन्तु हर हालत में मधुर बोलियाँ गूँज रही थीं। माँ की दृष्टि और श्रवण कहीं और केंद्रित थे। वे न उन लौकिक मनोहारी दृश्यों को देख रही थीं न पक्षियों का सुश्र-व्य गूँजन सुन रही थीं। किसी

रोक-टोक के बिना वे अपने लक्ष्य की ओर बढ़ रही थीं। जैसे सब पूर्वनियोजित था! जैसे उनके आपसी संप्रेषण के तार युगों से जुड़े थे। किसी ने माँ के साथ जाते हुए मुझे रोका नहीं इस बात पर मैं चकित थी। कुछ समय बाद मैं उस स्थान पर माँ के साथ प्रवेश कर गई। मेरी आँखे चौंधिया- सी गई, फिर भी मैने देखा, माँ साष्टांग प्रणिपात की मुद्रा में हैं तथा उनकी आँखों से निरंतर अश्रु बह रहे हैं। मैंने केवल माँ को ही देखा, उनके परमपूज्य को नहीं, तदापि दो दैदिप्यमान आँखों से प्रवाहित अदृश्य आभा मण्डल के स्पर्श से मैं खुद की रक्षा नहीं कर सकी। उस प्रकाश स्रोत के आतंक से परांगमुख होकर मैं तत्क्षण पलट कर वहाँ से भागती हुई रवाना हो गई। मुझे इतना ही याद है कि आश्रम के बाहर खड़े ऑटोरिक्शा में बैठकर ही मैंने दम लिया और उसे रेलवे स्टेशन चलने का आदेश दिया। पूरे समय वो अतिंद्रिय आँखे मेरा पीछा करते हुए हँस रही थीं और मैं जान छुड़ कर भाग रही थी। स्टेशन पर मैंने भोपाल की ट्रेन का समय देखा। आश्चर्य की बात थी कि ट्रेन को छूटने को तैयार खड़ी थी, जैसे मेरे ही इन्तजार में। सामने जो आया, उस डिब्बे में मैं चढ़ गई। बोगी ठसाठस भरी हुई थी और अनारक्षित थी, फिर भी ग्रामीण दिखने वाली दो महिलाओं ने मेरे लिए पर्याप्त स्थान बना दिया। "बिटिया क्या साथ में कोई नहीं है?" उनमें से एक ने पूछा। अनजानों से बातें नहीं करनी चाहिए, अपना नाम, पता, गंतव्य-किसी अपरिचित को बताना नहीं चाहिए आदि सारी सावधानियों को नजरअंदाज करते हुए मैंने कहा, "जी, नहीं है आंटी।"

"कहाँ जाओगी?"

"जी भोपाल।"

"दैया री! साथ में कोई नहीं? माँ-बाप ने कैसे आने दिया?"

"माँ को छोड़ने आई थी।"

"हाय री! वो क्यों? तेरे पिता कहाँ हैं?"

"वो नही आए न! इसीलिए मुझे आना पड़ा। माँ को आश्रम में छोड़ा। परमपूज्य के पास।" और मेरी रुलाई फूट पड़ी। उस अनारक्षित दूसरी श्रेणी की बोगी में मुझे कोई नहीं जानता था। मैं जी भर के रो सकती थी। बोगी में खलबली मच गई। ट्रेन ने प्लेटफॉर्म छोड़ दिया। किसी ने कहा चैन खींचकर इसे जी आर पी के हवाले कर देना चाहिए। शायद घर से भागी है। ग्रामीण महिलाएँ मेरे समर्थन में आगे आईं। उन्होंने परमपूज्य के आश्रम का हवाला देते हुए मेरी स्थिति को स्वाभाविक बताया। परमपूज्य को आड़ी-तिरछी गालियाँ भी दीं और मुझे सांत्वना देने लगीं। मुझे पानी पिलाया। अगले स्टेशन पर चाय वाले को बुलाकर मुझे चाय पिलाई। मैं चाय पीने से सदैव बचती थी। माँ कहती थी हो सके तो इस जहर से बचना और माँ की बताई बात मेरे लिये ब्रह्मवाक्य होती थी। इस वक्त वह याद नहीं रहा और मैंने गटागट चाय पी ली।

"तेरे घर वालों ने माँ को जाने कैसे दिया? घर में कौन-कौन हैं?"

"सब हैं। दादा-दादी, नाना-नानी, पापा, ताऊ, बुआ, मौसी, मेरी रूम्पा। लेकिन माँ को किसी ने नहीं रोका।

"तेरी माँ गृहस्थिन थी। इस तरह बीच में घर संसार छोड़ना पाप है।" ट्रेन में कोई स्त्रीमुक्ति की युवा समर्थक भी बैठी थी। उसने आवेश में कहा, "क्यों पाप है? सारी बंदिशें क्या स्त्रियों पर ही लागू हैं? कई पुरुष भी तो शादी के बाद घर-बार त्याग देते हैं। उन्हें कोई पापी नहीं कहता!"

"कैसे नहीं? ज्ञानेश्वर महाराज के पिता की और उनके चार मासूम बच्चों की समाज ने क्या दुर्गति की आप नहीं जानतीं?"

"खूब जानती हूँ। उन्हें सन्यासी धर्म से गृहस्थ जीवन में आने के

लिए धिक्कारा गया था। उन बच्चों को 'सन्यासी की औलाद' कह कर प्रताड़ित किया गया। मतलब तुम संन्यासी बने रहो। भले ही शादीशुदा हो। तुम्हारी बीबी का जीवन बरबाद हो जाय तो क्या, वो तो औरत है। फिर शादी क्यों की थी उन्होंने? रामकृष्ण परमहंस ने शादी क्यों की? ये न कहना उनकी बात और है। बात बस इतनी ही है, पुरुष त्याग-वाग सब कर सकता है, स्त्री केवल झाड़ू पोंछा-बरतन करने के लायक। राम सीता को त्याग सकते हैं, सीता केवल अग्निपरीक्षा के लायक! बोलते हैं कंचन और कामिनी पतन के कारण हैं। किसका पतन? अर्थात पुरुष का। स्त्री तो बेचारी वैसे ही पतित ठहराई गई है। उसका और क्या पतन होगा? स्त्री-पुरुष का भेद जिसके अंतस से अभी मिटा नहीं, वह संत कैसा?"

देखते-देखते बोगी में एक चर्चा छिड़ गई। अनजाने में सब दुख भूलकर मैं भी उस परिचर्चा में मग्न हो गई। किसी स्टेशन से दो ईसाई संन्यासिनी बोगी में चढ़ीं। वे भी चर्चा में शामिल हो गईं। उनमें से एक ओस में स्नात नव फुल्लित गुलाब पुष्प- सी तरोताजा लग रही थी। उसके साँवले रंग पर गुलाबी छटा थी जो स्वस्थ तनमन का प्रतीक था। माँ के जाने को लेकर मेरी अस्वस्थ मानसिकता को लक्ष्य कर उसने कहा, "माय चाइल्ड, इट वॉज अ कॉल फ्रॉम गॉड। बी प्राउड अँड बी हैपी।" मैं मुग्ध होकर उसे देखती रही। बाइस, तेईस से अधिक उसकी उम्र नहीं थी। "आप क्यों बनीं नन?"

"मेरे ईश्वर ने मुझे याद किया। मैं कैसे नहीं जाती? आहा! उन्होंने मुझे चुना! लाखों-करोड़ों में से मुझे चुना! मैं परम सौभाग्यिनी!" भक्ति के आवेग से दो प्रेमाश्रु उसके नयनों से फिसल कर गुलाब पुष्प से कपोलों पर ठहर गए। अनजाने ही बोगी का वातावरण भक्ति रस में डूब गया। किसी ने रघुपति राघव राजा राम की धुन छेड़ दी। फिर तो देर रात तक सिलसिला बना रहा। कभी कबीर के निर्गुण भजन गूँजे तो

कभी साईं बाबा के। कभी ग्यानबा तुकाराम का उद्‌घोष हुआ तो कभी अल्लाह की इबादत हुई। न जाने कब आँख लग गई और भोपाल आ गया। क्रिश्चियन संन्यासिनी बीच में उतर गई थी। ग्रामीण महिलाएँ अपने रास्ते से निकल गई थी। मैं अपने सुन्न कदमों से विलुप्त मातृममता के सर्वथा अपरिचित मार्ग पर चलने का अहसास दिल में संजो कर होस्टल की दिशा में पैदल ही चल पड़ी। छः सात किलो मीटर का रास्ता समाप्त होते-होते मेरा बुरा हाल हो गया था। बाल बिखर गए थे, सामान ढोते-ढोते कंधा टूटने की कगार पर था, पाँव के तलवे चप्पल की रगड़ से छिल गए थे। होस्टल पहुँच कर मैं सीधे मेट्रन के कमरे में गई। मेरी तरफ़ आश्चर्य से देखते हुए उन्होंने पूछा, "ये क्या हो गया तुझे तू यहाँ क्या कर रही है? तेरे बाबा वहाँ रास्ता देख रहे हैं तेरा। दो बार उनका फोन आ चुका। बात करेगी? पहले भीतर आ। बैठ इधर।"

"आप बात कर लेना बाबा से। कॉलेज का वक्त हो रहा है। अमिया निकल जाएगी देर करने से। मैं ठीक हूँ, आप चिंता न करें।" मैं कमरे में जाकर कॉलेज के लिए तैयार होने लगी। नहाकर आई अमिया मुझे देखकर गले लग गई। बगैर कुछ पूछे उसने मुझे नहाने जाने को कहा और प्रेस किए कपड़े मेरे बेड पर रख दिये। नाश्ता कर के हम कॉलेज चल दिये। लौटे तब उसने पूछा,

"बात करोगी?"

"नहीं।"

"ठीक है। चल न्यू मार्केट चलते हैं। मुझे चाट खानी है।"

"चल।" शाम सात बजे तक हम घूम सकती थी लेकिन जल्दी ही ऊब गईं। रगड़ा पैटीस खाना दुश्वार हो गया। चाट वाले ने चिंतित हो कर पूछ भी लिया, "दीदी, आज ठीक नहीं बनी क्या?"

"बनी तो अच्छी है भैया, हम ही ठीक नहीं हैं" फिर अमिया के कहने पर हम ताल के किनारे जा कर बैठे। "अब कुछ बोलोगी भी या लगाऊँ दो घूँसे?"

"चलते हैं कमरे पर। वहीं सुना दूँगी महाभारत। यहाँ तमाशा हो जाएगा।"

"नहीं। यहीं बता।"

"माँ चली गई।" मेरी ओर देखते हुए उसने चलते ऑटो को हाथ दिखाकर रोका। सारे रास्ते वह चुप रही और अंततः कमरे में पहुँचते ही रो पड़ी। हम दोनों गले में बाहें डालकर न जाने कितनी देर रोईं। फिर मैंने उसके आँसू पोछ कर कहा "बगैर मेरे बताए कि माँ कहाँ गई, तू क्यों रोई?"

"देख रही थी कई दिनों से मौसी का हाल और डरती थी इसी दिन के लिये। उन्हें रत्तीभर परवाह नहीं है तुम दोनों बहनों की? और तुम्हारे बाबा की? कैसे छोड़ सकती हैं वे अपनों को? पूजा भक्ति घर पर रह कर भी तो हो सकती है। ओफ शम्पा, मैं नहीं सह सकती ये सब। तेरी माँ खुदगर्ज़ निकली। केवल अपना ही सोचा। क्यों गई अपनों को छोड़कर दूसरे की सेवा में? तुम सब क्या इतने गए गुज़रे हो कि उनकी ममता दूसरों पर आ गई? अपनी व्यक्तिगत उपलब्धि की खोज़ में कोई इस कदर निर्मम कैसे हो सकता है? सारा दोष तुम्हारे बाबा का है। समय रहते मौसी को उन्होंने बाँध लेना चाहिये था। और दादी! किस मासूमियत से बहू रानी का जाप करती थी! मेरी बहू ऐसी, मेरी बहू वैसी कहते उनकी जुबान थकती नहीं थी। क्यों नहीं रोक लिया मौसी को प्यार की बेड़ियाँ पहनाकर? तेरी माँ ने उनका भी दिल तोड़ दिया। एक ऐसे शख्स के लिए जो बदनाम है, जिसका चरित्र संदेहास्पद माना जाता

है।'' हम दोनों फिर रोने लगीं। ''असली जल्लाद तो तेरी माँ हैं। हम बेकार मेट्रन बेचारी को जल्लाद कहती रहीं।''

उसी समय मुझे लगा दो उद्दीप्त आँखें मुझे गहराई से निहार रही हैं। आँखों के किनारों पर सूक्ष्म स्मित रेखाएं हैं। जैसे मेरे हृदय पटल पर प्रक्षेपित उत्तेजना का छायाचित्र वे मौज से देख रही हैं। खीज कर मैंने अमिया को दूर धकेल दिया। ''बस करतें है इस विषय को अब। जो हो चुका, हो चुका। बहुत बोल लिया हमने माँ के बारे में। अब और नहीं। जाहिर है हम सबका प्यार कहीं कम पड़ गया। या जैसे उस नन ने कहा, इट वॉज ए कॉल फ्रॉम गॉड।''

''शायद वो ठीक कह रही थी। तेरी माँ साधारण माँ तो है नहीं कि झाड़ू पोछा, बर्तन और रसोई करके जिन्दगी गुजार देती! या फिर तुम्हारा शादी-ब्याह करके तुम्हारे बिछोह में सेर-सवासेर आँसू बहा देती! स्वानुभूति के जिस साम्राज्य की वे अब मलिका हैं, हमारे-तुम्हारे पहुँच के बाहर है। अब सही में उनके बारे में कुछ कहना-सुनना समय और उर्जा की बर्बादी होगी। आगे कभी अपने आँसू उन पर जाया मत करना। उनको उनके उपलब्धि का उत्सव मनाने दे। हम हमारे हिस्से का उत्सव मनाएँगे।''

''लेकिन मेरे बाबा का क्या? और मेरी रूम्पा का? मैं तो पढ़ाई को उत्सव मान लूँगी लेकिन उनका क्या होगा? रूम्पा को पढ़ने से नफ़रत है और पापा का तो...! पिछले दो वर्षों से माँ कुछ और, हम सब कुछ और, ये आभास मिलता रहा। माँ बाबा के साथ क्लब नही जातीं, पूजा घर माँ ने त्याग दिया, फिर भी वे बाबा की देखभाल पहले की तरह करती रहीं। उनके कमरे अलग नहीं हुए थे। इस बार गई तो देखा माँ आउट हाउस में रहने लगी थीं। बाबा ने या रूम्पा ने मुझे इतनी बड़ी बात नहीं बताई। जैसे मैं कोई हूँ नहीं उनकी।

“तेरी आँख से एक बूँद भी अब गिरी तो मार-मार कर पुलिस वाले से बदतर हाल करूँगी तेरा। पता है तुझे, मेरे घर वाले मुझ पर अब पाबंदियाँ लगाएँगे! कहेंगे, तुझसे किनारा कर लूँ!”

“अमि!”

“तू तो बस तमाशा देखने को तैयार बैठ। हमारे-तुम्हारे घर नैतिकता का पाठ पढ़ाने सारी दुनियाँ आएगी। कौओं की तरह काँव-काँव करते नोंच डालेंगे वे हम सबको। अच्छा है यहाँ हम घर से दूर हैं। शायद हमारे कॉलेज में पता न चले किसी को। वहाँ क्या होता होगा सोच जरा। कैसे रूम्पा स्कूल जाती होगी? बाबा को ऑफिस में, क्लब में क्या-क्या झेलना पड़ा होगा? सबकी जुबानें और नज़रें क्या-क्या सवाल उठाती होंगी? ओफ्! क्यों हुआ ये सब! मेरे पापा फोन पर मुझे उपदेश की डोज़ पिलाने का मौका नहीं गवाएँगे। उनके लिये तो ये एक बिनमाँगी सौगात हो गई। कितनी चिढ़ है उन्हें मौसी से! अब तो चटखारे ले-ले कर उन्हें बदनाम करेंगे। तुझसे संबंध नहीं रखने की हिदायत देंगे।”

“तू क्या करेगी?”

“समझ जाएगी वक्त आने पर। फिलहाल तो बचे नोट्स उतारने का काम तुझे करना है। वह पेंट का डिब्बा कल नोट्स वापस माँगेगा।”

“माँग के तो देखे! उसी के डिब्बे से कालीख निकाल कर पोत दूँगी उस पर।”

“ये हुई न बात! पता है, आज उसने नीले शर्ट पर हरी टाई और काला कोट पहना था! और पतलून पहनी थी ब्रिक कलर की! इइक... चल अब लिख चुपचाप। अगले हफ़्ते टेस्ट जो है।” सर्द हवाएँ अब हड्डी तक पहुँच गई थी। कँपकपाते हाथों से मैंने शॉल को कस कर बदन पर लपेट लिया। “अब चलते हैं नीचे। जूनियर्स नही हैं तो क्या हुआ, किसी के घर से कहीं फोन आया तो जवाब न पाकर वो लोग कहीं

डायरेक्टर को फोन न सीधा कर दें। चुमकी, तू कल मुझसे मिल कर फिर युनिवर्सिटी जाना। अगली रात का वादा लेकर वे सब सोने चली गईं। मैं अपने कमरे में लौट कर सोने के इरादे से लेट गई और अमिया को याद कर के तकिये में चेहरा छुपा कर उसके बिना निर्जन मेरे जीवन का मातम मनाती रही। उसने जीने की जो राह चुन ली, उसे मुझसे दूर ले गई। हम दोनों ने दोस्ती के बीच निश्चयपूर्वक एक लकीर खींच दी थी हमारी भावी उपलब्धियों के संभरण हेतु। अपने लक्ष्य को सर्वोपरी स्थानासन्न किया था हमने। जिस दिन उसे विदेश जाना था, मैं उससे मिलने नहीं गई। उसके घर वाले मुझे नापसंद करने लगे थे। मैंने अमिया को समझाने का बहुत प्रयास किया किन्तु रो-रो कर उसने विदेश जाना रद्द करने की धमकी मुझे दे दी। मैं फिर भी नहीं गई और वह बेवकूफ़ लड़की न जाने कहाँ अदृश्य हो गई। हवाई अड्डे पर उसके नाम की घोषणा से चौंके उसके पिता ने चप्पे-चप्पे पर उसे खोज़ा लेकिन वह नहीं मिली। हवाई जहाज़ उसके बिना उड़ गया। अमिया के पिता ने फोन पर मुझे आग्नेय शब्दों से भून डाला। रूम्पा ने बताया, उन्होंने पापा को भी जमकर खरीखोटी सुनाई। पापा के इस सुझाव पर कि पुलिस की मदद लेनी चाहिये, उन्होंने जो गरल उंढ़ेला, रूम्पा कहती थी, उसके समक्ष जहरीले नाग का विष भी अमृत सिद्ध होता। अमिया के इस विचित्र कदम का मुझे जरा भी अंदेशा नहीं था अन्यथा मैं उसके पिता की परवाह किए बिना जरूर दिल्ली हवाई अड्डे पर पहुँचती। मेरे दुःख की सीमा न रही। माँ अपनी दुनिया को चुन कर दूर चली गई थी तब अमिया की दोस्ती ने ही मेरा हाथ थाम कर मुझे लक्ष्य की राह पर अडिग रहने का मंत्र दिया था। जरूरत पड़ने पर बेदर्दी से घसीट कर रास्ते पर चलने को विवश किया था। एम.एससी. करने वह दिल्ली गई। मैंने भोपाल चुना किन्तु अटूट महीन तार से परस्पर संप्रेषण लगातार होता

रहा। अचानक हमारे जुड़े तार जमींदोज हो गए और हमारे बीच का संपर्क नष्ट हो गया। मेरे अश्रु रुकते नही थे। रूम्पा ने मेरे कान मरोड़े और डाँट-डपट कर मुझे रायपुर ले आई। खुद युनिवर्सिटी जाकर मेरा रजिस्ट्रेशन पींएच.डी. के लिये करवाया। होस्टल में रहूँगी इस शर्त पर मैंने रायपुर रहना स्वीकार किया। माँ के बिना घर में रहने की कल्पना मेरे लिए असह्य थी। रूम्पा चिढ़ कर माँ को सारा दोष देकर हर समय रो-रो कर कहती, वो गई सो गई, साथ में तुझे भी घर से निकाल बाहर किया। उसके कारण तू भी हम से दूर हो गई। माँ न हुई कोई बैरन हुई हमारी! तुझे कभी शांति नही मिलेगी माँ! तू भी भोगेगी इस बिरह की छटपटाहट को और तड़पेगी हमारे लिए किसी दिन।''

''चुप हो जा प्लीज। मेरे सिर पर हाथ रख और अपनी बात वापस ले। हमारी माँ पर कोई आँच न आए। वो खुश रहें, आबाद रहें।'' मेरी बात रूम्पा को सुनाई नहीं दी। मैंने पींएच.डी. की पढ़ाई आरंभ कर दी। मेरे गाइड, प्रोफेसर (डॉ.) देवर्षी ऋषी सदृश थे। उनका संपूर्ण जीवन शोधकार्य को समर्पित था। वे अविवाहित थे। दिन रात अपनी लैब में अध्ययन करना या लाइब्रेरी में पढ़ना, मात्र यही दो उनके रूचि के कार्य थे। वह दिन भर असंख्य प्यालियाँ चाय गटक जाते और ग्लूकोज़ बिस्किट साथ में खाते। मैं उनकी प्रिय विद्यार्थिनी बन गई चूँकि मैं अपने विषय को समर्पित थी। मेरा शोधकार्य प्रायोगिक पक्ष की माँग अधिक करता था अतः कभी-कभी मैं देर रात तक लैब में सर के साथ काम करती जिसकी अनुमति मैंने विश्वविद्यालय प्रशासन से ले रखी थी। होस्टल पास ही था फिर भी सर मुझे छोड़ने आते। मैं अपने स्कूटर पर रहती, वे अपनी कार में। एक सुबह मैं होस्टल से जैसे ही निकली, कुछ लड़के मुझ पर फब्तियाँ कसते मेरे करीब से निकल गए। वे काफी जूनियर थे। मैंने स्कूटर पर उनका पीछा किया और स्कूटर उनके रास्ते

में अड़ा कर उन्हें रोक लिया। डॉ. देवर्षी उसी समय वहाँ से निकले। मुझे देख कर वे रुक गए। लड़कों में से एक ने अशिष्ट हरकत करते हुए फूहड़ता का प्रश्रय लिया और लगा आपत्तिजनक बातें कहने। "लो, आ गया मजनूँ भी। इसकी लैला जो हमारे साथ है। बुड्ढे की बेशर्मी देखो जरा। मारो साले को।" देखते ही देखते वे सब उन पर टूट पड़े, जबान से भद्दी गालियाँ बकते हुए उन्होंने सर को लातों-घूसों से रौंद डाला। मैं कुछ न कर सकी। मुझे धक्का देकर उन्होंने गिरा दिया। ये सब पलभर में हो गया। रास्ते से गुज़रने वाले रुक कर हमारे बचाव में आए लेकिन हल्लाखोर छात्र भाग गए। सर को काफ़ी चोट लगी थी। विश्वविद्यालय मेडिकल सेंटर में उनकी मरहम पट्टी कर दी गई। लाख समझाने पर भी उन्होंने पुलिस में शिकायत दर्ज कराने से इनकार किया। कुछ छात्र, कुछ गुरू और कुछ इनसे अन्य, इस प्रकार की मानवता को कालिख पोतने वाली घटनाओं की प्रतिक्षा में, अपने नापाक आयुध लिये, आहतों पर प्रतिवार करने सुसज्ज बैठे रहते हैं। उनके हाथ संशय का तीर कमान लग गया और शनैः-शनैः उन्होंने अपनी तीरंदाजी का मर्माहत जौहर दिखाना आरंभ कर दिया। उसी दिन व्हाइस चान्सलर से मुझे बुलावा आया। उन्होंने अपनी बात कहने में जरा भी सहृदयता का परिचय नहीं दिया। शोधकार्य के लिये कार्यालय समय का पालन करने को मुझे कहा और रात के समय लैब में न जाने की हिदायत दी। मेरी सारी तकरीरें व्यर्थ गईं।

"सर, ऐसे में मेरा काम पूरा कैसे होगा? आपने पहले मुझे अनुमति दे दी थी इसीलिये मैंने सर के साथ काम आरम्भ किया। मेरे पिता की भी लिखित सहमति आपके पास है। मैं काम करना चाहती हूँ सर। प्लीज मेरी अनुमति बरकरार रखिये।"

"आज जो हुआ उससे देवर्षी सर बुरे आहत हुए। क्या आप

चाहती हैं उनकी जान खतरे में पड़ जाए?"

मैं क्या कहती? दूसरे की जान को कोई तीसरा खतरे में डाल सकता है ऐसी तर्कहीन बातों को मैंने कभी तूल दिया नहीं था। माँ सदा ही कहती थी मौत के खौफ़ में न जीना। वक्त से पहले न आएगी और वक्त आने पर न जाएगी। वी. सी. को यह समझाना या कहना मेरे बस का नहीं था। उन्हें फिकर थी प्रेस की, बदनामी की। विश्वविद्यालय के पवित्र रास्ते में गंदगी का स्खलन कर अभी-अभी सीना तानकर अदृश्य हुए समाज के बीमार बाशिंदों की दवा-दारू देकर निरोगी करने का विचार उनके मन में आता कहाँ से? वे स्वयं भी तो उसी गंदगी फ़ैलाने वाले समुदाय का हिस्सा थे। सर उस दिन भी लैब में आने से नहीं चूके और पट्टियों से सने हाथों से अपना कार्य जारी रखा। मुझे अनन्यमस्क देखकर वे कुछ हैरान हुए और पूछा। "क्या आप बीमार हैं?"

"जी नहीं" सुनकर वे खुश हुए और मुझसे प्रयोग के विषय में कुछ विवरण लिखवाने लगे। सुबह की घटना उस तपस्वी को शायद याद भी नहीं थी। जब उनका हाल जानने उनके अन्य प्रिय विद्यार्थी लैब में आए तब मासूमियत से उन्होंने कहा, "डॉक्टर भी यही पूछ रहे थे कि आप अब कैसे हैं। न जाने इतनी पट्टी क्यों बाँध दी?"

"सर, आपको पुलिस में शिकायत लिखवानी चाहिये थी न! ऐसे तो वो गुण्डे खुली छूट पाएँगे और न जाने फिर से हमला बोल दें।"

"किस पर हमला बोला उन्होंने?"

हम सब एक-दूसरे की ओर देखते रहे। "दीदी, क्या आप बता सकेंगी वे कौन थे सब? हम अपने तरीके से निपट लेंगे उनसे।"

"नहीं, कोई कुछ नहीं करेगा। मैं काम करना चाहती हूँ। बिना किसी व्यवधान के। मुझे थिसिस पूरा करना है और फिर मेरी अमिया

को खोजने को मैं मुक्त हो जाऊँगी। उसे मैंने वचन दिया था काम पूरा करूँगी, चाहे कुछ भी हो जाए। लेकिन वी. सी. ने मुझे रात को काम करने से मना कर दिया है। अब काम जल्दी पूरा कैसे होगा?''

''दीदी ठीक तो है उनका कहना। रात-बेरात कोई यहाँ उपद्रव खड़ा कर दें तो आप क्या करेंगी? लेकिन एकाएक ये क्यों हुआ? लगता है जान बूझ कर करवाया गया।''

मैंने घटना के इस पक्ष पर ध्यान नहीं दिया था। आखिर कोई ये सब क्यों करवाएगा? मेरी किसी से अनबन नहीं थी और प्राध्यापक वर्ग मुझे चाहता था। वी. सी. भी मेरे शोधकार्य के प्रशंसक थे। विश्वविद्यालय मेरी प्रतिभा का कद्रदान था। कोई ऐसी ओछी हरकत जानबूझ कर करवाएगा इस बात को मैं स्वीकार नहीं कर सकी।

डॉ. शेख को भीतर आते देख हम जान गए कि वो सर को समझाइश देने आए हैं। सर, मैंने आपको बेड रेस्ट लेने को कहा था। उसी शर्त पर आपको एडमिट नहीं किया। और आप यहाँ काम कर रहें हैं? दवा खाई नहीं होगी। चलिये, अब आपको एडमिट होना पड़ेगा।'' मेरी ओर देख कर उन्होंने कहा, ''मिस शम्पा, इन्हें लैब में नहीं आना चाहिये था।''

''मैं क्या कर सकती हूँ? पहले ही मैं इनकी परेशानियों का कारण बन चुकी हूँ।''

''परेशानी वाली बात ये है कि दवा-पानी देने वाला इनके घर में कोई है नहीं और इन्हें कुछ याद रहता नहीं।''

''आप मुझे क्यों बता रहे हैं? यह उनका निजी मामला है। मैं कैसे दखल देती?'' मैंने तल्खी से कहा।

''यही आपकी गुरुभक्ति है? चार गुंडों ने जरा-सी वाहियात हरकत क्या की और आपके होश उड़ गए''

"सर, आप हमें समझा दीजिए, हम लड़के बारी-बारी उन्हे देख लेंगे।" सब मिल कर उन्हें ले गए। मैं लड़की थी! इसी कारण उनकी सेवा करने से अपना पिंड छुड़ाना चाहती थी शायद। अपना शोधकार्य देर तक उनकी निर्देशन में कर सकती थी और सेवा की बात आई तो अपने लड़की होने का बहाना मैं करने लगी। क्यों? उन गुंडों के डर से? अपनी नज़रों से ही गिरा रही हूं खुद को, तो उन लफ़ंगों की गिरी नज़रों से कैसे बचूँगी? मैंने तेजी से डॉ. शेख का पीछा किया और उन्हें रोक कर कहा। "डॉक्टर शेख, मैं करूँगी इनकी देखभाल। आप सब अपनी-अपनी क्लास में जाइये। कहाँ रखेंगे इनको?"

"हम घर जाने से पहले मिल लेंगे आपसे और आपको रिलीव्ह करेंगे दीदी।"

"थैंक यू।"

"आपने मेरे मन का बोझ हल्का कर दिया। आज इनकी बदौलत मैं डॉक्टर बन पाया। अल्ला इन्हें सलामत रखे। यहीं क्लिनीक में बेड है। मैं नर्स का इन्तजाम करवा देता हूँ। बस थोड़ा वक्त लगेगा। तब तक आप रुक जाइये। मैंने अपनी बेगम से खाना लेकर आने को कह दिया है। वह रुकेगी, आपके जाने के बाद और लोग भी आएंगे। डरिये नहीं। उन दरिंदों को पुलिस ले गई है। यहाँ का एस.पी. इनका स्टूडेंट रह चुका है। मेरा क्लास फ़ेलो था।"

हमारी बातों से बेअसर प्रो. देवर्षी एक अबोध शिशु की तरह डॉ. शेख का हाथ पकड़ कर चल रहे थे। अचानक वे रुक गए, "किसे पुलिस पकड़ कर ले गई?"

"आप उन्हें नहीं जानते सर।"

"जानता हूँ। कहीं मिले थे"

"सर चलिये प्लीज। आपकी बहू मुझे डाँटेगी घर जाने को देर होने से।"

बड़ी मुश्किल से डॉ. शेख उन्हें ले जा सके। क्लिनिक के बेड पर उन्हें लिटा कर उन्होने नींद का इंजेक्शन लगाया। फिर मुझे दवाईयाँ समझा कर जाने लगे।

"कंपांउडर पर मैं भरोसा नहीं कर सकता। रुकने के लिये आपका शुक्रिया। बेगम बस आती होगी।"

क्लिनिक विश्वविद्यालय की मुख्य इमारत से दूर था। नर्स के एवम् अन्य छात्रों के इन्तजार में मैं बैठी रही। कुछ समय के पश्चात् वी. सी. आए। मुझे देख कर गुस्से से उन्होंने कहा, "आप यहाँ क्यों रुकी हैं? जो हुआ वो काफ़ी नहीं था?" अपने क्रोध पर काबू करके मैंने कहा, गुरुजन की सेवा करना विद्यार्थियों का फ़र्ज बनता है।"

"आपके कारण उन्हें जो कष्ट हुआ, क्या वह कम नहीं?"

"कृपया यह बात न दोहराएँ। आप पहले कह चुके हैं।"

"आप अविलम्ब यहाँ से जाएँ।"

"आवाज धीमी करिये। सर जग जाएँगे।"

"यदि आप नहीं गईं तो मुझे बल प्रयोग करना पड़ेगा।" इस प्रकार की धमकियाँ सहना मेरे लिए नामुमकिन था। मैं तब तक डॉ. शेख के केबीन में बैठकर पढ़ रही थी। अब मैं तेजी से पेशेंट के कमरे में गई और कुर्सी खींच कर उनके पलंग के करीब बैठ गई। "करिये अब बल प्रयोग।" सुबह से अब तक एक के बाद एक अवांच्छनीय घटनाएँ घटित हो रही थीं और मेरा संयम जवाब देने लगा था वी. सी. ने ड्राइवर को आवाज लगाई और वे चले गए। मुझे बहुत रोना आया। बारामदे की सीढ़ी पर बैठकर न जाने मैं कितने देर रोती रही। फातिमा भाभी कब आई पता भी नहीं चला। उन्होंने मेरा ढ़ाढ़स बँधाया और धीरज रखने

को कहा। "भाभी, वे मेरी रिसर्च रुकवाना चाहतें हैं।"

"अरे ऐसे कैसे रोक देंगे? रोक कर बताएँ जरा। इन चूड़ियो की ताकत वे भला क्या जानें?" फातिमा भाभी छात्र नेता रह चुकी थीं। उनके पिता प्रदेश काँग्रेस कमिटी के अध्यक्ष थे। वे खुद राजनीति में दखल रखती थीं। मैं इनमें से किसी भी नीति में उलझना नहीं चाहती थी। मुझे केवल अपना शोधकार्य डॉ. देवर्षी के मार्गदर्शन में करना था, बगैर किसी के दखलअंदाजी के।

"भाभी ताकत की राजनीति में मैं उलझना नही चाहती।"

"आपको जरूरत ही नहीं है। आप खुद ताकतवर हैं। अच्छा, चलिये भीतर। सर को खिला देते हैं", डॉ. देवर्षी को जगा कर बड़े ही प्यार से फ़ातिमा भाभी ने सूप पिलाया। जाहीर था उनके बीच गहरे पारिवारिक संबंध थे। "पता है दीदी, इनकी बदौलत आपके भाई आज डॉक्टर हैं। मेडिकल की पढ़ाई का सारा खर्च इन्होंने किया। वालिद का इन्तकाल बेवक्त हो गया था और मेरे मियाँ परेशान थे घर की जिम्मेदारी से। पढाई छोड़ने की बात सोचकर वे घर में बैठ गए। सर को पता चला तो चुपचाप उनकी पढ़ाई के खर्च का इन्तजाम कर दिया। अम्मी को समझाकर हिदायत दी कि अपने बेटे की पढ़ाई हर हाल में वे जारी रखें। इन्होंने बाद में पैसे लौटा दिए तो सर ने एक ट्रस्ट बना कर जरुरतमंद विद्यार्थियों के लिये फंड बना डाला।"

जीप की आवाज सुनकर भाभी ने कहा, "लगता है एस. पी. साहब सर से मिलने आए हैं।" कुछ ही क्षणों में दनदनाती पुलिस कमरे में आई और उनके पीछे वी. सी.। अपने चमचों के साथ। हम दो महिलाओं को देखकर उनके वरिष्ठ ने पूछा "क़िसे हटाना है?" अब तक भाभी सर को खिलाने में मग्न थीं। तत्काल वे पीछे मुड़ीं और हैरत

से कहा "ये क्या माज़रा है? अफ़जल साहब, कैसे आना हुआ?"

पुलिस वाले का चेहरा सफ़ेद पड़ गया। वी. सी. की ओर देख कर उसने कहा,"साहब बुलाए।"

"किसलिये?"

"कह रहे थे किसी मोहतरमा को यहाँ से हटाना है।" फ़ातीमा भाभी पलभर में स्थिति को भाँप गईं। वी. सी. की ओर देखते हुए कातिलानी अंदाज में उन्होंने अपनी भौंए तानी, "मुझे हटाने के लिए आपको पुलिस बुलानी पड़ी? और लेडी पुलिस भी नहीं!"

"आपको नहीं।"

"फिर किसे?" उन्होंने मासूमियत से पूछा। वी. सी. समझ गए कि दलबल समेत समरांगण से बाइज्जत रुखसत होना ही उनके हित में था।

"शायद मुझसे ही भूल हो गई। चलिये आप लोग।"

फ़ातीमा भाभी के पीछे खड़ी मैं आवेश से काँप रही थी। उन्होंने मुझे किन शब्दों से निरापद किया, याद नहीं। इतना याद है कि जल्दी ही नर्स आ गई। और भाभी मुझे अपने स्कूटर पर बैठा कर मेरे स्कूटर तक छोड़ आईं। "यकीन मानिये दीदी, कोई आपको उतना ही खौफ़जदा कर सकता है जितना आप होना चाहती हैं। आपकी मर्जी के बगैर कोई आपका कुछ भी बिगाड़ नहीं सकता। याद रखिए अल्ला ताला उसीकी हिफ़ाजत खुद करता है जो अपनी हिफ़ाजत का हौसला दिल में रखता है। खुदा हाफ़ीज।"

"आपकी बात सर आँखों पर भाभीजान। हरदम याद रखूँगी। खुदा हाफिज।"

पुलिस ने पकड़े गए छात्रों से हमले का कारण उगलवा लिया। अमिया के पिता रायपुर में पदस्थ थे। उनके मोहल्ले के दो चार लड़कों

को माँ के विषय में अनर्गल बातें बता कर मेरे चरित्र पर भी उन्होंने कीचड़ उछाला। लड़कों को भड़का कर डॉ. देवर्षी को चरित्रहीन बताते हुए कि हम दोनों तालाब की गंदी मछलियाँ समान हैं और हमें सबक सिखाना जरूरी है, इस बात पर उन्हें राजी किया। पैसे भी दिये। व्यक्तिगत रंजिश को सार्वजनिक मुद्दा बना कर मुझे बदनाम करने का उनका प्रयास पलट कर उन्हीं के लिए सिरदर्द बन गया। एस. पी. और डॉ. शेख ने पूरी शख्ती के साथ उनकी अकड़ उतारी। पेपरबाजी हुई। पत्रकारों ने मनगढ़ंत बातें छाप दीं। हमारे साथ हुआ था वह बुरा था लेकिन जो सनसनीखेज अर्धसत्य छपा, उसके परिणामस्वरूप हम सार्वजनिक रूप से अनावृत्त हुए ऐसा मुझे लगा। मैंने बहुत शर्मिंदगी महसूस की। अमिया के पिता को इस हद तक जलील किया जाना मुझे ठीक नहीं लगा। अपराधी छात्र पेशेवर नहीं थे लेकिन लगातार मिल रही प्रताड़नाएँ उन्हें उसी रास्ते पर अवश्य ले जातीं। अंततः मैंने डॉ. देवर्षी की मदद माँगी और सारे प्रकरण को खत्म करने के लिए एस. पी. पर दबाव डालने को उनसे निवेदन किया। सर को धक्का लगा। अपने कारण अब तक उत्पाती छात्र और अमिया के पिता को पुलिस दंडित करती रही, इस बात को वे सह नहीं सके। मेरे साथ ही एस. पी. के दफ़्तर वे गए और तत्काल उस विद्वेषपूर्ण कार्यवाही को रोकने का आदेश उन्हें दिया। "मैंने तो शिकायत लिखी नहीं थी, फिर भी किस शिकायत पर तुमने ये बदले की कार्यवाही की? मैं तुम्हारी शिकायत तुम्हारे वरिष्ठ से करूँगा। शेख के घर का पानी भी नहीं पिऊँगा जब तक अपने गलत व्यवहार के लिए वो उन सबकी माफ़ी न मांगेगा। उसी के कारण ये सब कांड हुआ युवा खून गल्तियां करता है, इसका मतलब ये तो नहीं कि हम बंदूक तानकर उनके जान के पीछे पड़ जाएं।" वे मेरे साथ अमिया के पिता के पिता के पास गए और उनसे पुलिस के व्यवहार के लिये क्षमा याचना

की। अमिया के पिता पहले कुछ अवाक् हुए फिर अपनी औकात पर उतर आए और मुझसे कहा, "ये नौटंकी किसे दिखा रहें हैं आप लोग? या तो ये बुढ्ढा पागल है या दांभीक। और तू क्या है सो तो मैं जानता हूँ। जब तेरी माँ ही चरित्रहीन है तो तू और क्या बनेगी? मैं तेरे बाप जैसा नामर्द नहीं हूँ। मेरे सामने कोई गलत काम कर रहा होगा तो मैं उसे सड़क पर घसीट कर नंगा कर दूँगा।" हमारे पीछे-पीछे एस. पी. भी वहाँ आए थे। उन्हें डर था सर से अमिया के पिता कुछ बदतमिजी न कर बैठें। अमिया के पिता के कहे अपशब्द सुन कर उन्होंने सर को हाथ पकड़ कर घर से बाहर आने की प्रार्थना की। मानसिक बीमारी से संक्रमित उसके पिता पर प्रतिघात न कर सकने की मजबूरी में उनकी आँखों से क्षोभ के अश्रु बहने लगे। इस दुर्भाग्यपूर्ण घटना पर विराम लगाते हुए डॉ. देवर्षी ने एस. पी. को हिदायत दी। "कभी किसी से बुरा व्यवहार नहीं करना एस. पी., न्याय करने वाला उपर बैठा है। उसका काम उसे करने दो। तुम लोगों की रक्षा करो, उनका जजमेंट मत करो..." सर की इस नेक सलाह पर एस. पी. क्या कहते? हाँ, मैंने जरूर कहा, "माँ भी यही कहती हैं।"

एक अरसा गुजर गया यही कहते-सोचते कि माँ भी यही कहती है, माँ भी वही सोचती है। हम उनके बोये ममता के माया बीजों को न चाहते हुए हमारे भीतर सींचते रहे। अब बीज वृक्षरूप लेकर जंगल बन चके थे। उनके सघन अँधेरे से बाहर निकलने को हमारी आत्माएं छटपटा रही थीं। दुर्भाग्य से जंगल के पहरेदार हम खुद ही थे। उस घने तम से निकलने के सारे रास्ते हमने भावनाओं के महीन तारों से घेर लिया था। बाबा बुढ़ा गए थे, रूम्पा शादी करके उन्हीं के पास रहती थी। उसका पति मर्चंट नेवी में था। मोटी रकम तनखाह में पाता था और रूम्पा को भेजता था। मैंने शादी नहीं की। घर में कोइ माँ का नाम नहीं

लेता था। फिर भी सबकी आँखें उन्हें ही ढूँढ़ती रहती थी। मैं कैसे भूलूँ दादी की मरते समय की भटकती आँखें? अपने अंतिम दिनों में दादी सब भूल चुकीं थी। उन्हें केवल माँ याद थी। जो भी उनके सामने आता उसे करूण स्वर से कहतीं, "कौन है आप लोग? मेरी बहुरानी कहाँ है? उसे मेरे पास भेजो।" रूम्पा आगबबूला होकर दादी को आँखें दिखा कर चुप रहने को कहती और उनके चरणों में पड़ कर रोने लगती। बाबा ने एक बार उन्हें बुलाने को सोचा भी किन्तु रूम्पा का रूद्रावतार देख कर अपना इरादा त्याग दिया। ताउजी ने भी कह दिया, इस बार वे बाबा की बात नही मानेंगे। बुआ ने, जिसके लिए माँ ने पूरे खानदान से अकेले टक्कर ली थी और फूफाजी तक ने जो माँ के बदौलत हमारे घर के दामाद बने थे, सबसे अधिक विरोध किया। मैंने बुआ को बहुत भला-बुरा कहा, जब ताउजी की फटकार मुझे सहनी पड़ी। दादी के खातिर मै माँ को एक बार बुलाना चाहती थी। समूचा खानदान के विरूद्ध मैं अकेली! भटकती आँखों में माँ का इन्तजार लिए दादी चली गई। प्राण पखेरू उड़ गया लेकिन उनकी ठहरी नज़रों में एक बेबस प्रतीक्षा थी। मैंने बाबा से बहुत लड़ाई की, मरने वाले की आखरी इच्छा तो जल्लाद भी पूरी करता है और हम दादी के अपने थे फिर भी अपनी जिद के कारण उनकी आखरी इच्छा की वंचना कर गए। बाबा की लाचारी और समूचे परिवार की कठोर निर्णायकता मुझे अमानवीय लगी। बाबा में साहस क्यों नही है अपनी बात पर अमल करने का? अन्य सब, जिन्होंने माँ की उदार हृदय से बहते निःस्वार्थ प्रेम स्रोत का दिल खोल कर उपभोग किया था, असंवेदनशीलता का ऐसा निर्घण परिचय क्यों दे रहे थे? हमारी छोटी-सी जीवन यात्रा में नकारात्मक सोच के ऐसे कट्टर रोड़े राहों में डाल कर हम सकारात्मकता की लचीली संभावनाओं को क्यों मिटा देते हैं? माँ तुम क्यों चली गई मुझे राहों पर बिछे इन अनगिनत प्रश्नचिन्हों के उत्तर

खोजने का दायित्व सौंपकर? तुम्हारे पास तो अब केवल उत्तर है, कोई प्रश्न नहीं। कुछ उत्तर मुझे भी उधार दे दो न माँ। तुम्हें लौटा दूँगी मेरी तलाश पूरी होते ही।

मनपंछी फिर से उसी जुगनुओं वाली गूफा का तममय अवकाश तलाशने लगा... यही होस्टल... यही परिसर... मैं और अमिया। हम प्रथम वर्ष की छात्राएँ थीं। मुझे जीव विज्ञान में रूची थी, उसे पदार्थ विज्ञान में। हम अपने-अपने विषयों में शोधकार्य करना चाहती थीं। मेरे पिता वन अधिकारी थे और उसके पिता ट्रेजरी में बाबू। हमारे परिवारों में कोई समानता नहीं थी। अमिया के पिता को मुझसे नफ़रत थी। विशेष रूप से मेरी माँ से। शहर में जो तीन वर्ष हमने छात्ररूप में साथ बिताए, उस कालावधि में हमारी मित्रता अभेद्य हो गई। माँ अमिया को मेरे जैसा ही लाड़-दुलार करती थी। पापा दुनिया को माँ के माध्यम से देखते थे, अतः वे भी अमिया को पसंद करते थे। रूम्पा को उसका साथ अच्छा लगता था। अमिया का हमारे घर आना-जाना उसके पिता समाज में अपनी धौंस बढ़ाने का साधन मानते थे। मैं जब उनके घर जाती, वे व्यंग भरी मेहमानवाजी से मुझे शर्मिंदा करते। कहीं से ठंडा समोसा मँगाते, कहीं से बासी मिठाइयाँ, और मूँह में बेचारगी चबाते हुए कहते, क्या करे शम्पा रानी, हमारी यही औकात है, गरीब के घर की मिठाई नहीं खाओगी? मेरा पेट मरोड़ने लगता। अमिया की माँ झट से प्लेट हटा देती और घर के बने लाइगुड़ के लड्डू सामने रखती। तब उन्हें पति से खरी-खोटी सुननी पड़ती। अमिया के पिता की अच्छी आमदनी थी। अपनी साधारण तनखाह को असाधारण साधनों से बढ़ाने के तौर-तरीके वे भली प्रकार जानते थे। घर में किसी बात की कमी नहीं थी, फिर भी कुण्ठाग्रस्त उनका मन मेरे समक्ष अपनी गरीबी का प्रदर्शन करके मुझे अवसाद में ढकेलने का पूरा प्रयास करता। माँ पर व्यंग्य कसने का एक

भी मौका वे नहीं छोड़ते। अमिया की माँ अधिक पढ़ी-लिखी नहीं थी और सामान्य रूप-रंग की थी परन्तु कुशल गृहिणी थी। शिक्षा से प्रेम करती थी और चाहती थी अमिया कुछ बनें। अपने पिता के छद्म-व्यवहार से दुखी हो कर अमिया उदास होकर हमारे घर आकर जब गुमसुम - सी बारामदे के सीढ़ी पर बैठ जाती तब माँ पीछे से आकर हम दोनों को अपनी बाहों में समेट कर कहती, "मिटाना है यदि दुखड़ा, तो जी भरके खाओ पकौड़ा।" और रूम्पा हौले - से हमारी चोटियाँ खींच कर कहती, "सुनना जरा पकौड़े की हाय, माँ संग दे देना प्लीज चाय!" केवल अमिया पीती। हम तीनों फिर सारे बरामदे में धमाचौकड़ी मचाती।

अमिया छात्रवृत्ति पाती थी विशेष वर्ग की होने के कारण। छात्रवृत्ति की रकम देने वाला बाबू अकसर उसे छेड़ता। क्यों जी, प्रणाम पत्र असली है या नकली? अमिया पलटवार करके कहती, ये तो आपके कलेक्टर साहब ही बता सकेंगे। पूछ लीजिये उनसे। दरअसल अमिया का रहन-सहन, भाषा, तौर-तरीका, सभी संभ्रांत समाज के अनुकूल था। वर्णभेद पर आधारित आर्थिक सहायता सभी को कचोटती है। जाने कब भेदभाव की नीति छोड़ प्रशासन सभी पक्षों को सम्मान से जीने का अवसर देगा? हम दोनों हमारी अन्य छात्र भगिनियों के साथ इस मुद्दे पर चर्चा करतीं और अधिकतर विशेष वर्ग की सहपाठिकाएं भी जातिगत भेदभाव का अन्त करने के पक्ष में होतीं।

हम दोनों उन्नीस-बीस के अंतर से परीक्षा में अंक पातीं। कभी वह आगे मैं पीछे, कभी मैं आगे वह पीछे। हम दोनो की माँऐं हमें समान रूप से प्रोत्साहित करतीं परन्तु अमिया के पिता मेरे बेहतर अंक बरदाश्त नहीं कर पाते। अपनी वही छद्म हँसी को बेहिचक प्रदर्शित करते वे चुटकी लेते, वैसे तो अमिया के अंक ही अधिक आना चाहिये थे। मैंने टोटल लगाई थी। शायद कुछ नंबर गोरे रंग को भी मिलते होंगे, क्यों

शम्पा रानी? झुँझला कर अमिया कहती, कुछ क्यों पापा? सारे नंबर ही गोरे रंग को मिलते हैं। भला इस बुद्धु को कुछ आता है? बस, आपकी बेटी ही तो एक सरस्वती का अवतार है! हम दोनों रसोई में घुस कर अमिया की माँ की बनाई साग-सब्जी चट करने में मशगूल हो जातीं। बारहवीं का नतीजा आया और बाबा का तबादला छोटे शहर में हुआ। आगे की पढ़ाई होस्टल में रह कर पूरी करना तय हुआ। बाबा चाहते थे मैं महाराष्ट्र में जा कर पढ़ूँ किन्तु अमिया को सरकारी खर्चे पर पढ़ाने की सहूलियत थी, अतः उसे उसी राज्य में रहकर पढ़ना अनिवार्य था। हम दोनों के परिवारों ने हमें भोपाल भेजने का निर्णय लिया।

माँ में हो रहा आन्तरिक परिवर्तन धीरे-धीरे निर्णायक रूप लेने लगा था। अब तक बाबा उनके साथ चल रहे थे। मैं नहीं समझ सकी कब माँ इतनी आगे निकल गई कि बाबा पीछे छूट गए... हम सब भी। रूम्पा उपरोध से बोली, "बाबा कभी माँ के साथ थे ही नहीं शाम्पू। तू तो सपने में जीती है न। कहाँ से देखेगी असली दुनिया?" मैं उसे मारने दौड़ी थी और उसने मुझे रोका नहीं। मैंने ही अपना हाथ रोक लिया। क्यों तोड़ती है ये सपने मेरे? बचपन से इसका यह प्रिय उद्योग रहा है। माँ और बाबा के मन भिन्न धरातल पर बसते थे ये जानना और फिर उस शोचनीय स्थिति को स्वीकारना मेरे लिये एक गंभीर चुनौती थी। उस दिशा के दरवाजे को मैं बंद रखती थी। क्यों ये रूम्पा नाम की दुष्टा उस द्वार को अनावृत्त करने पर तुली थी? मैंने देखा रूम्पा तकिये में चेहरा छिपा कर रूलाई को दबाने की असफल चेष्टा कर रही थी। हमारे स्वस्थ सुखों की बनती अस्वस्थ दुरावस्था को फटी-फटी बेबस आँखों से देखने नियति ने हमें पहरेदार नियुक्त किया था। उस रात जब हम दोनों सोये, नींद के आगोश में समाने के पश्चात् रूम्पा मुझसे लिपट गई। मैं बिना हिले-डुले सोती रही। यदि उसकी नींद टूटती और उसे अपनी

कमजोरी का पता चलता तो वह न मुझे बख्शती, न अपने आपको। मेरी जान मेरी रूम्पा! काश संवेदनाओं की अभिव्यक्ति को अपना शत्रु मानने की सजा उसने अपने आपको न दी होती! वर्तमान स्थिति में उसकी स्वगठित मान्यताओं से छेड़छाड़ करना असम्भव था। मेरे समक्ष भोपाल जाने के अतिरिक्त पर्याय नहीं था। माँ की निर्लिप्तता की सीमा समझना मेरे लिये भयावह था। रूम्पा का घुटता दुःख मेरे लिये असहनीय था। किनारा छूटने पर कश्ती के बिना हिचकोले लेती नाव की तरह असहाय बाबा का अनाथभाव मुझे क्रोधित करता था। क्यों नही है बाबा के पास माँ की लौहसदृश बाहें जो आलिंगन मात्र से हम दोनों संतानों का दुःख चकनाचूर कर देती? मेरा भोपाल जाना ऐसे कई भावनात्मक भँवरों में वृत्ताकार गोते लगा रहा था फिर भी जाना पड़ा। माँ ने एक नहीं सुनी। बाबा के तबादले का वास्ता देकर मुझे भेज दिया गया। एक वर्ष यूँ ही बीत गया और दूसरे वर्ष के अगस्त माह की गुरु पूर्णिमा के दिन माँ ने वह निर्णायक कदम उठाया।

दीपावली-दशहरे की छुट्टियाँ उस वर्ष सिर पर भारी बोझ बन कर आईं। माँ के बिना त्योहारों का क्या अर्थ था? मैं, रूम्मा और पापा एक-दूसरे से आँखे चुराते रहेंगे। प्रतिवर्ष की तरह दादी, दादा, बुआ नही आएंगे। बाबा के ध्वस्त घरौंदे में कौन आएगा? उन सबकी आवभगत करने वाली पक्षिणी वहाँ से अपने निजी आकाश की तलाश में उड़ गई थी। मैं होस्टल में रुकना चाहती थी। माँ को छोड़ आने के बाद मैंने बाबा से या रूम्पा से मुलाकात नहीं की थी। मैं न जाती तो बाबा मुझे लेने खुद आ जाते, अतः मुझे जाना पड़ा। ट्रेन में चढ़ने के पश्चात् मैं गुमसुम लेटी रही। अमिया का मान मनुहार काम नहीं आया। जबलपुर आते ही मौसी प्लेटफॉर्म पर नज़र आईं। रितेश भैया साथ थे। मैंने चादर सिर पर से ओढ़ ली। क्यों आई मौसी? मन हुआ बर्थ के नीचे छुप

जाऊँ। अमिया चाय लेने उतरी थी गोया मौसी उसके साथ आसानी से बोगी तक पहुँच गई। वे भीतर आना चाहती थी किन्तु रितेश भैया ने उन्हे रोका। "माँ, ट्रेन अधिक समय नहीं रुकती। यहीं से बात करो। ऐ शाम्पू, निकलो चादर से बाहर, वर्ना भाइदूज नहीं मिलेगी।" चादर फेंक कर मैंने तैश में आ कर कहा, "ओहो! तो आप भी नहीं पधारेंगे! बड़े आए दूजी देने वाले! रखिए अपने पास।" मौसी रोने लगीं। मुझे डपटते हुए अमिया बोली, "ऐ पागल, भूल गई क्या? पूनम जिज्जी की शादी हो गई है। भैया क्या उनके ससुराल नहीं जाएँगे? तेरा तो दिमाग आलुओं से भरा है।" मैंने खिड़की से हाथ निकाल कर मौसी को पकड़ लिया। "मैं भी न! मेरी अच्छी मौसी, माफ कर देना प्लीज। हमारा भाई नहीं था। अतः घर में पूनम जिज्जी के होते हुए भी मौसी रितेश भैया को प्रति वर्ष भाइदूज के दिन हमारे पास भेजती रही। पूनम जिज्जी कभी आती, कभी नहीं। उन्होंने दूज का दिन हमारे नाम कर दिया था। हम दो बहनों को दादी की तरह चाँद की आरती न उतारनी पड़े, इसलिए। और मैं सब भूल रही हूँ। उस परिवार की हमारे प्रति दिलेरी, स्नेह, ममता, सब भूल गई। क्या करूं-मठेरी बच्ची, फँस गई हूँ रस्मों-रिवाजों में। पूनम के ससुराल वालों का तिकड़म स्वभाव तुम जानती हो न। तेरी माँ ने शादी में सब सम्हाल लिया। अब मेरी लाज रखने वाली वह कहाँ है बेटी! वो तो चल दी।" मौंसी का रोना रुका नहीं और ट्रेन चल पड़ी। उन्होंने क्या-क्या नाश्ता डलिया में रख दिया था वही जानें। खाना अलग से था। पूड़ी, सब्जी, पुलाव, न जाने क्या-क्या। हम दोनों खाने की स्थिति में नहीं थीं। उस समय जबलपुर से मौंसी जो खाना-नाश्ता रखवाती थीं, हम आधी रात में भी उस पर टूट पडतीं। आज उधर देख भी नहीं पाई। कटनी आते ही अमिया ने माँगने वालों को पूरा टोकरा दे दिया।

स्टेशन पर बाबा और रूम्पा खड़े थे। नीचे उतरते ही दौड़कर वह

आई और मुझे जोर से मुक्का मारा। "अभी तू घर तो चल शाम्पू, तेरी बोतल चकनाचूर कर दूँगी" बाबा ने उसे अलग किया।

"ये क्या बच्चा... तुम दोनों अब बड़ी हो गई हो। इस तरह मारपीट नही करते।"

"बड़ी मेरी बला से। घर तो चलिये फिर देखिये मैं कितने टुकड़े करती हूँ इस शाम्पू की बोतल के।" मैंने उसे चिकोट कर कहा, "बाबा, बेहतर है। मैं लौट जाऊँ, ये मुझे मार डालेगी घर पहुँचते ही", इस प्रकार के झगड़ों का निराकरण माँ चुटकी में कर देती। बाबा को उसका अभ्यास नहीं था। हम दोनों उनकी विवशता जान कर आप ही चुप हो गईं।

घर में घुसते ही मैंने पाया कि हॉल में लगी माँ की श्वेत-श्याम तसवीर हटा दी गई थी। महाविद्यालय जीवन में खींची उस तसवीर में माँ की घुँघराली दो चोटियाँ हवा से उड़ रही थीं। उनका आँचल लहरा रहा था जिसे सँवारने के प्रयास में वह कुछ परेशान, कुछ शरमाई - सी मुस्कुरा रही थीं। उनकी अंतरंग मित्र ने वह फोटो खींचा था। किसी झील का किनारा था और झुरमुट के सायंकालीन साये। नाना के घर से बाबा उस कलात्मक आविष्कार को उठा लाए थे। बरामदे से हॉल के दरवाजे में कदम रखने से पहले ही माँ की वह तसवीर सबका स्वागत करती। "जल्दी नहा-धो लें। नाश्ता लगवाती हूँ।"

"माँ की फोटो कहाँ है?"

"रद्दीवाले को दे दी।"

"बक मत"

"पूछ मत।"

मैं हमारे कमरे में जाकर सूटकेस खोलने लगी और नहाने के बाहने बाथरूम में घुस कर आधा घंटा रोती रही। गरम पानी की सुकून भरी

फुहार ने अंततः मुझे ताजगी दिलाई और मैं खाने की मेज़ पर आई। माँ के हाथ का कढ़ा, जूही के फूल की तरह श्वेत मेज़पोश, जिसे बाबा केवल विशेष अवसरों पर मेज़ पर से निकालने की अनुमति देते, वह भी इस डर से की मेहमान उसे खराब न कर दें, गायब था। उसके स्थान पर बाजार से खरीदा सिंथेटिक लेस का मेज़पोश बिछा था। टेबल मैट्स भी नायलॉन के थे। माँ ने न जाने कितने सेट्स बनाए थे जो नित्य उपयोग मे लाए जाते। मेज़ पर सदा विराजमान फूलों से सजी मिट्टी के गुलदान के स्थान पर किसी कीमती बोन-चायना के गुलदान में कैक्टस सजे थे। सजावट लुभावनी थी लेकिन माँ के कोमल मनीप्लांट को याद करके आँखें उन्हें खोजने लगीं। ''ले, तेरे लिये खास चीज़-आमलेट बनाई हूँ और चीज़-टोस्ट भी।'' प्लेट को दूर करते हुए मैंने कहा, ''तेरा दिमाग ठिकाने पर है न? नवमी है आज।''

''तो टोस्ट खा ले। मैं जल्दी से पोहा बना देती हूँ।''

बाबा टेबल पर आ गए थे और मैंने देखा मेरा आमलेट उन्होंने ले लिया। ''बाबा आप आज अंडा खाएँगे? नवमी के दिन?''

''तेरी बहन जो खिलाती है, खा लेता हूँ। उसका बोर्ड ईयर है ये। सारे समय उसे रसोई की चिंता करनी पड़ती है। स्कूल जाने से पहले क्या-क्या करेगी?''

''क्यों बनाती है खाना? बाई कहाँ है?''

''कई महिनों से छुट्टी पर है।''

तब तक रूम्पा पोहा ले आई, ''खा ले दीदी। तुझे मेरी कसम।'' मैंने आश्चर्य से उसे देखा। दीदी। इस संबोधन का प्रयोग माने-सरेंडर। जाहिर था उसे स्कूल जाने की जल्दी थी। ''खाना तैयार है। रामदीन गरम फुल्का उतार देगा। बाबा, आप सलाद जरूर खाइये, डॉक्टर ने

आप से कहा है।" वह तैयार होकर स्कूल चली गई। बाबा ऑफिस चले गए। अकेली मैं माँ के बिना तन्हा दरोंदिवारों को टुकुर-टुकुर देखती रही। माँ का नामों-निशान मिटाने की पूर्ण कोशिश साफ नज़र आ रही थी। उसकी सारी वस्तुएँ, उसकी सारी तसवीरें, हटा दी गई थी। सुंदर जिल्द वाली हार्डबाऊंड किताबों को हटाकर शेल्फ में उटपटाँग दिखने वाली अजीबो-गरीब मूर्तियाँ रखी थीं। बाबा के कमरे में जाने के लिये मुझे बहुत अधिक धैर्य जुटाना पड़ा। माँ ने कभी ड्रेसिंग टेबुल का उपयोग किया या नहीं मैं नहीं जानती, परन्तु अपने पूरे शानो-शौकत से वह कमरे का अहम हिस्सा हुआ करता था। उस पर माँ-बाबा की शादी का फोटो चाँदी के फ्रेम में दमकता रहता। फोटो के समक्ष छोटी-सी मिट्टी की तश्तरी में बाबा जूही, चमेली या मोगरे के फूल मौसम के अनुसार भर देते। आइने के सामने कई प्रकार की नामचीन इत्र की शीशियाँ रखी रहतीं। माँ इत्र पसंद करती थीं। उन्होंने कभी विलायती सुगंधों का उपयोग नहीं किया। इस समय टेबुल खालीपन से जूझ रहा था। रूम्पा ने कहां फेक दी माँ की प्रिय दौलत? उसकी तसवीर? दर्द से मेरी चीखें निकल पड़ीं। दौड़कर मैंने माँ की अलमारी खोली और धड़ाधड़ाती हुई उनकी किताबें नीचे कालीन पर गिर पड़ीं। किताबों के पिछे से अचानक ही माँ की तसवीरें झाँकने लगीं। मैं उन तसवीरों को छूकर एक-एक को हटाती गई, देखती रही, तब माँ की इत्र की शीशियाँ भी मिली। काँच की पारदर्शी बड़ी हवाबंद पेटी में समेटकर रखी थीं। उनकी केवल एक शादी की बनारसी साड़ी टंगी थी जिसपर शायद बाबा ने उन दोनों की छोटी- सी फोटो लगाई थी। सारा परिदृष्य इतना विदारक था कि मैंने सारी किताबें वापस अलमारी में रख दी। तसवीरें और इत्र की शीशियाँ छुपा दी। शायद रूम्पा का कदम सही था। माँ का अस्तित्व का झूठा बिगुल फूँकने वाले उस निर्जन सामान की उपस्थिति

कौन पाषाण हृदयी बरदाश्त कर सकता? वह सामान शोक उद्दिप्त करने का कारण बन गया था। उसका अग्निसंस्कार कर देना एकमात्र तर्कसंगत उपाय था। रामदीन ने आवाज देकर अमिया के आने की ख़बर दी। बाहर निकल कर देखा, उसकी आँखें लाल और फूली हुई है। "हो गया संग्राम? बड़ी जल्दी में थे तेरे घर वाले।"

"ऐसी बातों में लोग समय कहाँ गँवातें हैं? उन्हें तो चाहिये चटपटी बातें भूख मिटाने को।"

"क्या हुआ? आने दिया पापा ने?"

"उनकी कौन परवाह करता है? मुझे धक्का लगा माँ के रवैये से।"

"मत परेशान हो। तेरी माँ पराधीन है। या कहना चाहिये परिवाराधीन हैं। चाह कर भी परिवार का विरोध नहीं कर सकेंगी। चाय बनवाती हूँ फिर तू इत्मिनान से घर जा। लड़-झगड़ मत घर वालों से। बाद में सोचते हैं क्या करें, कैसे करें, खाना खाई?"

"हाँ। खाया। नहीं तो बेकार झगड़ा होता। चाय-वाय रहने दे। तुझे देखने का मन हुआ सो आ गई। थोड़ी शांति चाहती थी, मिल गई। चल मिलते है फिर।" अमिया सीना तान कर चली गई।

अमिया दीदी कितना अच्छा हाय। उसका बाप एकदम जंगली हाय। अच्छा रामदीन, समझ गई। चल मिलते हैं फिर। अमिया सीना तान कर चली गई। "अमिया दीदी कितना अच्छा हाय। उसका बाप एकदम जंगली हाय।"

अच्छा रामदीन, समझ गई तुम्हारा दीदी प्रेम। कितना चाकलेट दिया दीदी ने?"

"बस चार दिया।"

"रामदीन, रूम्पा दीदी को पता चला न तो तुम्हारा कचुमर बना देगी। जाओ, आटा लगाओ, पापा आते ही होंगे।"

पापा खाना खाकर गए ही थे कि रामदीन फिर आवाज देने लगा। "दीदी चोपड़ा बाई साहब आया हाय"। चौपड़ा आंटी को रोकना रामदीन के बस का नहीं था। चीफ कॉन्जर्वेटर की पत्नी, ऊपर से आतंकवादी रवैया। मैं त्वरित बाहर भागी और रामदीन को बाबा के कमरे में ताला देने जताया। उनके भारी भरकम शरीर को बरामदे की सीढ़ी चढ़ने में समय लगा। उनकी ओर लपक कर, उन्हें सहारा देकर, मैं दीवानखाने में ले आई।

"सत्यानाश हो उन अंग्रेजों का। इतनी ऊँची सीढ़ियाँ कोई बनाता है भला? वो गए और ये पत्थर छोड़ दिये हमें सिर पटकने को। बोल रानी, तू ठीक तो है? तेरी उस सिरफिरी बहन से बात करना बेकार है। कुछ भी पूछने से गुर्राने लगती है बिलैया की तरह। तेरे बाबा टूर पर जाते हैं तो अकेली सोती है इतने बड़े मकान में। रामदीन भी यहीं सोता है।"

"उसकी माँ और बीबी भी यहीं सोती है। आपको नहीं पता?"

"अरे तो उससे क्या होता है? उसी के तो लोग हैं। कल को कुछ उलटा-सीधा हो गया तो सब सोचेंगे किसी ने इनकी मदद नहीं की।" मुझे पता है रामदीन दरवाजे के पीछे खड़ा है और सुन रहा है सब बातें। वह बाबा का ईमानदार, नेक बन्दा है, लेकिन इस दुनिया के मिसेस चोपड़ा जैसी मन से बीमार लोगों का कोई क्या करे? मैंने रामदीन को चाय बनाने को कहा। बगैर चाय पिए और नमकीन, मीठे बिस्किट की पूरी फौज पेट में डाले वह उठने वाली नहीं थीं।

"तेरी माँ दिखने में कितनी मासूम है! क्या बिगाड़ा तुम लोंगों ने उनका जो तुम सबको छोड़कर उस गंदे आदमी के पास चली गई?"

फिर उन्हीं दैदीप्यमान आँखों को मैंने मुझे निहारते पाया। वे हँस रही थीं जैसे किसी विनोद पर। तत्काल मेरे भीतर भी वही हँसी रोशनी की तरह फैल गई। चोपड़ा आंटी के कुत्सित शब्दों को बेअसर करने का उपाय था उनसे सहमति जताना और उनकी जुगुप्सा को अपनी उपेक्षा में विलीन करना।

"सच तो बात है आंटी", मैंने हँसते हुए कहा।

"तेरे बाबा का हाल देखा नहीं जाता। बेचारे दुख से बेहाल हैं। और उस बित्ते-भर की लड़की की बद्‌मिजाजी तो देख। कुछ भी पूछने या बताने से बिच्छू की तरह काटने को आती है। हम लोग क्या दुश्मन हैं तुम्हारे?" रामदीन चाय लेकर आया और ट्रे पटक कर चला गया। छलकी चाय के कारण बिस्कुट भीग गए।

"अरे अरे! देखो क्या किया नालायक ने! सारे बिस्कुट गीले हो गए। अब मैं कैसे खाऊँ इन्हें?"

"अफ़सोस है आंटी, इतने ही थे बिस्कुट। माँ जो नहीं है। कौन चिन्ता करेगा नाश्ते-वाश्ते के सामान की?" निर्लज्जता से उन्होंने नरम पड़े बिस्कुट ही खा लिये।"

"तेरे उस नौकर को समझा दे जरा। इस प्रकार किसी को चाय दी जाती है? ट्रे में गिराकर? तेरे पापा ने इसे सिर पे चढ़ा रखा है।"

"अच्छा आंटी, सिर से उतारने को कह दूंगी", मैने गंभीरता से कहा।

मुझे घूरते हुए मिसेस चोपड़ा उठ गईं। थुलपुल कदमों से कार की ओर बढ़ते हुए उन्होंने किसी मामूली-सी बात पर ड्राइवर को गालियाँ बकना आरंभ किया और चल पड़ीं, न जाने ऐसी कितनी और मिसेस चोपड़ाएँ यहाँ का रूख शाम तक करेंगी? क्या-क्या बकेंगी? बाबा और रूम्पा ने किस प्रकार समाज की इस बेरहमी को सहा होगा? मैं तो अपने

पढ़ाई के बहाने होस्टल चली गई। परमपूज्य के पास जाते समय ट्रेन में माँ ने मुझसे कहा था, मुझे रूम्पा की चिन्ता है। अभी भी वह मेरे नाल से जुड़ी हुई है। लाखों तरीकों से नफरत व्यक्त करेगी, फिर भी मेरे लिये रोएगी। उसे ठीक से समझना मेरी बच्ची।"

"व्वा माँ! ये तुम्हारा सोचने का तरीका अच्छा है! वो रोएगी! और मेरा क्या?"

"पागल है न तू! मुड़ कर नहीं देखेगी पीछे। तुझमें ऐसी कठोरता सहज रूप में मौजूद है। तेरी चाहतें, मुझसे जुदा, तेरे भीतर सुरक्षित हैं। तेरा अपना वजूद है। एक सीमा के बाद तेरी जिंदगी केवल तेरी अपनी रहेगी। वह अभी भी मेरे गर्भ में बंदिस्त है। मेरे अलावा उसकी कोई चाहत ही नहीं है, बस मैं एक बसी हूँ उसकी अंतरात्मा में। मेरा जाना वह केवल भौतिक स्तर पर समझ सकेगी। सच्ची चाहत दूर-पास जैसे काल्पनिक अंतरालों की मोहताज नहीं होती लेकिन गहरे समुद्र जैसी इन बातों को समझने की ललक उसमें नहीं है। चाहे तो समझ लेगी लेकिन नहीं चाहेगी समझना। मेरे जाने से जनी नफ़रत को वह जीवन से लड़ने का अस्त्र न बनाए इसके लिये मैं निरंतर सकारात्मक ऊर्जा उसे देती रहूँगी। फिर भी..."

"फिर भी तू उसे देखती रहना, यही न? जा माँ तू। अब मत सोच तेरे मन से हद्दपार लोगों के बारे में। जो रूम्पा का होना है, होगा। जो मेरा होना है, होगा। बाबा का क्या होगा, ये बात तेरे मन में उठी ही नहीं, इतनी तू उनकी ओर से मुक्त है। तू जा माँ।"

समाज की गिद्ध चोचों की नोंच से रक्तरंजित हमारे तन-मन को क्या तू देख सकती है अपनी अंतर्यामी दृष्टि से माँ? तेरे आहत परिवार की रिसती जख्मों का परिदृष्य क्या तुझे विचलित नहीं करता माँ? समाज की मिसेस चोपड़ाओं की क्रूर उलाहनाओं के दावानल में झुलसने तूने हमें

अध्यात्म के किस पाठ के आधार पर झोंक दिया? ये और ऐसे कितने ही प्रश्नों के उत्तर वस्तुतः मैं जानती थी परन्तु उन्हें स्वीकारने का हौसला मुझमें नहीं था। रात कितनी देर हम दोनों बहनें बतियाती रहीं। पापा क्लब से देर से आते थे और आदतन उनके लौटने की आहट पाने तक मैं सो नहीं सकती। रूम्पा थक कर सो गई थी। बहुत रात गए जब मेरी नींद खुली, मैंने रूम्पा को अपने करीब पाया। एक हाथ से उसने मेरी चोटी पकड़ रखी थी। नाइट लैंप की धीमी रोशनी में भी उसके कपोलों पर सूखे आँसू दृष्ट थे, मैं दहाड़ मारकर अपने आक्रोश का रेचन करना चाहती थी। गला फटने को आया लेकिन रूदन सरस्वती नदी की तरह लुप्त हो गई। मेरी मूक रूलाई का सैलाब मुझे किसी निर्जन टापू पर बहा ले गया।

उस दिन संध्या की बेला होते-होते मन कुनमुनाने लगा। पिछले दो वर्षों से माँ हमारे साथ नवरात्री में दुर्गाजी का दर्शन करने नहीं जा रही थी। मैं अमिया और रूम्पा शहर की सारी दुर्गा प्रतिमाओं के दर्शन करने के बहाने खूब सैर करतीं। रामदीन की औरत हमारे साथ चौकीदारी करने भेजी जाती। मुझे बंगाली समाज के देवी मंडप पसंद आते। अपितु केवल वहीं मन लगा रहता कहना ठीक रहेगा। कालीबाड़ी में स्थापित प्रतिमा पर मेरी आँखें ठहर जाती। रूम्पा खींच कर मुझे वहाँ से हटाते हुए कहती, "शायद पिछले जनम में तू बंगालन रही होगी। इतना क्या आँखें गड़ा कर देखती है।"

"महामूर्ख है तू। तू तो बंदर है न, सो क्या जानेगी अदरक का स्वाद।"

"हाँ भाई, हम तो बस शैंपेन का स्वाद जानते हैं।"

"चुप नालायक, दुर्गाजी के सामने ये सब कहते शर्म नहीं आती तुझे?"

"नहीं आती। भगवान के दरबार में सोमरस की सौगात जो होती है।"

रात के खाने के समय मैंने बाबा से शिकायत की। "सब आपकी वजह से है बाबा। मेरे सुंदर नाम को क्यों बिगाड़ा आपने? अच्छी खासी सुसंस्कृत शम्पा को बुरी विदेशी शैपेन बना दिया।"

"तो चलो तुम्हें शाम्पू बुलाते हैं", बाबा ने चिढ़ाते हुए कहा। रूम्पा और बाबा मेरे नाम का मज़ाक उड़ाने का कोई मौक़ा नहीं छोड़ते थे। माँ धैर्य से उनका परिहास झेलतीं। नाम उनका रखा हुआ जो था! बाबा का बस चलता तो मेरा नाम रीटा, मोनिका, निकिता, ऐसा कुछ होता। बहरहाल नाना के अभिजात्य घर में जन्म लेने के कारण शम्पा नाम पर मोहर लगी, बाबा ने इसे शैम्पेन में बदल दिया और दुष्ट रूम्पा तो सीधा शाम्पू पर ही उतर आई। रूम्पा का नामकरण हुआ मेदिनी परन्तु पापा उसे रूम्पा बुलाने लगे और वही नाम सबकी जुबान पर चढ़ गया। माँ का उज्ज्वल रंग-रूप और शम्पा- सी बुद्धि-संपदा मेरे हिस्से में आई लेकिन सौदामिनी का समस्त कड़कता तेज रूम्पा में समाया। मेघ वर्ण और साधारण रूप-रंग होने के बावजूद अपने तीखे नाक-नक्श और तेवरों के कारण वह विद्युत के समान गरज के साथ अपना अस्तित्व बयाँ करती। बस माँ के साथ वह नन्हीं सी परी बन जाती। कोमल, करिश्माई। माँ के साथ घर गृहस्थी के कामकाज़, मेहमानवाजी, बाबा की दिनचर्या, सभी में वह तन्मय रहती। माँ गंभीर होकर कहतीं, "तू पढ़ती क्यों नहीं मेरी बच्ची? नानी की कहानी की किताबें भी तुझे अच्छी नहीं लगतीं? क्यों रसोई में वक्त जाया करती है?" रूम्पा हैरान होकर माँ से पूछती, "ये काम बुरे हैं क्या माँ? मुझे अच्छे लगते हैं। और तू भी तो करती है न सारा वक्त! माँ मुझे किताबें पसंद नहीं हैं। उसमें सब झूठी बातें लिखते हैं। मेरी हिसाब-किताब पक्का है न माँ? मुझे गणित के

सवाल पसंद आते हैं।''

''तब उसी को पढ़ा कर। इंजिनियर बन।''

''पढ़ाई से मुझे घबराहट होती है। माँ मुझे अपने पास रहने दे। मैं सबकी देखभाल करूँगी। तेरी भी'', माँ चुप हो जाती लेकिन रूम्पा का इस कदर पढ़ाई से अलगाव उन्हें भीतर तक पीड़ा पहुँचाता। पढ़ाई के विषय में किसी-न-किसी मुद्दे पर हम दोनों में अबाधित संवाद चलता रहता जिसमें व्यवधान डालने का प्रयास रूम्पा करती। जब बात न बनती तो मेरे बाल खींचती, या मेरी किताबें लेकर मरोड़ने लगती। किताबें मेरे लिए सर्वाधिक ममता की विषय थीं, अतः उनकी दुरावस्था करने वालों को बख्शना मेरे लिए असंभव होता। मैं भी उसके बाल खींचती, वो मुझे दो घूँसे लगाती और माँ हमें अलग करने के प्रयास में रूम्पा के या मेरे घूँसाखोरी की शिकार बन जातीं। ''देख नालायक, तेरे कारण मेरी माँ को खरोच आई है।'' मेरे इस आरोप का प्रत्युत्तर वो एक और घूँसे से दे, इसके पहले ही माँ हमें अपने जादूई स्पर्श से सम्मोहित करके शांत करतीं और हँसकर कहतीं ''मुझे नहीं पता था, मैंने दो खूंखार बिल्लियों को जना है।'' हम दोनों माँ से लिपट कर कहतीं, ''शेरनी कहो माँ। आखिर हम संतान किसकी हैं इसका जरा तो लिहाज करो।''

''डन। शेरनी के शावक कहूँगी। याद रखना इस बात को मेरी शेरनियाँ, तुम साधारण बच्चियाँ नहीं हो। चाहे जो भी हो आगे, तुम अपना साहस और ताकत नहीं खोओगी।''

जाने कब की बातें हैं ये सब? नवरात्री के समय घर में अखंड ज्योत का जलाना, प्रतिदिन नये व्यंजनों से देवी का भोग लगाना, कुमारिका को नौ दिनों तक खिलाना, ये सब कुलाचार दादी के कहने के

अनुसार माँ श्रद्धापूर्वक करती रहीं। दादी धन्य-धन्य होकर कहती, ''माँ दुर्गे, इसकी हर मुराद पूरी कर दीजो। कैसी आदर्श बहू है मेरी। पढ़ने-लिखने का गुमान नहीं। साक्षात् तेरी प्रतिमा है माँ। सदा इसकी मनोकामनाए पूरी करना।'' दादी नहीं जानती थी माँ दुर्गा उनकी बातों को इतनी गंभीरता से लेंगी और माँ की सारी मुरादें पूरी कर देंगी। माँ के मन का टोह पाने की बुद्धि यदि उनके पास होती तो वे अपनी प्रार्थना सर्वथा विपरित शब्दों में करतीं। किसी के अंतर्मन में बसी सागर जैसी गहरी बातों का थाह पाना क्या संभव है? अतीत की लुभावनी स्मृतियाँ क्या मात्र एक छलावा हैं? या हमें मुँह नियति की निर्घृण लीला? बता न माँ, वो सब क्या था? तू, मैं, रूम्पा और हमारे बाबा, क्या थे हम सब? कठपुतलियाँ? तेरे हाथ की? परमपूज्य के हाथ की? या किसी और चिरंतर सत्य के हाथ की?

प्रतिवर्ष की तरह दिवाली अचानक सिर पर आ गई थी। माँ बाज़ार चलने का तकाजा करने लगीं। मुझे बाजार जाना जरा भी अच्छा नहीं लगता था। न मुझे रेशमी कीमती कपड़ों में कोई दिलचस्पी थी, न सजावट के सामान में। वह सब रूम्पा का विभाग था। मेरा सारा ध्यान मिट्टी के खिलौने और दीपों पर केन्द्रित रहता। माँ कहतीं, तीज त्यौहारों के अवसरों पर ग्रामीण क्षेत्र के कारीगरों द्वारा बनाई गई तत्संबंधित पारंपरिक वस्तुएँ अवश्य खरीदना चाहिये, जिससे लोक संस्कृति का निर्वाह और कारीगरों का पोषण होता है। रूम्पा खूब मोलभाव करती और उन कुम्हारों से दीये खरीदती। मेरा खून खौलने लगता और माँ से शिकवा करती। ''माँ, कितना पैसा कमा लेते होंगे वे कुम्हार? दो रूपयों की जगह चार दे दिये तो क्या हम भिखारी हो जाएँगे'', माँ हँस कर कहतीं ''देकर देख वे कभी मेरा दिया पैसा नही लेते। क़हते, मोलभाव तो हो गया दीदी। अब काहे का पैसा दे रही हो?'' रूम्पा आटो में मेरी

पिटाई करने उद्यत होती सो अलग। "शाम्पू तू बोतल में बंद रहा कर। खामखाह अपने अक्ल के दीये मत जलाया कर। वे कुम्हार गरीब हैं, लाचार नहीं तेरे पैसे के। वे मोलभाव की उम्मीद रख कर ही भाव लगाते है। उन्हें जरूरत नहीं है तेरी दया की भीख की। मेहनत करते हैं और खुश रहते हैं।" रूम्पा की ये व्यवहारिकता मेरे कभी समझ में नहीं आई। माँ जानती थीं महाभारत का युद्ध छिड़ेगा, अतः कृष्ण - सी चतुराई से विषयांतर करते हुए वह हम दोनों के हाथ पकड़ लेतीं। उसका स्पर्श मात्र काफ़ी होता हमारी उत्तेजना को विसर्जित करने के लिए। जंगल के बाँस से बाबा आकाशदीप बनाते। घर में माँ, दादी, बुआ, ताई, पकवान बनातीं। सेव, चकली नमकीन और मीठे पारे, पपरिया अनरसा, गुझिया, चिरौटे, मूँगदाल के लड्डू और कितना कुछ। रूम्पा को माँ रसोई से जितना खदेड़ती उतना अधिक वह वहां चिपकी रहती। गुझियों के किनारों पर उसके हाथ की बनाई घुमावदार मरोड़ केवल अतुलनीय रहती। मैं काँटेदार चक्री से भी गुझिया काट नहीं सकती थी। उसकी बनाई अर्धचंद्राकार गुझियों से जब माँ थाल सजाती तब लगता दूज के कई चाँद एकसाथ वहाँ उतर आए हैं। मैं तुरंत एक गुझिया उठा कर मुँह में ठूसकर भागने लगती और रूम्पा चिल्लाती, "माँ देखो तो, शूर्पणखा को भोग लग" गया। अब मुँह में ठूँसी गुझिया चबाऊँ या रूम्पा को, इस दुविधा में कौर गले में अटक जाता और मेरी अवस्था देख कर रूम्पा तालियाँ बजाकर नाचने लगती। माँ पानी का गिलास मेरे होठों पर दबाकर पानी पीने को मजबूर करती तब जाकर मुई गुझिया गले से नीचे खिसकती। "भगवान को भोग दिये बिना खाने से ऐसी ही सजा मिलती है।" दादी मुझे दोष देती तब माँ फिर वही बाल रूप कृष्ण का हथियार निकाल कर शांतिपूर्वक दादी से कहतीं, "अम्मा, हर बच्चा कृष्ण रूप होता है ये आप भी तो मानती है न! फिर दोष कैसे?" दादी माँ से बहस

करना पसंद नहीं करती थी, अतः चुप हो जाती। "शायद तू ठीक ही कहती है। मैं भूल जाती हूँ रे!"

दीपावली को तैयारी में घर के प्रांगण में बनने वाला किला और बरामदे में बनने वाला 'घरकुल' का विशेष महत्व होता। विभागों का स्वाभाविक बँटवारा यह होता कि किला मेरा और घरकुल रूम्पा का। दोनों कलाकृतियाँ सत्यकृतियों–सच का हूबहु लघुरूप होतीं। पूरे कॉलनी के आकर्षण का केंद्र हमारी रचनाएँ खूब वाहवाही लुटतीं लेकिन रूम्पा का 'घरकूल' - मेरे किले पर बाजी मारता। उसकी कृति का घरेलुपन मेरे शिवबा के वीरगाथा पर भारी पड़ता। किले को सब तरफ़ से खाई से घेरकर टिन की नाली भीतर लगा कर मैं उसमें पानी भर देती। उस जल में रबड़ तथा प्लास्टिक से बने बतख तैरते और कृत्रिम कुमुदिनी खिली रहती। किले पर चढ़ने हेतु मैं घुमावदार सड़क बनाती, जिसपर खड़िया मिट्टी लेप देती और माँ की झाड़ू से तिनके चुराकर सड़क की दोनों ओर रेलिंग बनाती। किले की चोटी पर वर्तुलाकार छोटा- सा पठार होता जिसे मैं खडू के टुकडों से घेरती। वहाँ वीर शिवाजी के सैनिक तैनात होते, तोपगाड़ी होती और नारंगी झंडा लहराता। किले के चारों तरफ़ छोटे-छोटे, भूमितीय आकारों में खेत बनते जिसमें बोए सरसों के बीज दीवाली की सुबह तक नन्हीं, घनी और हरी पत्तियाँ बन कर लहलहाने लगते। खेतों में हल होते, हल चलाने वाले होते, बीज बोने वाले होते, कुँआ होता, पानी निकालने के लिए चक्री तथा छोटी - सी बालटी होती। छोटे-छोटे नहर होते, किसानों की झोपड़ियाँ होती। एक मुख्य सड़क होती, उन पर दौड़ने वाली मोटर गाड़ियां होतीं, ट्रकें होतीं। रात में मिट्टी के दीयों से जब किला रोशन होता तो परियों के नगरी का दृश्य विभासित होता। रूम्पा मेरे गले में बाहें डाल कर अनिमिष नेत्रों से किले की विलोभनीयता को पी जाती। बाबा मुझे छेड़ते, "शॅम्पेन, शिवबा के किले में मोटर कारें

कहाँ से आई रे?"

और रूम्पा के घरकूल की तो शान ही निराली होती। वह गोबर और मिट्टी से छोटे-छोटे कमरों की रचना करती। मिट्टी के चूल्हे बनाती। चूल्हे में तिनकों का ईंधन रचती। घर को चूने से लेपती। नन्हा-सा तुलसी चौरा घर के सामने वाले आँगन में अपनी उदात्तता बयान करता। घर की सजावट के लिए उसने मेहनत से माँ की पुरानी रेशमी साड़ियों की किनार काट कर परदे सीले थे। पलंग, अलमारी, शेल्फ, ड्रेसिंग टेबल, बर्तन सब सजा कर रखा जाता। बाबा बिजली की तारों से और छोटे-छोटे बल्बों से घर को रोशन कर देते। उसकी गुड़िया सुंदर ठाठ से छत पर आराम फ़रमाती। होमियोपैथी दवाई की नन्हीं नाजुक बोतलों से उसने दादी के साथ मिलकर कई खूबसूरत गुड़िया बनाई थी जो घर के प्रत्येक कमरे को आबाद करतीं। कार्डबोर्ड पर रंगीन कागज़ चिपका कर मंदिर, मस्जिद, चर्च, बँगले, ईमारतें झोपड़ियाँ बनाकर वह घर के आस-पास का अहाता बसाती। उस मिनीएचर बस्ती को देखकर मेहमान मंत्रमुग्ध हो जाते। दिवाली के बाद उसकी बनाई इन वस्तुओं को अलमारी में रख दिया जाता लेकिन मेरा किला भाईदूज की रात दीपावली के अंतिम पटाखे के साथ उड़ा दिया जाता। रूम्पा का घरकुल भी कुएं में विसर्जित किया जाता। हम दोनों रो-रो कर विरोध प्रगट करतीं लेकिन माँ-बाबा समझाते, सृजन और विसर्जन हमारे जीवन का प्रतीक है। जन्म और मृत्यु के अंतिम सत्य को झेलना इन प्रसंगों से हम सीखते हैं। हम सब इस किले और घरकुल की तरह दुनिया में चार दिन के लिए आते हैं और वक्त समाप्त होने पर चले जाते हैं।

जाने कब की बातें हैं ये? सच है या केवल आभास? नरक चौदस के दिन पौ फटने से पहले चाँदी के फूल जड़े सागौन की चौकी पर हम सबको बारी-बारी से बिठा कर माँ का हमारी आरती उतारना। फिर

सुगंधित तेल और उबटन को हमारी काया पर मलना। हम दोनों को नहलाना। बाबा का बाहर आँगन में पटाखे जलाना। उस्ताद बिस्मिल्ला खान की आसावरी तोड़ी से घर का चप्पा-चप्पा गूँज उठना और दीपावली के प्रथम चरण का उन सूरों द्वारा ऐलान होना। लक्ष्मी पूजन के दिन रूम्पा द्वारा मुख्य द्वार पर डाली गई पारंपरिक प्रतीकों से सजी विलक्षण रंगोली। पाड़वा के दिन बाबा और माँ के बदन पर हम दोनों का सुगंधित द्रव्य मलना और उनसे उपहार ऐंठना। भाईदूज के दिन जबलपुर से भाई का आना, माँ के दो-चार चचेरे भाईयों का आना, बुआ का आना! अमूल्य रिश्तों की संपदा से घर छत तक भर जाना। कबकी बातें थीं ये? मेरा मन हुआ रिश्तों से खाली दिवालिया घर की दिवारों पर सर पटकने का। माँ की अनुपस्थिति में उस प्रथम दीपावली में न दादी आई, न ताई, न बुआ आई, न मामा। रितेश भैया भी पूनम जिज्जी के पास जाएँगे। बहरहाल हम इन मिन तीन जन! रूम्पा ने तैयारी में कोई कसर नहीं छोड़ी थी। बाबा से कह कर उसने बंगले पर बिजली की दीपमाला लगा दी थी। माँ को नापसंद बिजली की रोशनी से घर जगमगा उठा।

रूम्पा द्वारा मेरे लिए लाया जरी का लहँगा-कुर्ता पहन कर मैं दीपक जलाती रही। बाबा बढ़-चढ़कर मेहमानों की आवभगत करते रहे। रूम्पा रामदीन पर हुकुम चलाती रही। मिसेज चोपड़ा जैसी कई तमाशबीन औरतें हमारे उजड़े घर का हौसला अजमाइश करने आईं और हमें 'बेशर्म' या समानार्थक शब्दों से इल्जाम देती आँखों से भुनकर गमन कर गई। नाश्ता-पानी करना कोई नहीं भूला। गुझिया। लड्डूओं से भरे थाल खाली करने से नहीं चूकी। हम तीनों के भीतर अलग-अलग अलाव सुलग रहे थे और कोशिश हो रही थी माँ की अनुपस्थिति को भस्म करने की। ''बाबा, आज आप क्लब नहीं जाइएगा। हम तीनों तीन पत्तीवाला

खेल खेलेंगे और आप हमें पैसा देंगे खेलने के लिए।" हर दीपावली की रात क्लब में जमकर ताश का खेल होता। माँ बाबा को खेलने से मना करतीं। लेकिन वह रात माँ पर भारी पड़ जाती क्योंकि बाबा के दोस्त उन्हे खींचकर ले जाते और चोपड़ा आंटी के बेतूके समुदाय में माँ को शामिल होना पड़ता। दूसरे दिन सुबह माँ की सूजी आँखें और बाबा की शर्मसार नज़र हम दोनों से छिपती नहीं लेकिन दीपावली की धूमधाम में माँ के कलेजे से उठता धुआँ हम देख कर भी देख नहीं पातीं।

मुझे ताश खेलना आता नहीं था फिर भी रात में खूब खेली। रूम्पा दो सौ रूपया जीती। बाबा को क्लब जाना ही पड़ा। बहनों ने थाम कर रिक्त आँखों में सूनी रात बिताई।

दरवाजा कोई जोर से खटखटा रहा था। मेरा कालबोध पूरी तरह खो गया था। आँखे नींद से बोझिल थीं। जुगनूवाली गुफा में उड़ते-उड़ते मनपंछी के पर गिर गए थे। वह गुफा से बाहर निकलने में असमर्थ था। मैं चाह कर भी उठ न सकी। मेरे कमरे के बाहर कोहराम मचा हुआ था। "मॅम खोलिये न दरवाजा। क्यों नहीं खोलतीं?" फिर धड़धड़ कपाट ठोके गए। मैं हड़बड़ा कर उठ बैठी और किसी तरह दरवाजा खोला। बाहर लड़कियाँ चिंतामग्न खड़ी थीं। मेरी आँखें रूम्पा को ढूँढ़ने लगीं। "मेरी बहन कहाँ है? मेरी रूम्पा कहाँ है? घर कहाँ गया?" चुमकी ने मुझे झझकोर कर कहा, "मॅम अभी भी सपना देख रही हैं क्या आप? जागिये। हम कब से आपको पुकार रही थीं। मुझे बुलाया था न आपने युनिवर्सिटी जाने से पहले," मैं गश खाकर नीचे बैठ गई। सिर पर कोई हथौड़ी से प्रहार करता जा रहा था। "प्लीज, थोड़ी चाय ला दो।"

"ये देखिए मैं थर्मस भर के लाई हूँ। आप ब्रश कर लीजिए।"

"पहले चाय दो। सिर फट रहा है।" चाय का कप पकड़ना मेरे

लिए मुश्किल हो गया। चुमकी रोने लगी। "आस्मां, जल्दी आ। देख न इन्हें क्या हो गया है?"

मुझे याद है मैंने चुमकी को डाँट कर, "कहा खबरदार जो बुढ्ढे के जाल में फँसी।" चुमकी की चीख और मेरा होश खोना शायद एक साथ ही हुआ। आँखे खुली तब अपने आपको अस्पताल में पाया। फातिमा भाभी मेरा हाथ पकड़ कर कुछ-कुछ कह रही थी। "शुक्र है मेरे अल्लाह का, आप जाग गईं।"

"भाभीजान, आप क्यों आईं यहां? और मुझे अस्पताल लाने की क्या जरूरत थी?"

"बेहतर होगा ये सवाल आप अपने भाईजान से करें। हम तो उनके हुक्म के ताबेदार हैं।"

"उन्हे बुलाइये प्लीज। जरा - सा चक्कर क्या आया, आप लोगों ने तो एक अफ़साना बना डाला। कहाँ है वो चुमकी की बच्ची, अभी मज़ा चखाती हूँ उसे।"

"दीदी, वाकई में आपने डरा दिया सबको। पता है आपका बी.पी. साठ तक गिर गया था।"

"अरे बाबा, मेरा बी.पी. लो रहता ही है। कॉफी पिला दी होती।"

"तब तो आपको बेहोश नहीं होना था न। बेहोशी में कॉफी कैसे पिलाई जाए, आप ही बताएं। क्यों चुमकी? ये तो दीवानी हो गई है आप के डर के मारे। आपका इतना ख़ौफ़ है युनिवर्सिटी में मैं नहीं जानती थी।"

चुमकी की आँखे रोने के कारण फूल गईं थीं। सारी दुर्घटना का दोष वो अपने सिर पर ले बैठी थी। मैंने पास बुलाकर उसे समझाया कि मेरी नींद न होने के कारण और खाली पेट बहुत अधिक चाय पीने के

कारण सब गड़बड़ घोटाला हुआ है। थोड़ी ही देर में डॉ॰ शेख आए और मुझे होस्टल वापस लौटने की सम्मति दे दी।

‘‘लेकिन इस बात का ख़्याल रहे कि फिर ऐसी बेहोशी की नौबत न आए। आपके घरवालों को इस बार नहीं बताया। हर वक़्त मुमकिन नहीं होगा। ठीक है?’’ उन्होंने सख़्ती से कहा।

‘‘बड़ी मेहरबानी है आपकी।’’

फ़ातिमा भाभी मंद-मंद मुस्कुरा रही थीं वे अब विधायिका थीं और डॉ॰ शेख़ हमिदीया हॉस्पिटल में पदस्थ थे। वे लोग भोपाल में रहने लगे थे क्योंकि भाभी का निर्वाचन क्षेत्र पास ही था। उनके भोपाल आने से मेरा-उनका सम्बंध घनिष्ठ हो गया। अपनी व्यस्तता के बावज़ूद वे दोनों मेरा बहुत ख़्याल रखते थे। फातिमा भाभी के आग्रह पर मैं डॉ. शेख़ को राखी बाँधने लगी थी। रितेश भैया अमेरिका चले गये थे। और राखी के दिन मेरा कुम्हलाया-सा चेहरा देख कर भाभी मेरे ही ख़ातिर ये नया रिश्ता कायम किया था। रिश्ते को पूरी ईमानदारी से निभाना दोनों मियां-बीबी खूब जानते थे। अतः उनका आशियाना भोपाल में मेरा विश्राम स्थल बन गया। उनके घर के भीड़भाड़ में मुझे अपना एक सुकून भरा कोना मिल जाता। रायपुर में मेरे साथ जो अभद्र व्यवहार तत्कालीन उप-कुलपति द्वारा किया गया था उस पर भाभी की दबंगता के कारण उस समय रोक लग गई थी गोया कि मेरी अपनी कमजोरी ही अन्ततः मेरी मज़ार बन गई और मुझे जिंदा दफ़न कर गई। भाभी और भाईजान ने न जाने क्यों उस मजार को खोद कर मुझे बाहर निकाल लिया। मेरी लाश में फिर प्राण फूँके और मुझे फिर से सरस्वती की छत्रछाया में ला कर खड़ा किया। वो मेरे सगे-संबंधी नहीं थे। बस मैं असहाय थी और धर्म का सच्चा अर्थ समझने वाले उन फरिश्तों ने मेरे प्राणों की रक्षा करने

हेतु मेरे ऊपर अपने पंख फैला दिए।

“क्या इरादा है आपका? दौरे पर निकलेंगी मेरे साथ?”

“फिर इसके बुढ्ढे को कौन ठिकाने लगाएगा? नहीं भाभी, आप नहीं। आपके लायक ये काम नहीं है।”

“तब आपही कर लीजिए बशर्ते टेन्शन न लीजिएगा। इस नाचीज़ को भी याद कर लिया करिए कभी-कभी टेन्शन के तबादले की खातिर।”

“आपका आदेश सिर आँखों पर। आप जाइये अब हम ऑटो से निकल जाएँगी।”

“मेरी बला से। नीचे आपके भाईजान आपका इंतजार कर रहे हैं। उनके साथ कैन्टीन में खाना खा लीजिए, फिर उनका ड्राईवर आपको छोड़ देगा। खुदा हाफिज़।”

“अब बता, किस्सा क्या है? क्यों तू उस पर जान छिड़कती है?” मैंने चुमकी को प्यार से पूछा। वह परेशान हो गई। “पता नहीं। मैं उनको चाहती हूँ या उनकी बुद्धिसंपदा पर फ़िदा हूँ। उनका साथ मुझे अच्छा लगता है।”

“सच बता, केवल अच्छे लगने तक ही बात है या फिर?... चुमकी के रंग उड़े चेहरे को देख कर मैं समझ गई। न जाने कब मेरे और चुमकी जैसी नादान लड़कियाँ इन आमंत्रित परेशानियों से अपनी रक्षा करना सीखेंगी? वह बूढ़ा लकड़बग्घे की चालाकी से लैस था और मैं उसके वहशी हमले को प्यार का नाम दे बैठी थी। ठीक वैसे ही जैसे ये नादान लड़की कर बैठी है। “ऐ चुमकी रानी, चल भाभी के घर चलते हैं। उनके बगीचे से ताल बड़ा सुन्दर लगता है। वहाँ कोई हमारी शांति भंग नहीं करेगा। अम्मी भी खुश हो जाएँगी। भाभी भी।”

''मॅम लेकिन मेरा वहाँ बिन बुलाए जाना, वो माइंड तो नहीं करेंगी। आखिर वे बड़े लोग हैं।''

''धत् पगली। तू मेरे साथ जा रही है और मेरा तो वह प्यार का घर है। अब ना - नुकुर में समय न गँवा। भाईजान रास्ता देखते होंगे।''

उनके घर के बगीचे से ताल का मनोहारी दृश्य देखते ही मेरे मन का मलाल रफू चक्कर हो गया। हम दोनों आराम से आम के घने वृक्ष के तले बैठ गईं। मैंने अपनी बात कहना आरंभ किया।

''मेरी पीएच.डी. हो चुकी थी। एक विचित्र रिक्तता मुझे कुरेदने लगी थी। अमिया की खोज़ लेने के सारे प्रयास मेरे बस के बाहर हो गए थे। मेरे असाधारण शैक्षणिक गुणवता के कारण मेरे लिये कई मार्ग खुले थे परंतु मैं तो भोपाल वाले मेरे होस्टल में मेट्रन बन कर लौटना चाहती थी, मेरे अपने कॉलेज में ही पढ़ाना चाहती थी। सौभाग्यवश वहां पद रिक्त था और मैं उसके अनुकूल थी। रूम्पा और बाबा से दूरी बनाए रखना मेरे जिंदगी की आवश्यकता बन गई थी। लाख मनाने पर भी जब मैंने शादी के सारे प्रस्ताव ठुकरा दिए तब मौंसी ने अपने रिश्तेदार विशु को रूम्पा के लिए योग्य समझ कर बाबा को मना लिया। वह मर्चेंट नेवी में था, अतः बाबा कुछ सशंकित थे लेकिन रूम्पा को मनचाहा भावी पति विशु में नज़र आया। वह बाबा से दूर रहना नहीं चाहती थी, अतः उसने यह शर्त रखी कि विशु के जहाज़ पर होने के दौरान वह बाबा के पास रहेगी। विशु की माँ बचपन में गुज़र गई थी। पिता ने दूसरा विवाह कर लिया था। सौतेली माँ की उस पर बहुत ममता थी। सौतेली बहन निमा विशु को दिलोजान से चाहती थी। वे लोग रूम्पा पर फ़िदा थे और बहन की भाई से जिद थी कि इसी कन्या को भाभी बनाकर घर में लाए। उनके आपसी संबंध बहुत मजबूत थे। शर्त उन्होंने भी एक रखी। यही

कि अपनी अकुलीन माँ से रूम्पा आजीवन कोई संबंध नहीं रखेगी। रूम्पा ने जो जवाब दिया उसे मैं कभी भूली नहीं। उसने कहा, "जो संबंध एक अरसे पहले खत्म हो गया उसे आप लोग बीच में मत लाइये। मैं भूल चुकी हूँ मेरी कभी एक माँ थी। फिर भी उनको लेकर किसी का कोई शर्त-वर्त रखना मैं बरदाश्त नही करूँगी। कल यदि मेरा मन बदला और उनसे मिलने का अरमान मेरे दिल में जागा तो दुनिया की कोई ताकत मुझे वैसा करने से रोक नहीं सकेगी। आज के बाद आपमें से कोई भी माँ की बात नहीं करेगा। माँ के बारे में प्रयुक्त किये गए अशिष्ट विशेषण के लिये आप सबको हम सबसे माफ़ी माँगनी पड़ेगी। इस बार माफ़ी मिल जाएगी, दोबारा कभी नहीं।" मौसी ने रूम्पा को बाहों में भींचकर चूम लिया था। बाबा की और मेरी छाती गर्व से फूल गई थी। विशु मुश्किल में फँस गया। माता-पिता से हुई भूल से वह परेशान था परन्तु उन्हें माफ़ी माँगने को कैसे कहता? उसकी सौतेली माँ ने रूम्पा की बात का समर्थन किया और विशु को मुश्किल से बचाते हुए कहा, "हमारी गलती है। हम सब आपसे क्षमा-याचना करते हैं। इस प्रकार बगैर बात को समझे किसी को इल्जाम देना गलत है। रूम्पा बेटी, मेरी निमा ने तुम्हें भाभी बनाने का निर्णय कर लिया है। लेकिन हमारी क्षमा-याचना का उस निर्णय से कोई संबंध नहीं है। हम अपने अशिष्ट शब्द प्रयोग पर वाकई शर्मिंदा हैं। न जाने इन्सान कभी-कभी इतना बेमुरव्वत कैसे हो जाता है! अबकी बार माफ कर देना बेटी और शादी से इनकार मत करना।" उसी क्षण विशु की माँ और बहन ने रूम्पा के प्यासे मन को अपने निर्ब्याज प्रेम से सराबोर कर दिया। उसने उनकी ममता पर स्वयं को निःशर्त निछावर कर दिया। वह बाबा के पास रहती थी! किन्तु ससुराल पक्ष से उसका मजबूत रिश्ता कायम हुआ। निमा पर तो वह अपना पूरा प्यार लुटाती थी। वह खुद प्राचीन इतिहास में एम.

ए. करने वाली थी और निमा का वही इरादा है, जान कर उसने निमा को अपने पास ही बुला लिया। बाबा भी दोनों को अपने निकट पाकर खुश रहने लगे। मैं जब घर जाती थी तब अपने आपको मेहमान- सा महसूस करती। निमा दौड़-दौड़ कर मेरी सेवा में लग जाती कभी पानी पिलाती, कभी चाय। कभी मेरे पसंद की रबड़ी बनाती, कभी बाज़ार से छेने की मिठाइयाँ लाती। मुझसे छीन कर मेरे कपड़े प्रेस करती। बाबा भी उसे हक से कहते, "निमा बेटी, आज दीदी को हलवा खिला देना।" दोनों मिलकर सौदा लाने बाजार जाती, क्या पकाना तय करती, और कॉलेज का समय होते ही बाबा दोनों को छोड़ने जाते। कहते, दामाद की बहन है, हमसे कोई भूल नहीं होना चाहिए। निमा के व्यवहार में ऐसी कोई बात नहीं थी जो मुझे बुरी लगे। उसका घर में सबसे घुलमिल जाना उसके शर्करा समान मीठे स्वभाव का परिणाम था। माँ के जाने के बाद मैंने घर से एक प्रकार से किनारा ही कर लिया था अब निमा का घर पर छा जाना मुझे बुरा लगे ये बात व्यवहारसंगत तो नहीं थी, फिर भी मैं बुरी तरह आहत हुई। रात में सोने के बाद नींद में रूम्पा का मेरे गले में बाहें डालना, मेरी चोटी से अपनी चोटी को बाँध लेना, उसके कपोलों पर सूखे आँसूओं में व्यक्त माँ का विरह, ऐसी घनिष्ठ आपसी अभिव्यक्तियों से जुड़ी हमारे स्नेह की सूक्ष्मतम नसें जैसे परिस्थितिवश किसी निर्मम शल्य चिकित्सक ने काट दी। अब हम दोनों के बीच निमा सोती थी और उन दोनों की बातें विशु, उसके माता-पिता, उनका विदिशा वाला घर, माता-पिता की नौकरी– इनके इर्दगिर्द घूमती। अचानक उसे मेरा खयाल आता और शर्मिंदा होकर वह मेरे पास आकर लेट जाती। "तू बोर हो रही न। मैं भी कैसी खुदगर्ज़ हो गई हूँ।"

"चुप पागल। तू ऐसी ही खुश रहा कर। मैं तो कल चली जाउँगी। निमा के कारण घर फिर से आबाद हो गया है। काश हमारा एक भाई

होता तब इसे भाभी बनाकर घर में ही रख लेते। कहीं भेजना न पड़ता।" निमा के गालों को मसोसकर मैं उन दोनों को उनके विश्व में छोड़कर सोने की कोशिश करने लगती। अब कपोलों पर अश्रु सुखाने का क्रम मेरा होता, यद्यपि उन्हें महसूस करने वाला कोई नहीं था। निमा रूम्पा के साये में और रूम्पा उसके, मजे से सो गई थी उस रात। मैं उठकर हॉल में आई तो देखी बाबा के कमरे की बत्ती जल रही है। मैंने दस्तक दी। "आओ शेंपेन।" मैं द्वार खोल कर भीतर गई। बाबा से बातें करने का यही वक्त उपयुक्त रहता। उन्हें कई वर्षों से अनिद्रा का रोग लग गया है और मैं तो जन्मजात निशाचर हूँ, ऐसा माँ कहती थी। "बाबा, आप क्लब नहीं जाते आजकल?"

"नहीं बेटी, अब मन नहीं लगता। रिटायर होकर सब इधर-उधर चले गए हैं। नए लोगों से मेरी पटरी नहीं बैठती। तुझे कुछ बताना था। तेरी माँ की कुछ साड़ियाँ रूम्पा की आँख से बचाकर तब शंकर चाचा के पास रखवाई थी। हाल ही में विदेश जाने के पहले उसने साड़ियां मेरे पास भेज दी। रूम्पा नहीं जानती और उसे कोई मतलब भी नहीं है। उसकी अपनी शानदार रिश्तों की नई दुनिया बस गई है। मैं जानता हूँ तुझे इन साड़ियों से लगाव अभी भी है। तू शादी क्यों नही करतीं मेरी शाम्पू? मैं माँ की साड़ी में तुझे दुल्हन बना देखना चाहता हूँ।

"आप तो छुपे रूस्तम निकले बाबा। दिखाइये न वो साड़ियाँ। बाबा, आप माँ से मिलना चाहते हैं न!"

"मिला हूँ एक- दो बार, लेकिन वह नहीं जानती। किसी और ग्रह पर अब निवास करती है जहाँ व्यक्तिजन्य रिश्तों की बात उसके लिये कब की खत्म हो चुकी है। बेटी, तू उसे हमेशा समझ सकी। तेरे नाना-नानी ने उसे मुझसे ब्याह दिया लेकिन समझ नही सके उस

विपर्यास को। नहीं समझ सके उस भयानक कुण्ठा को जिसका इस शादी के कारण जन्म हुआ। तेरी माँ का पल-पल सिमटना उस अतिसामान्य जीवन साथी से, उसके औसत घर-बार से, उसकी साधारण विचारधारा से। वे समझ नही सके उसके भीतर की आणविक ऊर्जा को। जानती है न जब आणविक विस्फोट होते हैं तो कितनी भयंकर तबाही होती है?"

"बाबा, मत कहिये ये बातें जिनके सतत अहसास से मेरी जिन्दगी का एक कोना हमेशा डरावने अँधेरे से भरा रहा। आपको दूसरी शादी करनी चाहिये थी बाबा। प्रेम प्यार का हर इन्सान हकदार होता है। क्यों लुटा दी आपने जिंदगी माँ पर? जिसने एक पल भी आपको प्यार नहीं किया?"

"मेरी शाम्पू, यहाँ तू उसे समझने में गलती कर रही है। तेरी माँ मेरे बहुत करीब आई, मेरे लिए उसने अपनी सारी अंदरूनी जीवन निष्ठाएँ दाँव पर लगाईं। मान-अभिमान त्यागा। उसने मुझे पाने का जो प्रयास किया साधारण नहीं था। हमारे रिश्ते की शोकांतिका ये है कि करीब आते ही हमारे बीच मौजूद खाई की गहराई उसने देख ली। जानती होगी, लेकिन मानती नहीं थी। और जिस दिन मानना पड़ा, हमारा साथ खत्म हो गया। तुम्हारी माँ का मेरे साथ इतने वर्षों तक निष्कपटता से चलना ही मेरे लिए उनका मेरे प्रति प्रेम है। प्यार है। प्रेम प्यार की मेरी परिभाषाएँ भी मेरी तरह सामान्य हैं। रही बात मेरे अकेलेपन की, यकीन कर, दोबारा शादी का जुआ खेल कर अपने आपको मैं दाँव पर लगाना नहीं चाहता। एक हुई हार काफ़ी है। अब रूम्पा के अधीन अपने जीवन से मैं संतुष्ट हूँ। मुझे बस तेरी फिक्र है। मौसी फिर रिश्ता भेजी है। लड़के की फोटो देख तो ले।"

"आप मेरी चिंता छोड़ दीजिए बाबा। और हाँ, माँ की साड़ी पहन

कर, दुल्हन जैसी सज़-धज़ कर मैं अपनी एक तस्वीर खिचवा लूँगी और आप को भेज दूँगी। अपना शौक पूरा कर लीजिएगा लेकिन बाबा माँ को भूल जाइये न। किसी हमउम्र महिला से शादी कर लीजिए, आप अपने आप को कितना भी सामान्य कहें, आप हो नहीं। माँ से आपने भी तो निभाया। बिलकुल निःशर्त। मौंसी क्या आपके लिए कोई रिश्ता नहीं बताती?

"ठीक है तब। तू मेरी बात मान, मैं तेरी मान लूँगा। चाहे तो एक ही मंडप में खड़े हो जाते हैं दोनों। पिता और बेटी। कैसी रहेगी?"

"अच्छा, सोचती हूँ। बताइये मौंसी का पत्र।"

फोटो ठीक-ठाक थी। "आप लिख दें मौंसी को मैं लड़के को देख लूँगी, यदि वो आपके लिये भी कोई सुयोग्य साथी ढूँढ़े। गुडनाइट बाबा।"

"मजाक अपार्ट, मैं सीरियसली तुझे फिर कहता हूँ। शादी कर ले शम्पा रानी।"

"अच्छा पापा, इतने वर्ष गुजर गए, क्या माँ ने कभी हमें याद किया होगा?"

"हाँ, किया तो होगा।"

"आप दावे के साथ कैसे कह सकते है?"

"तू जानती तो है, सुभाष परमपूज्य का निकटतम अनुयायी था। वह मेरा भी दोस्त था, तेरी माँ का भी। उसके माध्यम से तुम दोनों की, मेरी ख़बर वह लेती रही। फोटो मंगाती रही।"

"बाबा! आपने हमसे ये बातें क्यों छुपाई?"

"छुपाने का कोई इरादा नहीं था। यद्यपी रूम्पा से कहना असंभव था। तू समझती है न? उसने कच्ची उम्र में माँ को खोया और दुःख को

काबू में करने तिरस्कार को अपना शस्त्र बनाया। उसका ये भ्रम बनाए रखना आवश्यक है कि वह माँ से नफ़रत करती है। जिंदा रहने और पागलपन से बचने का यही एक उपाय उसके पास है। तुझे बताने का भी कोई फायदा नहीं था। तू माँ के पास खिंची चली जाती और उसका हम लोगों से अलगाव अनुभव करके और आँसू बहाती"...

"आप भी तो वैसे ही परेशान हुए होंगे।"

"सुभाष से मैं तेरी माँ के बारे में बातें कर सकता था और कुछ राहत पाता था। वह मेरा दोस्त था। किसी से दुःख बाँटना मेरे लिये भी तो आवश्यक था बेटा। नहीं तो मैं मानसिक अवसाद का शिकार हो जाता। तुम दोनों मेरी बेटियाँ हो। कुछ अंतरंग बातें केवल दोस्ती में ही संभव है, सो सुभाष से करनी पड़ती। कभी-कभी वो कहता, "तुम्हें बताना शायद गलत है", लेकिन एकाध अवसर पर मुझे लगा वो कहीं वापसी की रास्ता तलाश रही है। मन की गहराई के अंतिम छोर में तुम सबके लिये चाहत चुपचाप रो रही है।"

मैं निस्तब्ध बाबा की बातें सुन रही थी। माँ को घर छोड़ कर गए दस वर्ष बीत गए थे। परिवार का घातक विरोध और हमारे अपने आंतरिक चक्रवाती तूफ़ानों में हम तीनों फँसे हुए थे। किसी ने पल भर भी नहीं सोचा माँ का क्या हाल होगा? वो खुश होगी या दुखी? हमें भूली होंगी या याद करके रोती होंगी? कहीं परमपूज्य के तत्वदर्शन से उसका मोहभंग तो नहीं हुआ होगा? कहीं अपने आपसे वह छली तो नहीं गई हैं?

रूम्पा कब से आकर मेरे पिछे बैठी थी वो जाने। "बाबा कॉफी बनाऊं?" उसने नरमाई से पूछा तो हम दोंनो चौंके। उसकी भींगी आवाज, भींगी आँखें, भींगे कपोल, सब मेरे बरदाश्त के बाहर था। "माँ यदि पछता भी रही होगी तो वापस आ नहीं सकती। उसके चुने हुए

रास्ते पर पिछले संदर्भ मिटाने हेतु समाज के वाशिंदे सशस्त्र पहरे देते हैं, पीछे मुड़ने का प्रयास माने आत्मविनाश। हममें से कोई नहीं चाहेगा उसका सर्वनाश। है न बाबा? है न दीदु?'' रूम्पा के इस सत्य कथन पर दिल तो करता था गलाफाड़ कर रोऊँ। दुःख भी मुझे पराया समझ रहा है शायद, अन्यथा रोने से क्यों रोकता?

''कितनी बड़ी हो गई है तू रूम्पा जान। चल बरामदे में बैठ कर बाबा के संग कॉफी पीते हैं। जाने अब कब लौटूँगी?'' हम तीनों बस रात की नीरवता को कॉफी के साथ पीते रहे।

रेलवे स्टेशन पर कोई मुझे छोड़ने आए, इस बात को मैं पसंद नहीं करती थी। बाबा ने और रूम्पा ने मेरी एक न सुनी और निमा को लेकर वे स्टेशन पर मेरे साथ आ गए। मेरा टिकट कन्फर्म नहीं हुआ था इसलिए बाबा परेशान थे। मुझे आदत थी काले कोट वाले से अपनी बात मनवाने की लेकिन बाबा दौड़धूप करने लगे और मेरा पारा चढ़ने लगा। मैंने गुस्से से रूम्पा को कहा, ''क्यों दौड़ रहे हैं बाबा बेकार में? मैं कर लूँगी बर्थ ट्रेन में।'' तभी मैंने देखा एक सुदर्शन, सलीखे- से तैयार हुए सुघड़ व्यक्ति के साथ बाबा आ रहे हैं। पास आकर उन्होंने कहा, शॅपेन, मेरा दोस्त मानसिंग तुम्हारे ही ट्रेन में सफ़र कर रहा है।'' मैंने बाबा के चेहरे पर तथा आवाज़ में आतंक महसूस किया। निश्चित रूप से उसका संबंध मेरी अनारक्षित टिकट से नहीं था। मानसिंग ने दोस्ताना अंदाज में कहा, ''क्या नाम दिए हो अपने बेटी को। तुम्हारी बीबी को कैसे मंजूर हुआ?'' रूम्पा ने मानसिंग को घूर कर देखा और कहा, ''असली नाम शम्पा है। जब गिरती है किसी पर तो खाक में मिला देती है।''

''मैं याद रखूँगा यंग लेडी।'' मानसिंग ने शरारत से मुस्कुराकर कहा। ट्रेन का वक्त हो गया था और रूम्पा मुझे छोड़ ही नहीं रही थी।

रोये जा रही थी और पकड़ कर रखी थी। बाबा भी भावुक हो गए। निमा ने स्थिति को सँभाल कर मुझे ट्रेन में चढ़ाया। मैं किसी प्रकार भीतर जाकर बैठ गई। बाबा के उस मानसिंग दोस्त ने मुझे बहुत कायदे से अपने बर्थ पर बैठने की जगह दी। "बहुत प्यार करते हैं सब आपको।" उनका इतना कहना भर मुझे रूलाने के लिए काफ़ी था। चेहरे पर रूमाल रखकर मैं रोती रही। "जब पूरा भींग जाए तो मुझसे उधार ले लीजिये।" वे धीरे-धीरे कुछ मजाकिया अंदाज में उल-जुलूल बातें कहते रहे और मेरा आवेग मद्धिम पड़ने लगा। हमारे बीच हौले- से एक संवाद ने जन्म लिया। उन्होंने बताया वे हाल ही में जापान से लौटे हैं। अब दिल्ली में रहते हैं। बाबा के बारे में, उनकी अपनी यादें रोचक ढंग से बताते रहे। टी. टी. को बुलाकर उन्होंने मुझे बर्थ देने का आदेश सभ्यतापूर्वक दिया जिसकी वस्तुतः कोई आवश्यकता नहीं थी। किसी ने उनको पहचान कर कहा। "अरे सर! आप आज ट्रेन से सफर कैसे कर रहें हैं?"

"मुझे बच्चों- सा शौक है ट्रेन में सफर करने का। जब रिलैक्स होना चाहता हूँ तब ट्रेन से जाता हूँ।" देर रात तक वे लोगों से घिरे रहे। कई चर्चाएँ हुईं। वे अपनी आकर्षक मुस्कान के साथ अपनी बात को समझाते रहे। जाहिर था वे वाक्पटु और मंजे हुए राजनयिक थे। ट्रेन का गंतव्य भोपाल था, अतः कई प्रशासनिक अधिकारी ट्रेन में थे। वे सब उनको घेर कर बैठ गए। कंडक्टर ने आकर जब मुझे मेरा बर्थ क्रमांक बताया तो मैं उठकर जाने लगी। "आप कहाँ जा रही है?"

मैं सो जाऊँगी, वहाँ आप यहीं बैठिये।"

"सर वह अपर बर्थ है। उन्हें अपर बर्थ पसंद है इसलिए दिया हूँ।" मेरे इस ट्रेन से कई चक्कर रायपुर लगते थे, अतः कई कंडक्टर

मुझे जानते थे और मुझे खुशी-खुशी मेरी पसंद का अपर बर्थ देते थे जहाँ सोने में बहुतांश यात्रियों को असुविधा होती थी। "अच्छा?" उनकी आवाज बर्फीली थी। जैसी उनकी बात को काटकर कोई संगीन अपराध कंडक्टर ने किया था। सामने के बर्थ पर एक युवा अधिकारी बैठा था। मानसिंग की नाराजगी जानकर वह उठकर बोला, "मैडम आप यहाँ सो जाइये। मुझे ईटारसी में उतर जाना है। मैं आपके बर्थ पर सो जाऊँगा।" मानसिंग ने गर्दन हिलाकर उस अफ़सर के प्रति मूक आभार व्यक्त किया। कंडक्टर का सहमा और डरा चेहरा मुझसे देखा नहीं गया। मेरे दोनों सहयात्रियों को मैंने धन्यवाद दिया और कहा, "सही में मैं नीचे सोने में असुविधा महसूस करती हूँ।" अपना बैग उठा कर मैं आंबटित बर्थ की तरफ़ चली गई। मुझे भीतर ही भीतर अपने पर क्रोध आ रहा था। ये सब नाटक मैंने होने क्यों दिया? मेरा सबके सामने रोना-धोना, बेचारगी का चोंगा ओढ़ना। इस तमाशे की कोई जरूरत थी? और सेवानिवृत्त राजनायिक मानसिंग को क्या जरूरत थी अपनी टाँग बीच में अड़ाकर मेरे लिये बर्थ जुगाड़ने की? कंडक्टर हर सफ़र में मेरे लिए बर्थ का जुगाड़ कर ही देता है। बर्फीले अंदाज में, अपने ओहादे का अहसास दिलाने वाली आवाज में कंडक्टर से बात करने की कोई आवश्यकता नहीं थी। ये कभी रहे होंगे राजनायिक कहीं के। वहीं जाकर अपना रोब झाड़ते! ट्रेन में सबके सामने शक्ति प्रदर्शन की क्या आवश्यकता थी? और बाबा को भी अचानक ये कैसे मिल गए? और मैं भी तो बड़ी तल्लीनता से उनसे बातें करती रही! बेचारा कंडक्टर हर सफ़र में बगैर पैसे लिए मेरी मदद करता है, उसी पर अपनी अफ़सरी ये झाड़ने लगे! क्या होगा ब्रिटिश कल्चर में अभी भी कैद मेरे आजाद भारतवर्ष के प्रशासन का? वो राजनयिक, वो सारे सहयात्री, अधिकारी, अभी भी उसी ब्रिटिश कोड ऑफ कंडक्ट में अटके हुए थे। या अनाम डर का फंदा

उनके गले में पड़ा हुआ था। भ्रष्ट पथ के वे सभी सह-पथिक थे। कौन जाने! अपना बॅटरी वाला रीडिंग लाइट हर समय मैं साथ रखती थी। देर रात तक पढ़े बिना सो नहीं सकती। निशाचर हूँ, ऐसा माँ कहती थी। (फिर से माँ। उसका साया आजन्म साथ रहेगा)। पढ़ने की आदत थी जो किसी नशे से कम नहीं थी। देर रात तक मैं पढ़ती रही।

कोई मुझे जोर से आवाज दे रहा था। ''उठिये, हबीबगंज आने वाला है।'' मैं हड़बड़ाकर उठ गई। ये भी हमेशा का प्रसंग था। अटेंडेंट मुझे आकर जगाता और मैं आँखें मलती हुई हबीबगंज उतर जाती। कभी मेरा मफलर छूट जाता तो कभी खाने का झोला, जिसमें ठूंस-ठूंसकर रूम्पा का रखा नाश्ता रहता। अटेंडेंट मेरे पीछे दौड़ कर छूटा हुआ सामान मुझे पकड़ाता। उस दिन मैं अपना रीडिंग लाईट भूल गई लेकिन अटेंडेंट नहीं दौड़ा। मुझे छोड़ी हुई वस्तु का खयाल नहीं था और मैं मन ही मन खुश थी कि आज ट्रेन से सब सामान शायद मैंने ले लिया। तेजी से मैं ऑटो स्टैंड की ओर बढ़ गई। किसी ने पुकार कर कहा, ''सर आपको बुला रहें है।'' मैंने चौककर देखा, एक पुलिस वाला मुझसे कह रहा था। ''कौन सर?'' मैंने नींद से भर्राई आवाज़ में उससे पूछा। उसके संकेत के अनुसार मैंने नज़र घुमाई तो देखा मानसिंग कार के पास खड़े थे। मेरी नींद तत्काल उड़ गई। कुछ भी कहती-सुनती तो वहाँ बेकार उत्कंठाओं का बाज़ार लग जाता। मैं उनके पास गई और माफ़ी माँगकर कहा, ''आपसे विदा लेना हड़बड़ी में रह गया। सॉरी। अब इजाज़त दीजिए'' ''आपके बाबा ने बताया होस्टल में रहती हो। मेरे रास्ते में है। आइये, हम छोड़ देते हैं।''

उनके आदमी ने मेरा बैग उठाकर डिकी में डाल दिया और दरवाज़ा खोलकर खड़ा रहा। मुझे कार में चढ़ना पड़ा। फिर बातों का स्वाभाविक सिलसिला आरंभ हुआ। मैंने अपने आपको सहज पाया। होस्टल कब

आया पता नहीं चला। मैं हैरान थी! बाबा के इस दोस्त में कुछ बात तो थी जो उनके संपर्क में आने वाले व्यक्ति को सुखावह लगती थी। लाल बत्तीवाली कार जब होस्टल के अहाते में पहुँची, लड़कियाँ कौतुहल से देखने लगीं। मुझे देखते ही वे सब पास आ गईं और प्रसन्नतापूर्वक गले लग कर मेरा स्वागत किया। मैंने मानसिंग को धन्यवाद दिया और भीतर चली गई। शाम विश्वविद्यालय से लौटी तो चौकीदार ने बताया, दो बार मानसिंग साब का फोन आया था। कह रहे थे, जरूरी बात है। मैं सोच में पड़ गई और उन्हें फोन लगाया। ''आप अपना रीडिंग लाईट ट्रेन में भूल गई थीं। मैं रात दिल्ली चला जाऊँगा। सोचता हूँ एयरपोर्ट जाते-जाते होस्टल आ कर दे दूँ आपको।''

''ओ गोड! अटेंडेंट दौड़कर मेरे पीछे आया नहीं तो मैंने राहत की साँस ली थी कि इस बार कुछ सामान छोड़ी नहीं हूँ! लेकिन उसने आपको क्यों तकलीफ दी? और आपने सुबह ही मुझे लाईट क्यों नहीं दे दिया? एयरपोर्ट होस्टल से ठीक उल्टी दिशा में है। आपको बेकार कष्ट होगा। आप जहाँ रुके हैं। वहीं छोड़ दीजिए न। मैं कल सुबह ले लूँगी।''

''अभी-अभी हमारी सी. एम. के साथ मीटिंग खत्म हुई है। प्लेन को आने में अभी देर है। मैं आराम से आपकी लाईट लौटा सकता हूँ। तब ये भी बता दूँगा सुबह क्यों नहीं दी।'' कुछ समय बाद सीनियर मेट्रन को हाँफते-हाँफते मेरी ओर आते मैंने देखा। मानसिंग जी तुम्हारे बाबा के मित्र हैं मुझे कभी बताया नहीं तुमने?''

''मैंने भी तो कल ही जाना! न जाने कहाँ से टपक पड़े!''

''पधार रहें हैं। सी.एम. ऑफिस से फोन आया था। अब इन्हें इतना तो समझना चाहिये कि शाम के बाद लड़कियों के होस्टल में

अकारण किसी से मिलने न आएँ।''

''आपने मना क्यों नहीं किया?''

''कैसे करती? मेरे क्वार्टर में तो अधिकारी आते रहते हैं। लेकिन ये मानसिंग बड़ी टेढ़ी खीर है। ऊपर सभ्यता का आवरण, भीतर खौफ़नाक छटा आते ही कुछ काम की बात पहले करेंगे। फिर मतलब कि..''

''आप जानती हैं उन्हें?''

''जानूँगी कैसे नहीं? इतने वर्ष सचिवालय में बिताए हैं। और हमारे प्रदेश के तो हैं। तुमसे मिलना चाहते हैं।'' बहरहाल मानसिंग जी किसी कारण से नहीं आ पाए। उन्होंने लाईट भिजवा दिया। मैंने हँसकर मेट्रन से कहा, ''आपकी बात शायद सुन ली उन्होंने। समझ गए जाना नहीं चाहिये रात के वक्त, नहीं तो जूते पड़ेंगे।''

''मजाक मत कर लड़की। इस मानसिंग की हर बात टेढ़ी होती है। न जाने तेरे बाबा इसे कितना जानते हैं?''

''आप कितना जानती हैं ये तो बता दीजिए''।

''निहायत खौफ़नाक डाकू है। कब लूटेगा और क्या लूटेगा इसका पता भक्ष्य को लगता नहीं। बच कर रहना इससे।'' उस रात फोन करके मैंने बाबा को उनके दोस्त के बारे में पूछा। बाबा ने गंभीरता से मेट्रन का कहना दोहराया। ''तब आपको मेरा परिचय उनसे कराने की क्या जरूरत थी? हजारों बार मैं अकेली सफ़र कर चुकी हूँ। पहचान कराने की क्या जरूरत थी?''

''जरूरत थी। उसे ये पता लगना आवश्यक था कि तुम मेरी बेटी हो। तुम्हे वह घूर रहा था और ट्रेन में घेर लेता।''

''बाबा!''

“मेरी बच्ची, तंग तो नहीं किया उसने?”

“अरे! तंग कैसे करेंगे? मैं करने दूँगी?”

“उसका कोई भरोसा नहीं। न जाने रायपुर क्यों आया था। जो भी हो, उसको तुमसे मिलाना आवश्यक था।”

मैंने बाबा से नहीं कहा कि मानसिंग होस्टल पर आने वाले थे मेरा लाईट लौटाने। एक सप्ताह के बाद मुझे मेरे विषय पर पेपर प्रस्तुत करने अंतर्राष्ट्रीय सायन्स कांफ्रेंस से न्यौता मिला। कई दिनों से मैं इस दिशा में प्रयासरत थी। डॉ. देवर्षि से मेरा लगातर संपर्क बना हुआ था। वे अब देश-विदेश में अपने शोध कार्यो की जानकारी देने भ्रमण करते थे। उनके मार्गदर्शन की लाठी मैंने कसकर पकड़ रखी थी और उसी ज्ञानमार्ग के बदौलत मुझे इतना अहम अवसर मिला था। मैं खुशी से झूम उठी। लेकिन मेरी सीनियर, न ही मैट्रन खुश हुई। “जरूर इस न्योते का संबंध उस मानसिंग से होगा। शम्पा, मुझे तेरी काबीलियत पर खुशी है और भरोसा है। लेकिन तू इतनी सीधी है कि उसकी टेढ़ी चाल तेरे समझ में नहीं आएगी। तू उस मानसिंग के झाँसे में मत आना।”

मैंने हैरानी से पूछा, “ऐसा डर आपको क्यों लगता है?”

“हो सकता है मैं गलत हूँ लेकिन न जाने क्यों मुझे लगता है उसकी गिद्धदृष्टी तेरे पर पड़ी है और मौका पाते ही वह तुझे झपट लेगा।”

“आप चिंता न करिए। मैं उनसे क्यों मिलूँगी? मेरा तो साइन्स कन्वेंशन है और वहाँ मेरे गुरू डॉ. देवर्षी भी रहेंगे। और जानती हो मॅम वो मुझे देश-विदेश के वैज्ञानिकों से मिलाएँगे। सोचकर भी रोमांचित हो रही हूँ।” मैंने पुलकित हो कर नाचते हुए कहा।

मेरी खुशी के आवेग में अंततः सीनियर भी बह गई। मेरी बलैया

लेकर उन्होंने कहा, "कीड़े पड़े मेरी इस गंदली ज़बान में। तू ऐसी निश्छल निष्कपट शिशु समान। मेरी ही नज़र पापी है। खूब नाम कमाना कन्वेंशन में। हमारे शहर का नाम रौशन करना। तुझे मेरा हृदय से आशीर्वाद है।" हम दोनों भावुक हो गईं और आँखों में आँसू तैरने लगे।

दिल्ली जाते समय मेरे पाँव जमीन पर नहीं पड़ रहे थे। ट्रेन में मैं रात भर सोई नहीं। सुबह नई दिल्ली स्टेशन पर उतर कर मैं अपने गंतव्य तक टैक्सी से पहुँच गई। हमारी मिटिंग विश्वविद्यालय परिसर स्थित ऑडिटोरियम में थी। मुझे डॉ. देवर्षी के साथ बैठना था, और वे मेरा परिचय देने वाले थे। लिहाजा ऐन समय पर मेरी बगल में मोटा चश्मा पहना हुआ कोई और व्यक्ति बैठा हुआ मैंने पाया। उसने कुछ शरमाते हुए अपना परिचय अमलन के. आर. बता कर कहा, डॉ. देवर्षि अस्वस्थता के कारण नहीं आ सके। उसने यह भी कहा कि उन्होंने जो पेपर भेजा है उसे वह पढ़ेगा और सबसे मेरा परिचय कराएगा। मैं अपनी निराशा छिपा नहीं सकी। अपने गुरु से मिलने का अवसर तो मैंने खोया ही और उनके जैसे महान शिक्षाविद् द्वारा परिचय करवाया जाने का सुअवसर भी खो गया। डॉ. देवर्षि से मैंने अमलन के बारे में काफ़ी कुछ सुना था। वह हाल ही में अमरीका से लौटा था और अब अपना कार्य भारत को केंद्र में रखकर करना चाहता था। उनके बात-बात में वे अमलन का जिक्र करना नही भूलते थे। यदि मैं उन्हें करीब से न जानती होती तो मुझे अवश्य लगता कि वो अमलन के रूम में मेरे लिये सुयोग्य वर देख रहे हैं। बात-बात में एक बार उन्होंने मुझसे कहा था कि मेरी क्यूरी और पिअरी क्यूरी को वे सहजीवन का आदर्श मानते थे। आज न जाने क्यों फिर मुझे उनकी वह बात याद आई और मैंने कौतूहल से अमलन को ऐसे देखा जैसे माइक्रोस्कोप के लेन्स के नीचे रखे जीव-जंतु को देखा जाता है। अमलन अपने पेपर्स ज़माने का बहाना कर रहा था

या सच में जमा रहा था मैं समझ नहीं सकी ऐसे वक्त रूम्पा या अमिया बड़ी काम आती। वे पल भर में वस्तुस्थिति को समझ कर मुझे सच बता देती। अमिया की याद आते ही मेरे मन में असह्य टीस उठी और होठों से आह निकल पड़ी। आज के इस क्षण पर सही मायने में उसी का पूरा अधिकार था। उसी के घूँसे खाकर मैं अपने रास्ते पर अडिग रही थी। बस... टपक पड़े मोती आँखों से। अमलन ने जल्दी से टिशू पेपर मेरी ओर बढ़ाया। मैंने आंखे तरेर कर उसे देखा, नतीजन बचे हुए आँसू भी गालों पर लुढ़क आए।

मेरा परिचय डॉ. देवर्षि की होनहार शिष्या के रूप में अमलन ने दिया। मैंने आत्मविश्वास से अपना पेपर पढ़ा। मेरे पेपर की भूरी-भूरी प्रशंसा हुई और परिषद के समाप्त होने पर बधाइयों का ताँता लग गया। मानव संसाधन मंत्रालय की ओर से रात्रिभोज का निमंत्रण था। मैं भोपाल लौट जाना चाहती थी परंतु युवा वैज्ञानिकों के समूह ने मेरी एक न सुनी। उनमें मेरी हमउम्र महिला सदस्य भी थीं। मंत्रीजी की पत्नी अच्छी होस्टेस थीं। अमलन ने उनसे मेरा परिचय करवाया। सबकुछ गरिमापूर्ण ढंग से चल रहा था कि मैंने उन्हें किसी से बात करते हुए देख लिया। मैं एकाएक चुप हो गई और उसी क्षण मानसिंग तेज कदमों से मेरे पास आए। मंत्रीजी की पत्नी का उन्होंने अभिवादन किया और मेरी ओर देख कर मुस्कुराए। "हॅलो यंग साइनटिस्ट। आपका पेपर क्या खूब था!"

मैंने अविश्वास से उनको घूरते हुए कहा, "आपको कैसे पता?"

"मैं वहीं था यंग लेडी"

"लेकिन कैसे?"

"ऐसे कि मेरी आपके विषय में कुछ पैठ है। मैंने उसमें भी डॉक्ट्रेट

प्राप्त की है और इसी कारण मुझे आज के परिषद में रुचि थी। मैं पूरे समय नहीं रुक सका। सौभाग्य से आपका पेपर सुना।'' सीनियर की बात याद तो आई। कहा था, दो चार विषयों में पी एच. डी. कर लिये हैं। विज्ञान परिषद में मुझे मिले आमंत्रण को वह शक से देखती थी। (''ये सब उसी का कारनामा होगा'') मेरी समझ में नहीं आया कि मानसिंग से मैं किस तरह पेश आऊँ। उनके व्यवहार में कोई खोट नहीं थी। फिर विज्ञान परिषद किसी के निजी सनक की वजह से तो आयोजित नहीं की जा सकती। वह एक अंतर्राष्ट्रीय आयोजन था। देश-विदेश से चोटी के वैज्ञानिक शामिल हुए थे। मैं मेट्रन की बात का विश्वास नहीं कर सकी।

''कहां खो गई विदुषी महोदया?'' उन्होने हँसते हुए पूछा।

कुछ शर्मिंदा होकर मैंने उन्हें कुछ कहा और वे खुले दिल से हँस दिये।

उनकी हँसी के भँवर में मेरा सतर्क मन धीरे-धीरे गोते खाने लगा। सारी आशंकाएँ गहरी डूब गई। एक मुलायम संवेदना ने मुझे अपना मखमली स्पर्श किया और मैं अपने आपसे सर्वथा असुरक्षित हो गई। बेमौसम बहार ने अपने होने का अहसास सुगंधित मौलासिरी की कोहनी मारकर मुझे कराया। मानसिंग की बातें सामान्य विषयों से संबंधित थी। कोई व्यक्तिगत बातें न उन्होंने पूछी, न कही। मेरे शोध विषय में, साहित्य कला में, उनकी रूचि और ज्ञान मुझसे बढ़कर था। वे सहजता से बातें करते रहे। हम एक छोटे- से ग्रुप में खड़े थे। न जाने एक-एक कर सब कब चले गए। अमलन भी वहाँ से चला गया। रात वापस लौटते मैं उसे खोजती रही। पता चला वह पार्टी से जा चुका था। मैं पशोपेश में खड़ी थी कि मानसिंग ने मुझे मेरे गंतव्य तक पहुँचाने की पेशकश की। मेरे सामने और कोई पर्याय नहीं था। रास्ते में बहुत बातें

हुई और हर बात में उनकी सभ्यता, शालीनता झलक पड़ी। सारी रात मैं मानसिंग के विषय में सोचती रही। मेरी सीनियर ने मुझे उनके चरित्र को लेकर चेताया था। कहा था वे खतरनाक और चालाक हैं। इतनी नकारात्मक बातें उनके बारे में सुनने के बाद भी क्या मैं उनकी ओर आकृष्ट हो रही थी? क्या मैं दिल्ली इसी लालच में आई थी कि उनसे मुलाकात हो? पेपर पढ़ना क्या मात्र बहाना था? क्या मैं आम युवतियों की तरह अपने होश-हवास खोकर प्रेम-प्यार के चक्कर में फँस रही हूँ? ऐसा ही है तो मौसी ने बताए हजारो सुयोग्य रिश्तों में से एक को मुझे चुन लेना था। रिसर्च, देश सेवा शिक्षा सेवा, इत्यादि शर्करा मे लिपटे झूठे वचनों की पोटली सिर पर लादकर चलने की क्या आवश्यकता थी? पहली बार मेरे समझ में आया कि मैं एक सर्वसामान्य स्त्री हूँ। बस केवल एक स्त्री! और यह बात स्पष्ट हो जाने से मुझे अपने ऊपर क्रोध नहीं आया, बल्कि मैंने अनुभव किया कि एक इंद्रधनुषी कमान किसी सुखद अनुभूति के संभावित आगमन हेतु मेरे लिए स्वागत द्वार बन कर खड़ी है। मैं समझ गई मुझे उस सतरंगी कमान से गुजरना ही होगा।

दूसरे दिन भोपाल की ट्रेन में चढ़ी तो मानसिंग को साथ पाया। मुझे आश्चर्य नहीं हुआ बल्कि तसल्ली हुई कि वे साथ हैं। इतने वर्षों की मेरी तपस्या भंग करने के लिए न जाने ईश्वर ने उन्हें क्यों चुना? उनका जादू मुझपर चला, या मैंने अपने आप पर मोहिनी मंत्र फेरा? जिसने भी फेरा हो, जादू डाला हो, मैं उस घात के गिरफ्त में आ गई। निःसंकोच मानसिंग पर मैंने अपने व्यक्तिगत दुख को उड़ेल दिया और दुख के उस भार से, जिसे मैं आज तक पीठ सीधी रख अपने सबल कंधों पर कुशलता से वहन कर रही थी, उनके लचर कंधों पर डाल कर मुक्तभार की मृगमरीचिका में उलझ गई। मानसिंग ने अपने मलीन कंधों पर मेरा भार लेने में, अपनी बाहों में उस मुक्त और मूर्ख समर्पिता को

समा लेने में एक पल की देरी नहीं की। अमलन अपनी पूरी शक्ति से, बेबस, मेरा पीछा कर रहा था। वह हार मानने को राजी नहीं था, या फिर अरमानों के आसमान से उल्का बनने के बाद गिरने के लिये मुझे एक गज़ जमीन नसीब हो सके, इस सद्भावना से साये की तरह दबे पाँव मेरे साथ अदृश्य रहकर चल रहा था। दिल्ली मेरा दूसरा घर बन गया। नौकरी खतरे में पड़ गई। मेरे साथ जुड़ी हुई सारी अच्छी बातें कपूर की तरह उड़ गईं। कुछ भी शेष न रहा।

रूम्पा को दिन चढ़ गए थे। उसकी सास उसे अपने पास रहने के लिये मना रही थी। बाबा के घर में कोई महिला सदस्य थी नहीं जो उसकी सही देखभाल कर सके। मानसिंग वाली चर्चाओं ने उसका बुरा हाल बना दिया। उसे बेडरेस्ट लेने की सलाह दी गई थी। रूम्पा के सामने कोई पर्याय न रहा। उसे विदिशा जाना पड़ा। मेरे कारण वह बीमार पड़ गई। फिर गर्भवती थी। सास-ससुर ने उसकी सुरक्षा को मेरी रक्षा से अधिक तवज्जो दी। छोटे चाचा बाबा को कई वर्षों से अपने पास कुछ दिनों के लिये बुला रहे थे। रूम्पा के ससुराल जाने के बाद चाचा आने के लिये उन पर और दबाव डालने लगे। अंततः मन कड़ा करा के बाबा गए। मेरे भीतर आया उफान और उसपर अंकित सर्वनाश के चिन्ह पर उनकी नज़र नहीं पड़ी। पड़ती भी किस तरह? मेरे संदर्भ में इस प्रकार की किसी संभावना का देख पाना उनके लिये असंभव, अतर्क्य था। मैं सर्वथा अकेली पड़ गई। उस समय माँ की एक पुकार मुझे होश में ले आती। लेकिन माँ ने जिंदगी की इन वास्तविकताओं से कब का किनारा कर लिया था। मैं इस रफ़्तार से मानसिंग नाम के भँवर में डूब गई कि खुद वे चकित हुए और डर गए मेरी भावनाओं के गहरे समंदर से। उनके अन्य संबंधों से इस संबंध की विलगता जिस क्षण वे समझ गए उसी क्षण उन्होंने खुद को मुझमें डुबने से बचा लिया। वे

कुशल तैराक थे और मैं नादान प्रशिक्षु। मैं डूब गई। वो तैर कर सुरक्षित किनारे पर चले गए। मुझे बचाने वाला कोई नहीं था। बाबा माँ, अमिया, रूम्पा, डॉ. देवर्षि, सब किनारे मैंने पीछे छोड़ दिए थे। कोई नहीं बचा सका। मैं अपने ही द्वारा खोदे हुए कब्र में दफ़न हो गई।

मुझे पता नहीं चला कि कब्र के भीतर, अटूट विश्वास की कालजयी रेशमी चादर में लिपटाकर, कोई मेरी लाश को मिट्टी होने से बचा रहा था। मेरी मज़ार पर कोई अखण्ड दीपक हाथ में लिये मेरे प्राणों की लौ को अपने प्राणों की ज्योति में छूपाकर मेरी रक्षा कर रहा था। कितने युग बीते ये केवल वह, फ़तिमा भाभी और शेख भाईजान जानते हैं। एक बार अर्ध-बेहोशी की अवस्था में मैंने माँ को देखा। वह चाँदनी की छड़ी हाथ में पकड़कर तारा मंडल पर विराजी थी। कहा, 'अब बस कर मेरी बच्ची यह विनाशी शोक। वे कमजोर क्षण बीत गए। ब्रह्मांड गतिशील है। हम उसी ब्रह्म चेतना के हिस्सा हैं। गतिमान हैं, उर्जावान हैं। बीते नादान क्षणों की सूत्रधार तू स्वयं थी। अब अपने मजबूत वर्तमान की कर्णधार भी बन। जीवन की खोज अधूरी मत छोड़। अपना अस्त्र उठा और परास्त कर दे अपनी दुर्बलता को। उठ, खड़ी हो जा। इसी क्षण, मेरी बच्ची, तू अविनाशी है।'

अमलन का चिल्लाना मुझे याद है। वह नाच रहा था, रो रहा था। नर्स दौड़ कर भाईजान को बुला लाई। यादें केवल आँसूओं की हैं। भाईजान, भाभी, अम्मी, सिनीयर, सब रो रहे थे। मैने तेज़ आवाज़ में पूछा था, "किसके मरने का मातम मनाया जा रहा हैं यहाँ?" सब रोना भूल कर पहले तो मुझे ताकते रहे, फिर मारने दौड़े। अम्मी ने बाहों में भरकर चूम लिया। व्हील चेयर पर बैठकर उसकी सास के साथ रूम्पा आई। मैं उसे पीटना चाहती थी उसकी नादान हरकत पर। बच्चे को

कुछ हो जाता तो या उसे ही कुछ नुकसान पहुँचता तो क्या मैं जिंदा रह पाती? "रूम्पा की बच्ची, तू क्यों आई? महामूर्ख, तुझे कुछ हो जाता तो? पीट भी नहीं सकती तुझे।" मैंने उसके बाल खींच कर कहा। रूम्पा मुझसे लिपट गई।

"लेकिन मानसिंग अभी आपके दिल पर राज कर रहें हैं न? लाख बुराइयों होने पर भी, धोखेबाज, चाल-बाज होने पर भी। प्रेम अच्छे बुरे का मोहताज़ नहीं होता। बस होता है।"

लम्बी आह भर के मैंने कहा, "तो तू नहीं सुधरेगी?"

"आप सुधर गईं क्या?"

"जी हाँ, बिल्कुल सुधर गई। मानसिंग दिल पर काबिज़ तो हैं लेकिन भावोन्माद पर मैंने शानदार बाँध बना दिया है। प्रेम करना अब मेरी स्वतंत्रता है, मजबूरी नही। स्वतंत्र हूँ। मुक्त हूँ। प्रेम की ताबेदार नहीं।"

"बात गहरी है। समझने में कुछ समय लगेगा।"

"चाहे युग लग जाय, सोचना जरूर। समझ लेना। मुक्त हो जाना। बंधना मत। चल देर हो गई है। लड़कियाँ बेताबी से इन्तजार कर रही होंगीं।"

"मॅम, अमलन सर कितना प्यार करते हैं आपसे। आपने उनके साथ काम करना चाहिये अब। शादी नहीं करना तो मत करिये लेकिन उनके महान कर्मयज्ञ में उनका सहयोग तो आप कर सकती हैं।"

"बात गहरी है। चल मैं भी सोचूँगी। अब जाना चाहिये।"

होस्टल पहुंचते ही चौकीदार ने बताया, कोई मैडम प्रतीक्षा कक्ष में आपके इन्तजार में बैठी हैं। "नाम क्या है?"

"नहीं बताया। कह रही थी जरूरी काम है।"

प्रतीक्षा कक्ष में बैठी अमिया को पहचानने में मुझे पलभर सोचना पड़ा। हम दोनों एक-दूसरे को घूरती रहीं, फिर छूकर विश्वास करना चाहा। फिर लिपटकर हँसने लगी, रोने लगी। चिल्लाने लगी। हजारों गिले-शिकवे हुए। घूँसे, मुक्के, मारे गए। चौकीदार अचम्भित होकर कहने लगा, ''पता नहीं हमारी दीदी और वो मेहमान क्यों मारपीट कर रहीं हैं। अरे रोको उन्हें।'' विनोदिनी दौड़ कर आई हमें रोकने लेकिने खुद ही रुक गई। उसने सबको संकेत से बाहर रोक दिया और दबे पाँव से मेरे पीछे आकर कहने लगी, ''मॅम, चलें अब आपके कमरे में। अभी-अभी तो आप अस्पताल से लौटी हैं। बैठकर आराम से बातें करिये। प्लीज...'' संयत होकर अमिया ने हामी भर दी। वह रात को रुकने के लिए राजी हो गई। हम दोनों मेरे प्रिय स्थान पर, छत पर जा बैठीं।

''तेरे यहाँ आने का कोई विशेष हेतु होगा। इतने वर्षों तक मुझे रूलाया, अब आई हो तो कोई विशेष बात होगी। बता, क्यों आई हो?''

जाहिर था अमिया कहने का साहस जुटा रही थी। ''जानती हो मैं क्या करती हूँ?'' उसने मेरी आँखों में देखते हुए गंभीरता से पूछा। मेरा दिल काँप गया।

''मैं कॉलगर्ल का पेशा करती हूँ।'' अमिया का पेडिक्युअर्ड मेनिक्युअर्ड अवतार अब मैंने गौर से देखा। वह बेहद आकर्षक लग रही थी। काली साँवली दमकती सूरत और सुडौल शरीरयष्टि का उपहार प्रकृति ने उसे दिया था और उसने अपनी संपदा को जतन कर के रखा था। उसके अचानक अदृश्य होने पर मुझे हर समय यही डर सताता था, न जाने कहीं ये किसी कोठे पर तो नहीं पहुँचा दी गई? मेरे डर का कारण मेरी पढ़ी हुई सत्य घटनाएँ थीं, जिनमें ऐसे प्रसंग बार-बार आते थे। यथार्थ में वैसे प्रसंग का अमिया के साथ घटना मेरे लिये गहरा सदमा

था। मैंने प्रयासपूर्वक अपने पर नियंत्रण रखकर फिर उससे कहा, "ये बताने तू कभी न आती। बता, क्यों आना पड़ा तुझे? और याद रख, तू मेरी वैसी ही अमिया है और रहेगी। मत सोच मुझसे पीछा छुड़ा सकेगी।"

लोहे जैसी कठोर आवाज में उसने कहा, "सो तो मैं जानती हूँ। हमने कभी एक-दूसरे को किसी शर्त पर नहीं चाहा। लेकिन जिंदगी को मंजूर भी तो होना चाहिये हमारी चाहत! मैं एक कटु सत्य आज तेरे सामने उगल रही हूँ। तू सुन नहीं सकेगी तब बता देना। चुप हो जाऊँगी। मैं जब उस रात हवाईअड्डे से लापता हो गई तो बाबा ने पुलिस में शिकायत नहीं दर्ज की। ये बात तुम्हें अस्वाभाविक नहीं लगी? पापा मुझे उनका प्रेस्टीज मार्क समझते थे। मेरे जैसी होनहार बेटी का उनके जीवन में होना उनमें मौजूद हीन भाव पर मरहमपट्टी करता था। तुमसे और तुम्हारी माँ से वे कितने चिढ़ते थे याद करो। क्योंकि- मौसी और तुम उस हर बात का प्रतीक थे जो उनके पास नहीं था। वे कायर थे। नहीं होते तो मुझे पृथ्वी के पेट से ढूंढ़ निकालते। उस रात पापा अलग से हवाईअड्डे पर पहुँचे। मेरे साथ मेरा कलिग था। हम जिस कार से हवाईअड्डे के लिये निकले, किसी का निजी वाहन था। मैंने ध्यान नहीं दिया। तेरे न आने के कारण, माँ के न आने के कारण मैं बहुत अधिक विचलित थी। रोने-धोने में देखा नहीं कि कार दूसरे रास्ते पर मुड़ कर रुक गई। हमारे पीछे एक और कार थी वह भी रुकी और तीन आधुनिक, स्मार्ट लड़कियाँ हमारे तरफ आईं। मैंने अमन से पूछा क्या हो रहा है। अमन उतर कर लड़कियों के पास पूछताछ करने गया और वो लड़कियाँ मेरी कार में चढ़ गईं। अमन उस दूसरी कार में बैठ कर चला गया। मौंसी का पढ़ाया पाठ मैं भूल गई नहीं तो ये सब न होता। वह न कहती थी हमेशा, कभी गाफिल न रहना। अपनी सतर्कता एक पल भी नहीं खोना। मेरा पर्स अमन ले गया जिसमें मेरे पूरे कागजात थे। उन

लड़कियों ने कहा वे पुलिस हैं और हमारा पीछा कर रही थीं। मेरा सामान, पासपोर्ट, सारे महत्वपूर्ण कागजात अमन ले गया। पारधी ने मुझ पर जाल फेंक कर मुझे जकड़ लिया। तू सत्यकथा आदि पत्रिकाओं में ये सब कितनी बार पढ़ चुकी है। मेरी बेकसी ये कि बार-बार मेरे कहने पर भी कि मेरी युनिवर्सिटी में फोन कर सच्चाई का पता करें, कोई माना नहीं। प्लेन का वक्त हो चुका था और पापा रास्ता देख रहे होंगे इस विचार से मैं रोने लगी। मेरा गिड़गिड़ाना, मिन्नतें करना सब व्यर्थ गया बल्कि उनमें से एक ने मुझे जोर से थप्पड़ मार कर चुप रहने को कहा। अपमान, भय और बेबसी से मेरी बोलती बंद हो गई। मेरे जैसी विदुषी, जिसे विदेशी छात्रवृत्ती देकर शोधकार्य हेतु विदेश में ससम्मान आमंत्रित किया गया था, जिसे विद्यार्थी सरस्वती का रूप मान कर पूजते थे, आज एक लाचार, अपमानित, बेकस, कीड़े-मकोड़े सदृश अतिक्षुद्र जीव बन गई। बस, मार डाला गया उस विदुषी अमिया को, कुचल डाला गया उस भावी वैज्ञानिक को, और उच्चभ्रू समाज की पिपासाएँ तृप्त करने जन्म लेने मजबूर किया गया एक नई यामिनी को। वापसी का या छूटने का प्रत्येक सेतु तोड़ कर यथास्थिति जीने पर विवश किया गया। मरने के सारे रास्ते बंद किये गये। तब तक, जब तक मैं उनके वश में न हुई। फिर तो मरने की इच्छा भी मर गई। एक निठुर जानवर भीतर शेष रहा। प्रतिशोध धर्म बन गया। शीर्षस्थ पदों पर आसीन देश-विदेश के तथाकथित अति विशिष्टों को मैने उँगलियों पर नचाया। दीवाना बनाया अपना। एक बार मुझे किसी राजनयिक के बुलावे पर जापान भेजा गया। मैंने उसे देखा नहीं था। वहाँ पहुँच कर जब उससे मिलाया गया, मैं विश्वास नहीं कर सकी उसकी बद्नियति पर। वह सभ्य, शालीन, भद्र पुरूष लगा। मैं कसम से तुझे कहती हूँ, यदि मैं भुक्तभोगी न होती तो उससे प्यार करती। उससे नफ़रत करना असंभव- सा लगता था। लेकिन

उसी कसम से कहती हूँ, वह नरक में भी जगह नहीं पा सकेगा। जापान में मेरी जो हालत उसने की, जिस तरह मेरा उपयोग किया, राजनीति में क्या यही सब होता होगा? या केवल उस के आड़ में ये दरिंदे मुझ जैसियों को नरक की आग में जिंदा जलाते होंगे? वह राजनयिक नहीं, एक पिंप था। एक ऐसी कुसभ्यता का प्रतिनिधि था, जिस सभ्यता का विकृत पुरूष प्रधान समाज ने संवर्धन किया था। मुझे और मेरे जैसी कितनी होनहार युवतियों को अलग-अलग तरीकों से अपने जाल में फँसा कर वह उच्चभ्रू समाज और राजनीतिज्ञों का नायक बना हुआ था। तुझे ये बताना जरूरी था। उसे पता चला कि मैं तुझसे मिली तो मुझे मार डालेगा। मुझे परवाह नहीं। तुझे ये सब किसी भी कीमत पर बताना था। पिछले तीन वर्षों से मुझे साउथ अमेरिका के अलग-अलग हिस्सों में रखा। चाहती थी लेकिन तुझसे संपर्क नहीं कर सकी। तुझे सतर्क नहीं कर सकी। आज कोई अति विशिष्ट मुझे यहाँ लाया है जो मानसिंग का भी बाप है। उससे मदद लेकर, उससे हाथ-पाँव जोड़ कर, तेरे पास आई हूँ मेरी अच्छी शम्पा, अमलन से शादी कर ले। तू नसीबों वाली है कि उसके जैसा गुणी इन्सान तुझसे प्यार करता है। भूल जा हैवान को। पता है, मानसिंग चटखारे ले-ले कर तेरी बातें मुझे बताता रहा। उसे जान से मारने को मन करता था। लेकिन मेरा कायर बाप बीच में था। पापा की काली करतूतों को अस्त्र बना कर मानसिंग उन पर चलाता रहा। धमकाता रहा कि उन्हें जेल में चक्की पिसवाने भिजवा देगा, मेरे छोटे भाई का वही हश्र करेगा जो मेरा किया। मैं बस हाथ मलती रही। धीरे-धीरे मेरे हिस्से में आई इस जिंदगी को जीना सीख गई। अब रानी की तरह जीती हूँ। अपनी शर्तों पर। मेरी अपनी मजबूत टीम है और मुझे अमलन की पूरी जानकारी है। उससे शादी कर ले और मानसिंग को लातें घूँसे मारकर निकाल बाहर कर दिलोदिमाग से।"

मैंने या अमिया ने जिनकी कभी कल्पना नहीं की थी ऐसे प्रसंग हमारे हिस्से में लिखने वाले ने लिख दिये। उपर बैठकर गिन अनंत नाटकों को वो खेलता है, उसकी दाद देनी पड़ेगी। विविधता ऐसी कि मजाल है किसी लम्हे को वो दोबारा दोहराए। हम दोनों कैशोर्य से कोमल युवा अवस्था तक अपने सीने में केवल असाधारण विद्याकौशल प्राप्त कर शोधकार्य करने का छोटा- सा अरमान पाले थे। मैंने किसी हद तक लक्ष्य को पाया यद्यपि परिस्थितिवश या परिस्थिति पर विजय न पा सकने की दुर्बलतावश जीवन की उत्तुंग संभावनाओं को बौने उपलब्धियों में समेट लिया। मानसिंग जैसे मेरे विकास के लिये सर्वथा घातक व्यक्तित्व को जीवन में समा लिया एवम् अमलन जैसे प्रामाणिक सुपात्र को कोई स्थान न दे सकी। माँ को खोया, घर को खोया, बाबा और रूम्पा दूर हो गए। अमिया मिली तो ऐसी की लूटी हुई, हारी हुई। जिससे प्यार किया वह अमिया का लुटेरा निकला। फिर भी...

"अब मिलना नहीं होगा।" मेरी उलझन बढ़ाकर वह चली गई।

प्रातः अखबार में समाचार पढ़ा, परमपूज्य के अस्वस्थ होने का। मैं माँ के बारे में सोचती रही... वह कैसी होगी? निर्लिप्तता से उनकी अंतिम साँसें गिनती होगी या आने वाली मृत्यु की आहट पाकर व्याकुल हो गई होंगी? माँ से इतने वर्ष मिली नहीं हूँ लेकिन अब लग रहा है एक बार उससे मिलूँ। उसके दुख में उसे सांत्वना दूँ। और यदि वह दुखी नहीं है फिर भी उसे सांत्वना दूँ। उसके घुँघराले काले मेघराशि समान बालों को सहलाऊँ। बचपन में जैसे हमें झुलाती थी उसे मैं भी वैसे ही आसमान तक बाहों में झुलाऊ। कई वर्ष बीत गए थे। अनेक भटकाव जीवन में आए थे। तितर-बितर अभिलाषाएँ बूढ़ी के बालों की तरह दिशाहीन उड़ गई। माँ कैसी होगी? वैसी ही जैसे बिखरे हम हैं, या उस ध्रुवतारे की तरह अचल, अपने स्वयं की रोशनी से दीप्त? सबकुछ बदल

गया है, माँ भी बदली होगी? मैंने डायरेक्टर से बात कर के सप्ताह भर का अवकाश माँगा।

आश्रम में प्रवेश पाना कठिन था। नियम कुछ जटिल थे। निजता का कड़ाई से पालन किया जाता था। भीतर क्या हो रहा है कुछ आश्रमवासी ही जान सकते थे। मैं गेट के बाहर खोई-खोई- सी खड़ी थी। भीतर जाने का रास्ता नज़र नहीं आ रहा था। बौराई मैं एकटक गेट को प्यासी उम्मीद से निहार रही थी। एक विदेशी मेरे पास आकर खड़ा हुआ और मुझे गौर से देखने लगा। मैंने सख्त आवाज में उससे कारण पूछा। उसने बड़ी शालीनता से बताया। अब मैं उसे गौर से देखती रही। "क्या आप मुझे माँ तक पहुँचा सकेंगे?" उसने मेरा हाथ पकड़ लिया और मुझे अपने साथ चलने को कहा। गेट के पास खड़े सन्यासी स्त्री-पुरूष मुझे आश्चर्य और कुतूहल से देख रहे थे। उसने कहा "ये मेरे साथ हैं।" किसी ने मेरे भीतर जाने पर आपति नहीं की। मुझे फिर लगा वही तेजोमय आँखें मेरा पीछा कर रही हैं। अनजाने मैंने पीछे मुड़कर देखा। अपने चारों ओर घुमकर देखा। सब तरफ़ वही चौंधिया देने वाले प्रकाश पुंज को मैंने अनुभव किया। मैं रुक गई क्योंकि रास्ता मिट गया था। वह विदेशी मेरा हाथ छोड़कर न जाने कहाँ गुम हो गया? धीरे-धीरे प्रकाश का विलोप हुआ और मैंने माँ को देखा। मेरी माँ मेरी तरफ़ आ रही थी। मेरी माँ! मैं भूल गई उन बीच के वर्षों को और दौड़कर समा गई माँ की फैली बाहों में। माँ! मेरी माँ के संजीवन स्पर्श को बरसों से तरस रही थी मेरी आत्मा। प्यासे थे मेरे सुलोचन उनके दर्शन को! समय ठहर गया।

वह विदेशी फिर निकट आया, "शी इज युअर रेप्लिका।"

"दॅट शी इज, थैंक यू फॉर ब्रिंगिंग हर।"

"माय प्लेजर।"

मैं माँ को तसल्ली देने आई थी। उसे सांत्वना देने आई थी। उसकी बादलों समान घने केशराशि को सहलाने आई थी। उसे अपनी बाहों में आसमान तक झूलाने आई थी। परमपूज्य के महाप्रयाण का संकेत पाकर। वह सब मैं भूल गई। कुछ भी याद न रहा सिवाय माँ के चिरंजीवी स्पर्श के। उसे दिल की बातें बताना चाहती थी, बाबा की, रूम्पा की, अमिया की और मेरे विषादपूर्ण जीवन यात्रा की। अपने ही हाथों अपने ही पर काट डालने की। अमिया के दुर्दांत शोकान्तिका की। मनहूस लुटेरे मानसिंग की, अविचल, असित अमलन की। माँ के जाने के बाद जनमानस द्वारा जहरीले तीरों से बिंधे गए हमारे क्षतविक्षत भावविश्व की। दादी के उजड़े अरमानों की, रूम्पा के असीम अनंत मातृप्रेम की। बाबा के डूबे जीवनयान की। संप्रति इन बातों में कोई अर्थ शेष न रहा। माँ की बाहों में वे सारे बीते लम्हे निर्वात हो गए।

वह विदेशी माँ से कुछ कहने संयमपूर्वक खड़ा था। मैं समझ गई महाप्रयाण घटित हो चुका। मैंने माँ के बालों को जी भर के सहलाया और वापस मुड़ गई। वर्षों पहले मैं उसका साथ देने यहां तक आई थी। परमपूज्य के सानिध्य में उसे छोड़कर उनकी चौधिंया देने वाली दृष्टि से पीछा छुड़ाकर किसी तरह बाहर निकल गई थी। अब भी क्या वह असाधारण दीप्त दृग मेरा पीछा करेंगे? महाप्रयाण के बाद? पश्चात् काल की प्रतिक्रियाएँ जानना मुझे अनावश्यक लगा। वह अपने रास्ते पर अग्रसर थी। मुझे अपने रास्ते अग्रसर होना है। अपरिमित निर्जन आकाश... असीम निर्जन जमीन... और अमलन का निर्जन निमंत्रण... वह अंतस जहाँ मैं निवास नहीं कर सकती और दूसरे किसी को वह वास करने नहीं देगा। अपना-अपना निर्जन निवास... अपना-अपना निर्जन निमंत्रण ... ।

आ....... मे .... न